大学生健康教育

（第2版）

主　编　王　龙
主　审　李　健

天津大学出版社
TIANJIN UNIVERSITY PRESS

内容简介

本书是在国家大健康战略目标和“三健三减”的健康理念推动下完成的，本书主要包括大学生健康概述、营养与健康、心理健康、不良生活行为对健康的影响、大学生常见疾病的防治、口腔健康、意外伤害与急救、大学生性健康、艾滋病、无偿献血、控烟共11章内容。本书可作为大学生健康教育的配套教材，或作为除医学专业外的高校大学生健康教育的参考用书。

图书在版编目(CIP)数据

大学生健康教育 / 王龙主编. — 天津：天津大学出版社，2019.5（2024.8重印）

ISBN 978-7-5618-6399-2

Ⅰ.①大… Ⅱ.①王… Ⅲ.①大学生－健康教育 Ⅳ.①G647.9

中国版本图书馆CIP数据核字(2019)第087976号

出版发行 天津大学出版社
地　　址 天津市卫津路92号天津大学内(邮编:300072)
电　　话 发行部:022-27403647
网　　址 www.tjupress.com.cn
印　　刷 天津泰宇印务有限公司
经　　销 全国各地新华书店
开　　本 787mm×1 092mm 1/16
印　　张 15.5
字　　数 387千
版　　次 2024年8月第2版 2019年5月第1版
印　　次 2024年8月第6次
定　　价 38.00元

序

少年强则国家强，青年一代的理想信念、精神状态、综合素质，是一个国家发展活力的重要体现，也是国家核心竞争力的重要组成部分。大学生健康教育关乎青年一代的青春、健康、活力，关乎人民幸福，关乎民族未来，是立德树人的育人工程。

党中央历来高度重视青年一代的身心健康。1950 年 6 月 19 日，毛泽东主席就健康问题写信给时任教育部部长马叙伦，要求各校注意健康第一，学习第二。次年 1 月 15 日，再次写信给马叙伦，提议采取行政步骤，具体地解决学生健康问题。党的十八大以来，以习近平同志为核心的党中央把健康中国建设作为中国梦的重要支撑，把全民健身上升为国家战略，发表了一系列重要讲话和论述。习近平总书记在全国教育大会上强调，要坚持中国特色社会主义教育发展道路，培养德智体美劳全面发展的社会主义建设者和接班人；要树立健康第一的教育理念，开齐开足体育课，帮助学生在体育锻炼中享受乐趣、增强体质、健全人格、锤炼意志。中共中央、国务院印发的《中国教育现代化 2035》提出，要增强综合素质，树立健康第一的教育理念，全面强化学校体育工作，全面加强和改进学校美育，弘扬劳动精神，强化实践动手能力、合作能力、创新能力的培养。我们要从办好让人民满意的教育的高度认识加强大学生健康教育的重要性，增强责任感和紧迫感。

天津大学在 124 年的办学实践中，始终重视健康教育，倡导体育锻炼。我们的老校长赵天麟任职期间规定每一名学生按其自身的身体健康情况，自选一种以上运动项目进行锻炼，然后由体育教员检查体格变化进展情况，不符合要求者，必须坚持锻炼下去，直至达到标准。不仅如此，他还注重将国际奥林匹克精神引入体育教育中，提高学生加强体育锻炼的主动性和积极性，使学生重视体育活动，成为既有扎实知识，又有强壮体魄的优秀人才。我们的杰出校友王正廷，一生致力于发展体育运动，提高国民素质，改变中国在世界的形象和地位，被誉为“中国奥运之父”。

当前，随着经济的快速发展，老龄化社会正在快速到来，社会竞争的不断加剧，国民健康问题显得越来越突出。有数据显示，目前我国70%的人处于亚健康状态，15%的人处于疾病状态，未来10年，各种慢性疾病将以爆发式的速度扩展。青年学生由于运动技能缺乏，锻炼意识缺乏，健康知识缺乏，饮食作息不规律，健康状况不容乐观。提高大学生的健康水平，必须着眼于提高大学生的健康素养。健康教育正是通过有计划、有组织、有系统地开展教育活动，让人们自发地、自觉地去开展利于自身健康的活动，消除或降低生活中的危险因素，降低发病率、伤残率以及死亡率，以提高人民的生活质量的过程。

高校健康教育的开展，一方面能够培养大学生健康的生活方式，有效纠正不良生活习惯，培养正确的健康意识，掌握科学的自我保健方法，促进健康心态的养成；另一方面能够让学生对体育运动的价值和意义有一个正确的认知，从而积极、自觉、主动地参与到日常的体育锻炼当中，而科学的、有规律的体育运动，能从多个方面促进学生的健康，以达到提升学生健康水平的目的。因此，开展和加强大学生健康教育工作，提高大学生的综合健康水平，对学生的身心健康发展和终身体育观的培养具有重要的意义。

健康教育事关青年一代的身心健康，事关国家和民族的长远发展。只有对高校健康教育的重要性有一个正确的认知，才能让高校健康教育更科学、更高效；也只有对高校健康教育进行深入的普及推广，才能取得理想的教育教学成果！

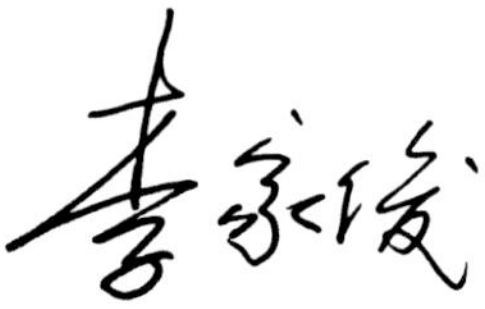

2019年4月

第一层（底层）：谷薯类 250~400 克，其中全谷物和杂豆类 50~150 克，薯类 50~100 克；水 1 500~1 700 毫升。
第二层：蔬菜类 300~500 克，水果类 200~350 克。
第三层：动物性食物 120~200 克，其中每周至少 2 次水产品，每天一个鸡蛋。
第四层：奶及奶制品 300~500 克，大豆及坚果类 25~35 克。
第五层（顶层）：盐 <5 克，油 25~30 克。

彩图一　中国居民平衡膳食宝塔（2022）

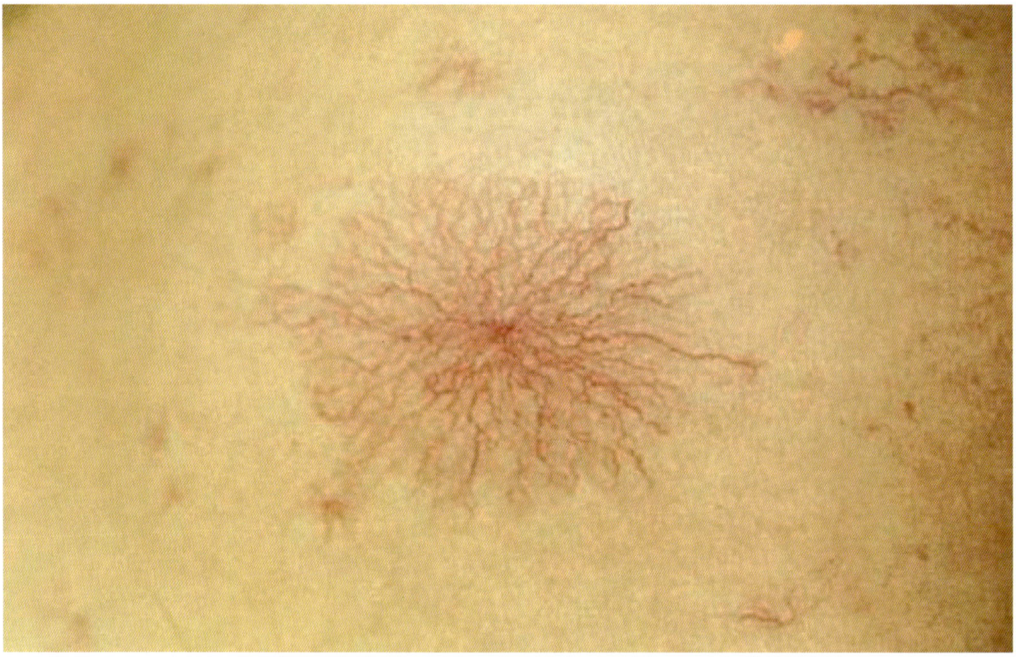

彩图二　蜘蛛痣

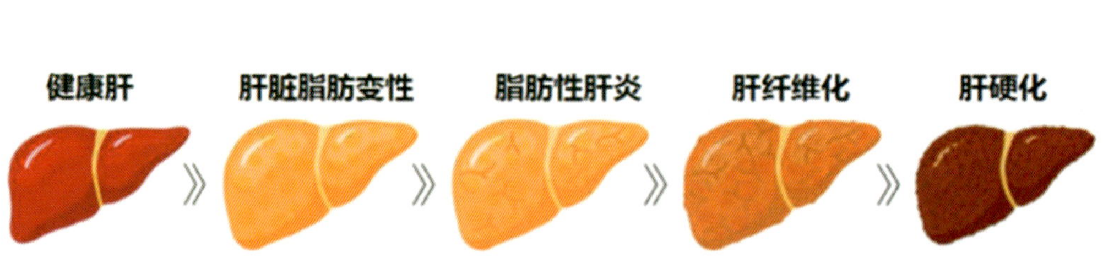

彩图三　非酒精性脂肪性肝病病程发展

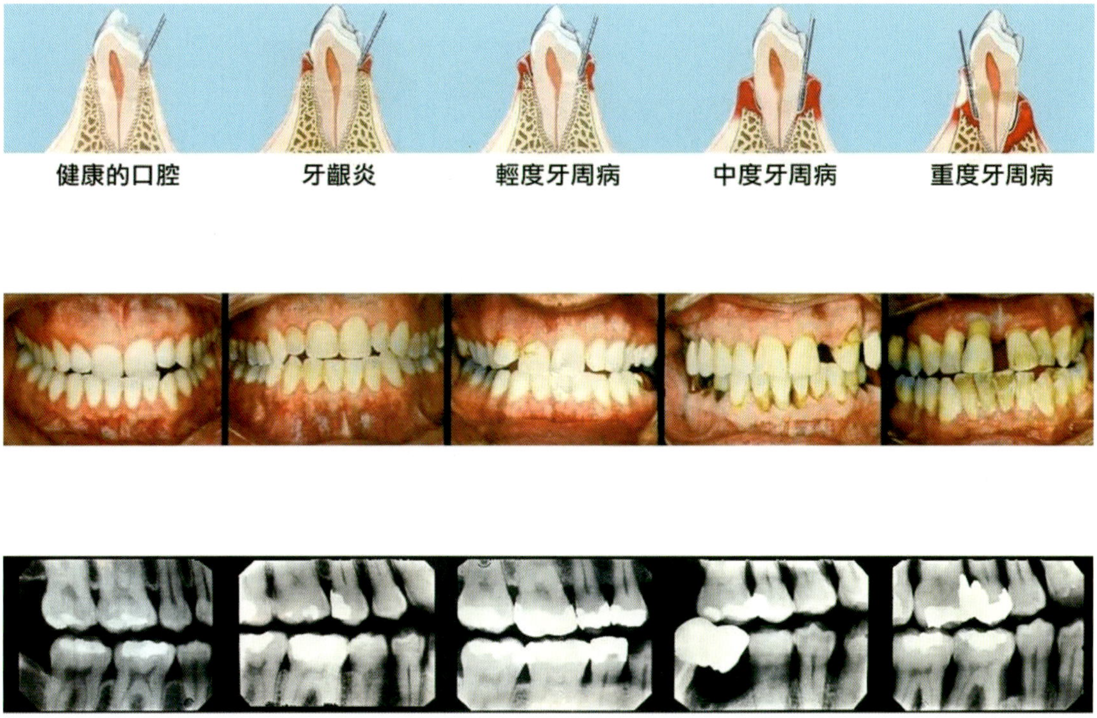

彩图四　牙周炎的发展及临床表现

Ⅰ度烧伤--仅伤及表皮浅层

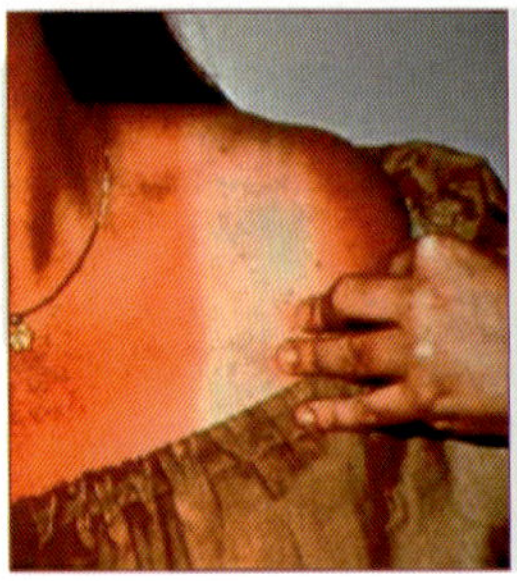

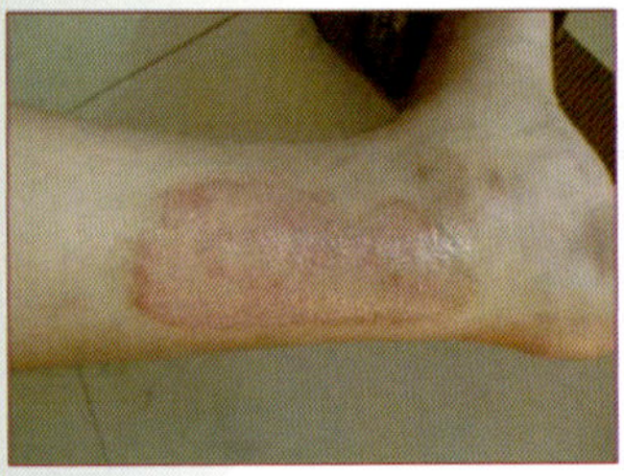

浅Ⅱ度烧伤--伤及真皮浅层

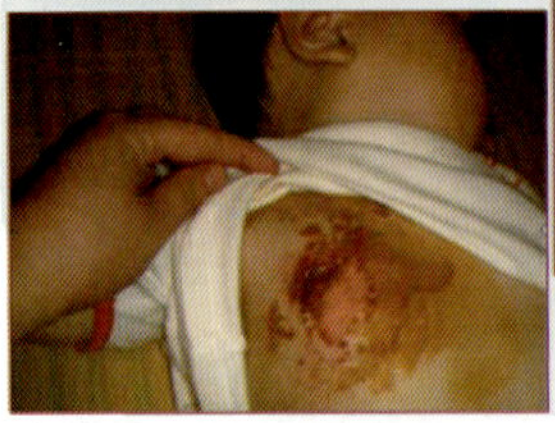

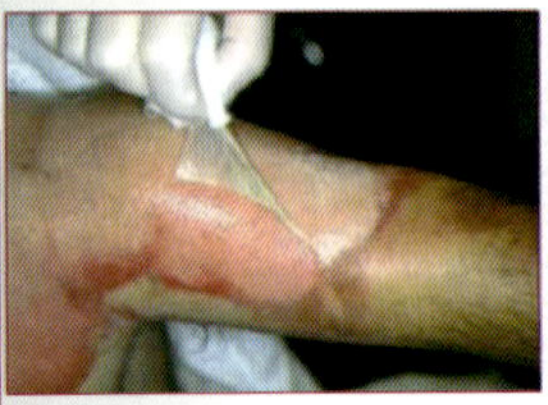

深Ⅱ度烧伤—伤及真皮深层

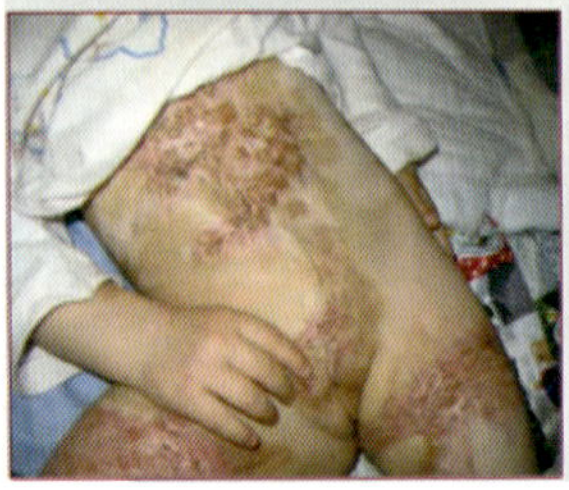

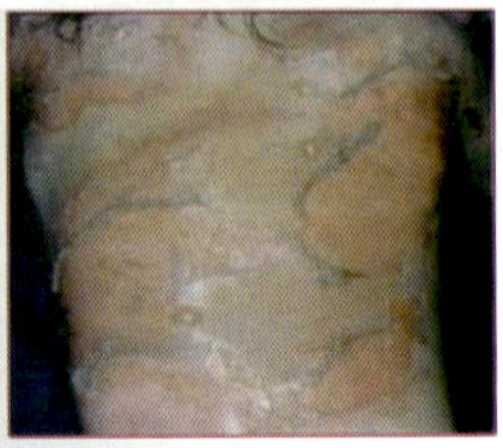

Ⅲ度烧伤—伤及全皮肤,甚至达到皮下,肌肉和骨骼

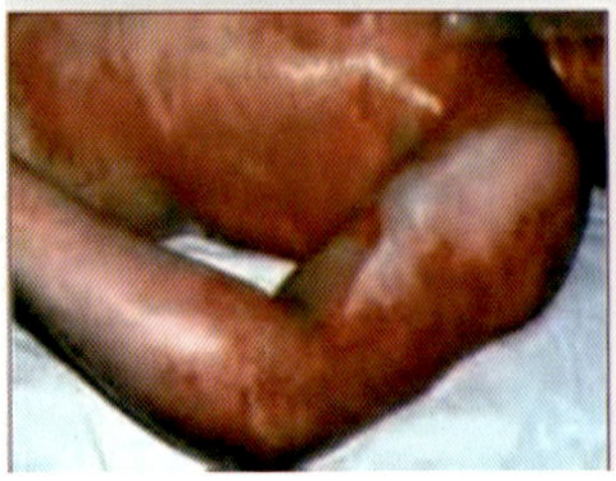

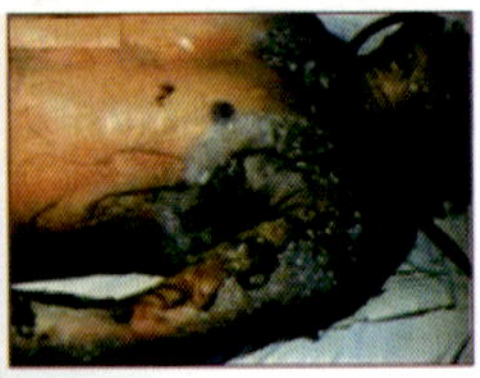

彩图五　Ⅰ～Ⅲ度烧伤图示

编委会

主　编　王　龙

主　审　李　健

副主编　毕婉蓉　丁　嵘　李跃爱

参　编　侯曦晨　李洁纯　李　娇
　　　　马国平　徐洪兰

前言

在国家大健康战略目标和“三健三减”的健康理念推动下，大学生健康教育以传授健康知识、提高健康意识、选择健康行为为核心内容，旨在增进学生的卫生保健知识，增强学生维护健康的责任感和自觉性，促使学生自觉选择健康的行为与生活方式，提高自我保健及预防疾病的能力，改善和提高生活质量。健康教育是通过信息传播和行为干预，帮助同学们掌握卫生保健知识，树立健康观念，自愿采纳有益于健康的行为和生活方式的教育活动，以达到消除或减轻影响健康的危险因素，预防疾病，促进健康和提高生活质量的目的。大学生的身心健康状况直接关系到国家、社会的发展和未来，开展大学生健康教育非常必要。

大学生肩负着建设祖国、振兴民族的重任，要完成这一时代赋予的神圣使命，就必须有健康的体魄和良好的心理素质，让健康释放出造福社会的巨大能量。人一旦失去健康，再聪慧也难以完成学业，再有才干也无法施展，可见大学生除了要具备坚定的理想信念、良好的道德修养、必备的知识结构和技能之外，还必须拥有健康——健康是提高生命质量、提升生命价值和美化人生的前提条件，是人生的最重要的财富！

健康是大学生实现人生理想和成才目标的前提，健康教育为每位学生的健康成长提供指导，为他们的学习、生活和今后的工作打下坚实的健康基础，从而帮助同学们实现人生价值的宏伟目标，绽放青春，快乐幸福地生活。健康教育，是为了让同学们树立现代健康观，掌握心理健康、合理膳食、生殖健康、传染病等疾病预防和急救、心肺复苏、口腔卫生等保健知识，建立自我保健意识，消除或减轻危害健康的因素，养成健康的生活方式和行为习惯，妥善处理学习及生活中遇到的各种问题，增强社会适应能力，为一生的健康和将来开拓事业、施展才干奠定良好的基础。

健康教育还是对学生进行综合素质教育，引导学生德智体美全面发展的重要组成部分。通过健康教育，培养学生坚强的意志，促使学生遵守社会道德规范，促进学生身体素质、心理素质与思想道德素质、文化专业素质等诸方面和谐发展，使学生树立正确的人生观、价值观及爱国主义、集体主义的情操。学校健康教育还能促进整个社会健康知识的普及，是社会主义文明建设的基础。通过健康教育提高学生自身的健康素质，同时经由他们将卫生知识辐射到家庭和社会，影响周围人群，形成人人重视健康的社会氛围和风尚，这对于提高全民族的健康素质、增强综合国力具有重要的现实意义。

健康教育是一项重要的基础工程，意义重大。

天津大学一贯重视大学生的健康和对学生的健康教育的宣教和推动。本书共分为 11 个章节，比较全面地介绍了涉及大学生在校期间的各类与健康相关的信息和知识。本书可作为大学生健康教育课的配套教材，或作为除医学专业外的高校大学生健康教育的参考书。本书在编写过程中针对目前医学的最新动态，参考其他相关书籍和最新资料，从中甄选出较为实用的、适用性较强的内容编写入书，努力使内容与时俱进。

参加编写的各位老师，都是常年工作在临床一线的骨干和担任健康教育课程教学的高年资教师，此次根据部分医学知识的更新，全球传染病流行形势等，对书中部分内容进行更新、优化、增减，包括平衡营养膳食、常见心理问题、内外科疾病、口腔疾病、新型冠状病毒肺炎等，使内容更能满足大学生对健康知识的需求。本书在编写过程中参阅了许多已出版的相关书籍和资料，并从中借鉴了很多有益的内容，尽管我们对参考文献尽量加注，但很难一一列出，在此一并表示感谢。对天津大学出版社为本书的顺利出版给予的支持、帮助和付出的辛勤劳动表示感谢。由于作者水平有限，难免有错误之处，敬请同行专家和广大读者批评指正。

编者

2024 年 5 月

目录

第一章　大学生健康教育概述

第一节　健康的概念

关于健康的表述方式有很多，一般认为，健康是人类生命存在的良好状态，是人们生活的目标。健康也是一个动态的概念，随着经济、社会、科技的不断发展，人类对健康的内涵和外延的认识也在不断发展。在古代，人类认为生命是神所赐，健康由神主宰，若要健康及预防灾难，就要祈求神灵的庇护。随着社会的发展，人类对生命的认识有了提高。西方医学之父、古希腊医学家希波克拉底认为，健康是通过身体内 4 种体液——血液、黏液、黑胆汁、黄胆汁的平衡实现的。生病就是由于体液出现了不平衡，但可以通过饮食的调节和药物的使用使体液平衡，从而恢复健康。到了现代社会，人类已经认识到疾病主要是生物因素造成的，提出健康的标准就是“身体无病、无残、体格健壮不弱”。1948 年，世界卫生组织（WHO）成立时在它的宪章中所提到的健康概念为：“健康乃是一种在身体上、心理上和社会上的完美状态，而不仅仅是没有疾病和虚弱的状态。”每个人不仅对个人健康负有责任，同时也对社会健康承担义务。

健康的概念随着人类社会的发展而不断深化。1978 年，WHO 给健康下了正式定义，发布了衡量是否健康的十项标准：

（1）精力充沛，能从容不迫地应对日常生活和工作；

（2）处事乐观，态度积极，乐于承担责任，事无巨细，不挑剔；

（3）注意劳逸结合，善于休息，睡眠良好；

（4）应变能力强，能适应各种环境变化；

（5）对感冒和一般传染病有抵抗力，不发病；

（6）体重适中，体形匀称，头、臂、臀比例协调；

（7）双眼明亮，反应敏捷，眼睑不发炎；

（8）牙齿清洁，无龋齿，不疼痛，齿龈色泽正常，无出血；

（9）头发光泽，无头皮屑；

（10）皮肤和肌肉富有弹性，健步如飞。

1989 年，WHO 以更高的标准提出了人体健康的概念：无疾病与虚弱的躯体健康和心理健康、社会适应健康及道德健康完美结合的个体。人体处于营养、机能、生理、精神的动态平衡状态，其中，无疾病与虚弱的躯体健康，是指维持人体生命活动的细胞、组织、器官和系统的结构完整，协调一致，可以维持正常的生理功能。心理健康是指生活经历中积累形成的独特的认识、体验、情感、意识等心理活动和行为特征，与客观环境保持协调一致，处于相对稳定状态。社会适应健康是指拥有广博的科学文化知识与工作才能,能适应开放性社会生活中各种职业角色的转换和复杂的人际关系,献身社会,作出成绩。

1998 年, WHO 又针对人体健康制定了新标准,新标准中健康包括躯体健康与心理健康两种状态。

1. 躯体健康"五快"

(1)吃得快:进食时胃口好,不挑食,能快速吃完一餐饭,说明内脏功能正常。

(2)走得快:行走自如,动作灵活,说明精力充实,生活状态良好。

(3)说得快:语言表达准确,说话流利。说明头脑敏捷,心肺功能正常。

(4)睡得快:一旦有睡意,上床后能很快入睡且睡得好,醒后精神饱满,头脑清醒。说明中枢神经系统兴奋、抑制功能协调且内脏未受到病理性干扰。

(5)便得快:一旦有便意,能很快排泄完大小便且感觉良好,说明胃、肠、肾功能良好。

2. 心理健康"三良好"

(1)良好的个性:情绪稳定,性格温和,意志坚强,感情丰富,胸怀坦荡,豁达乐观。

(2)良好的处世能力:观察问题客观而现实,具有较好的自控能力,能适应复杂的社会环境。

(3)良好的人际关系:助人为乐,与人为善,与他人关系良好。

第二节 健康的生活方式

人类的健康受多种因素的影响。20 世纪 70 年代加拿大学者提出健康与生活方式、环境、生物学和卫生服务四大因素有关,这一观点受到国内外学者的一致认可。WHO 对于健康有一个基本的估算,指出:健康有 15% 取决于遗传,10% 取决于社会条件,8% 取决于医疗条件, 7% 取决于自然环境,而 60% 取决于自己习惯的生活方式。WHO 把"合理饮食、戒烟限酒、适当运动、心理平衡"称为"健康基石"。

与生活方式密切相关的慢性病已成为中国居民的主要死亡原因,为此,国家卫生健康委员会提出"三减三健"的健康生活方式,即减盐、减油、减糖,健康口腔、健康体重、健康骨骼。

食盐摄入过多是高血压的三大危险因素之一,还可增加胃病、骨质疏松、肥胖症等疾病的患病风险。建议成人每人每天食盐摄入量不超过 6 克, 2~3 岁幼儿不超过 2 克, 4~6 岁幼儿不超过 3 克,7~10 岁儿童不超过 4 克,65 岁以上老人不超过 5 克。

高甘油三酯和高胆固醇是高脂血症的危险因素。长期血脂异常又可引起脂肪肝、冠心病、脑卒中等疾病。疾控专家建议家庭使用控油壶,每人每天油的摄入量应控制在 25~30 克。

过多摄入糖也会增加罹患慢性疾病的风险,每人每天糖摄入量不能超过 50 克,最好控制在 25 克以下。疾控专家特别提醒,不仅要少吃含糖食品,米饭、面食等淀粉类食物也要控制,因为淀粉类食物在肠道里会分解为单糖、双糖。

口腔健康与全身健康密切相关,心脑血管疾病、糖尿病都与口腔感染有关。疾控专家说，保持健康口腔至少应做好三点：早晚用含氟牙膏刷牙；平衡膳食、均衡营养；成年人每年至少进行一次口腔检查，儿童半年进行一次。

体重过高是糖尿病、高血压、动脉粥样硬化和冠心病的独立危险因素。各个年龄段的人群都应该坚持天天运动、维持能量平衡、定期测量体重。中国人肥胖率为 12% 左右，这个数字现在增长的速度非常快，特别是在青少年群体中增长的速度比较快。

保持健康骨骼，应注意富含钙、低盐和适量蛋白质的均衡饮食；充足的光照能促进维生素 D 的生成，利于人体钙质吸收；适量的运动能够提高骨骼强度。

第三节　大学生健康教育

1. 健康教育的含义

健康教育是通过信息传播和行为干预，帮助个人和群体掌握卫生保健知识，树立健康观念，自愿采纳有利于健康的行为和生活方式的教育活动与过程。健康教育的目的是消除或减轻影响健康的危险因素，预防疾病，促进人体健康和提高人民生活质量。健康教育与传统意义上的卫生宣传不同。卫生宣传是指单向的卫生知识的传播。健康教育是有计划、有组织、有系统的社会和教育活动，是以传播、教育、干预为手段，以帮助个体和群体改变不健康行为和采纳健康行为为目标，以促进健康为目的所进行的系列活动及其过程。通过这些系列工作可以有效地帮助工作对象掌握健康知识，树立正确的健康价值观，改变不健康行为和采纳健康行为，避免危险因素，预防疾病，主动追求健康，提高健康水平。

2. 健康促进的含义

健康促进（health promotion），是指运用行政或组织的手段，广泛协调社会各相关部门以及社区、家庭和个人，使其履行各自对健康的责任，共同维护和促进健康的一种社会行为和社会战略。

关于健康促进的确切定义，目前最受人们公认的是《渥太华宪章》里的定义，即："健康促进是促使人们维护和改善他们自身健康的过程。"而 WHO 前总干事布伦特兰在 2000 年的第五届全球健康促进大会上则作了更为清晰的解释："健康促进就是要使人们尽一切可能让他们的精神和身体保持在最优状态，宗旨是使人们知道如何保持健康，在健康的生活方式下生活，并有能力作出健康的选择。"

3. 大学生健康教育的核心内容

教育部于 2017 年 6 月印发了《普通高等学校健康教育指导纲要》（教体艺 [2017]5 号），提出高校健康教育主要包括以下 5 项核心内容：

（1）健康生活方式：树立现代健康意识，掌握健康管理和健康决策的基本方法，养成文明健康的生活方式，提高自觉规避、有效应对健康风险的能力。

（2）疾病预防：增强防病意识，掌握常见疾病的预防原则和常规措施，提高防控传染病和慢性非传染性疾病的能力。

（3）心理健康：树立自觉维护心理健康的意识，掌握正确应对学业、人际关系等方面的不良情绪和心理压力必需的相关技能,提高心理适应能力。

(4)性与生殖健康:树立自我保健意识,掌握维护性与生殖健康的知识和技能,提高维护性与生殖健康的能力。

(5)安全应急与避险:树立安全避险意识,掌握常见突发事件和伤害的应急处置方法,提高自救与互救能力。

第二章　营养与健康

“平衡膳食，辨证用膳”是中国传统营养学理论的精髓，在膳食结构上强调平衡，提倡含不同营养成分食物间的相互补充，坚持“杂食者，美食也；广食者，营养也”这一食物来源多样性的原则，倡导和实践“食疗”。这是中华民族几千年来总结出的宝贵经验，是营养膳食学的丰厚财富。合理营养不仅能促进青少年和大学生的生长和智力发育，还能强壮体魄，提高劳动能力和学习、工作效率，增强免疫力，预防疾病，延年益寿。为了实现身体健康，大学生必须做到膳食平衡，合理营养。

第一节　食物与营养素

一、营养素的功能、来源及其缺乏与过量的危害

人类为了维持生命必须从外界摄取食物。通常把机体摄取、消化、吸收和利用食物中的养料以维持生命活动的整个过程称为营养，把食物中存在的对人体有生理功效的各种物质称为营养素。各类营养素均具有独特的功能，但在代谢过程中又密切联系。人体所需的营养素有 40 余种，可概括为蛋白质、糖类、脂类、矿物质、维生素、水和膳食纤维七大类。

（一）蛋白质

蛋白质是一切生命的物质基础。

1. 组成

氨基酸是蛋白质的基本组成单位。食物蛋白质中所含的氨基酸有 20 多种，其中 8 种在人体内不能合成，必须从食物中直接获取，称为必需氨基酸，由亮氨酸、色氨酸、苯丙氨酸、赖氨酸、蛋氨酸、苏氨酸、异亮氨酸、缬氨酸这 8 种氨基酸组成。

2. 生理功能

蛋白质构成机体组织，维持其生长、更新和修复，细胞固体成分的 80% 是蛋白质。人体的生长发育、组织细胞的更新、损伤组织的修复都离不开蛋白质。蛋白质可以合成血浆蛋白、酶、激素等，以调节生理机能，所以缺乏蛋白质时，人体的正常生理机能将不能维持。蛋白质可以提供热能，当机体需要时，蛋白质可以被分解代谢，释放出能量。1 克蛋白质在体内约产生 4 千卡（16.7 千焦）的热能。人体每天所需热量中有 14% 左右来自蛋白质。

3. 食物来源

（1）动物性食物

动物性食物包括肉类（畜、禽、鱼）、蛋类、奶类等。其中，肉、蛋、鱼中蛋白质含量较高（10%~20%），利用率也高，尤其是鸡蛋蛋白。肉类食物中含蛋白质最多的是鸡肉，每 100 克

鸡肉含23.3克蛋白质。牛奶中一般含3%~3.5%的蛋白质。

（2）植物性食物

植物性食物包括豆类、菌藻类、薯类、谷类、坚果类等，其中大豆（黄豆、青豆、黑豆）中蛋白质含量最高。大豆蛋白是唯一能够代替动物性蛋白的植物蛋白，也是素食者最主要的蛋白质来源。大豆蛋白含有丰富的异黄酮，这是一种类似激素（荷尔蒙）的化合物，可抑制因激素（荷尔蒙）失调所引发的肿瘤细胞生长。食用菌也是减肥一族的主要蛋白质来源。瓜子、核桃、杏仁、松子等干果类的蛋白质的含量均较高。

奶、蛋、肉和大豆中的蛋白质富含必需氨基酸，在维持人体健康和促进儿童、青少年生长发育中起重要作用。各类不同种类蛋白质混合食用时，所含氨基酸互相补充，取长补短，改善了必需氨基酸含量和比例，从而使混合蛋白质的生物效价提高。米、面粉中所含蛋白质缺少赖氨酸；豆类蛋白质缺少蛋氨酸、胱氨酸；人乳、牛乳、鸡蛋中的蛋白质含量较低，但它们所含的必需氨基酸量基本上与人体相符，因而营养价值较高。食用上述混合性食物，再补充适量的动物性蛋白质，可提高膳食中蛋白质的营养价值和利用率。混合食用中应注意所搭配的食物生物学种属越远越好，搭配的种类越多越好。基本原则是粗细搭配、荤素搭配、粮菜同食、粮豆混食。

4. 缺乏与过量的危害

蛋白质缺乏症在各年龄人群中都有发生，发生在儿童身上，而造成发育迟缓、营养不良、体质下降、贫血、智力发展落后等；发生在成人则表现为疲乏无力、消瘦、肌肉萎缩、伤口和骨折愈合缓慢、抵抗力差而易患肺结核等传染病，严重者还会引起肝肿大、全身水肿。

长期摄入过量的蛋白质，可导致肾损害、骨密度减低、痛风等。

（二）糖类

糖类又称碳水化合物。可分为单糖——包括葡萄糖、半乳糖、果糖，可直接被人体吸收利用；双糖——包括蔗糖、乳糖、麦芽糖，需分解成单糖才能被吸收；多糖——包括淀粉、肝糖原、肌糖原、纤维素与果胶。平时食入的糖类主要是淀粉，经人体消化转变成葡萄糖后才能被吸收利用。

1. 生理功能

（1）提供热能和储存能量

糖是日常膳食中最主要、最经济的能源物质。人体每天所需热量的60%~70%来自糖，每克糖在体内可产生4千卡（16.7千焦）的热能。多余的糖以肝糖原和肌糖原的形式储存起来，一旦机体需要能量，糖原即迅速分解为葡萄糖以及时提供能量。此外，糖还可以在缺氧或无氧的情况下，通过酵解供给少量的热能，这是蛋白质和脂肪所没有的功能。血液中的葡萄糖是神经系统唯一的能量来源。

（2）构成机体组织的重要生命物质

糖是构成机体组织的重要生命物质，核糖和脱氧核糖参与核酸的构成，是生物遗传的物质基础。

（3）维持脂肪正常代谢和保肝解毒

糖能够维持体内脂肪的正常代谢，并参与肝脏解毒。糖分解过程中生成的葡萄糖醛酸，是体内的一种重要结合解毒剂，在肝脏中能与许多有害物质如细菌毒素、酒精、砷等结合，以消除或减轻其毒性或生物活性。当肝糖原储备不足时，肝脏的解毒功能就会下降。

（4）减少蛋白质的消耗

机体在摄糖量充足时，可以防止体内和膳食中的蛋白质转化为葡萄糖，从而起到减少蛋白质的消耗。

2. 食物来源

粮谷类与薯类是中国居民糖类的主要来源。以糖类占总热量的 60% 计算，健康成年人获取的来自淀粉的热量约为 50%，其余 10% 来自蔗糖、麦芽糖、乳糖、果糖等。果糖主要来自水果、蜂蜜、水果糖；蔗糖主要来自甘蔗、甜菜；乳糖主要来自奶及奶制品。

3. 缺乏与过量的危害

糖摄入不足会导致人体出现低血糖症状。早期表现为心悸、乏力、出汗、饥饿感、面色苍白、恶心呕吐等，严重时由于大脑缺乏能量供应，会出现意识模糊、精神失常、肢体瘫痪、大小便失禁、昏睡、昏迷等。

膳食中糖摄入过多，会转化成脂肪贮存于体内，使人肥胖，进而增加了患高血压、动脉硬化、糖尿病等相关疾病的风险；多吃糖又不注意口腔卫生的青少年，容易患龋齿和口腔溃疡。

（三）脂类

脂类是脂肪和类脂的总称。其中脂肪是由一分子甘油和三分子脂肪酸组成的三酯酰甘油，又称中性脂肪或甘油三酯，约占脂类的 95%；类脂主要包括磷脂、糖脂、固醇和类固醇，仅占 5%，并且常与脂肪同时存在，因此营养学上一般将脂类通称为脂肪。

甘油三酯中的脂肪酸分为饱和脂肪酸、不饱和脂肪酸。有几种不饱和脂肪酸是机体不可缺少的营养物质，但在体内又不能合成，必须由食物供给，称为必需脂肪酸。目前已知的必需脂肪酸主要有亚油酸和 α- 亚麻酸。α- 亚麻酸具有降低胆固醇、甘油三酯和血黏度，预防心脑血管病的功能，老年人长期服用，能降低脑血栓和老年痴呆等疾病患病风险。此外，DHA（必须氨基酸的一种，全称二十二碳六烯酸）也是神经细胞生长及功能维持的一种主要元素，是大脑和视网膜的重要构成成分，对胎儿、婴幼儿智力和视力发育至关重要。

1. 生理功能

（1）供能和储能

脂肪属高热量物质，是体内热量最高的能源物，每克脂肪在体内氧化产生的能量大约为 9 千卡（37.7 千焦），是同等质量的糖和蛋白质的两倍。人体每天所需热量的 20%~30% 来自脂肪。脂肪也是储存体内过剩能量的一种方式，人体摄入的多余能量都以脂肪的形式储存起来。

（2）构成人体组织和细胞

例如细胞膜、神经鞘、 DNA 等。细胞膜是由磷脂、糖脂和胆固醇组成的类脂层；神经组织含有磷脂和糖脂，其中鞘磷脂是神经鞘的重要成分，可保持神经鞘的绝缘性；胆固醇是胆汁酸、维生素 D、性激素、前列腺素、肾上腺皮质激素等生物活性物质的前体物，是机体不可缺少的营养物质。

(3)促进脂溶性维生素的吸收

脂肪是脂溶性维生素A、D、E、K的载体,可促进脂溶性维生素和胡萝卜素的吸收。

(4)增加食物的感官性状

食用烹饪油可增加食物的色、香、味,促进食欲,还有利于营养素的消化吸收。脂肪在胃中停留长达4小时左右,使胃的排空延迟,形成饱腹感。

(5)维持体温,保护脏器

皮下脂肪是很好的绝缘物质,可阻止体内热量散发,维持体温,起到保温防寒作用。分布于皮下、腹腔、肌纤维之间的脂肪作为填充衬垫,可以保护和固定器官。

2. 食物来源

脂类的来源有动物性和植物性两种,前者包括猪脂、羊脂、牛脂、奶油、鱼油、禽类油、蛋黄油等;后者包括花生油、大豆油、芝麻油、油茶籽油、棉籽油、向日葵籽油、茶籽油、核桃油、松子油等。

3. 缺乏与过量的危害

脂肪摄入不足,会影响人体生长发育和身体机能,导致消瘦、生长发育迟缓、记忆力下降、生殖障碍、内分泌紊乱等;脂肪摄入过多,会造成身体肥胖和血脂增高,进而引起脂肪肝、冠心病、高血压、动脉硬化、糖尿病等。

知识小拓展

合理膳食对人体免疫力有什么影响?

科学合理的营养膳食能有效改善营养状况,增强抵抗力,有助于新冠肺炎等传染病的防控与救治。

免疫是人体防御病原体、免除患病的能力。人体免疫系统是由具有免疫功能的分子、细胞、组织和器官组成,广泛分布于全身,能够抵御外来病原体的入侵。通常将人体的免疫功能分为特异性免疫和非特异性防御机制。淋巴细胞及抗体属于特异性免疫,皮肤、黏膜、吞噬细胞属于非特异性防御机制,这两种免疫功能密切相关,维持免疫力需依靠合理膳食和多种营养素的联合作用,其中蛋白质扮演着核心的角色是生命的物质基础。人体内有数以百计的各种类型的蛋白质发挥着各自重要的生理功能。包括促进生长发育和组织修补调节人体的生理功能,构成免疫活性物质构成遗传基因的物质基础,调节水盐代谢和酸碱平衡运输营养物质等。

在整个生命过程中饮食提供能量和营养素来满足免疫系统需求,如果饮食来源不足也可以通过消耗内源(如身体储备)来满足。能量/蛋白质营养不良与免疫功能降低,感染易感性增加的关系确凿。几乎所有形式的免疫功能均受能量/蛋白质营养不良的影响。其非特异性防御和细胞免疫降低更严重。能量和营养不足 都可以损害免疫系统,导致免疫功能低下。

（四）矿物质

人体内的各种元素，除碳、氢、氧、氮主要以有机化合物形式存在外，其余大部分以无机化合物形式在体内起作用，统称为矿物质，也叫无机盐。根据矿物质在人体内含量的多少分为常量元素（宏量元素）和微量元素。前者包括钙、磷、钾、钠、镁、氯、硫等7种矿物质，都是人体必需的元素；后者种类很多，其中人体必需的有14种，它们是锌、铜、铁、铬、钴、锰、钼、锡、钒、碘、硒、氟、镍、硅。微量元素虽然在人体内含量极低，但对于维持生命活动、促进健康和正常生长发育等起着重要作用。摄入过量、不足、不平衡或缺乏，都会不同程度地导致人体生理机能异常或疾病发生。常见矿物质的主要来源、生理功能和缺乏症见表2-1。

表2-1 常见矿物质的主要来源、生理功能和缺乏症

种类	主要来源	生理功能	缺乏症
钙	牛奶和奶制品（是钙的最佳来源，钙含量丰富，吸收率较高）、豆及其制品、鱼虾类、蟹类、贝类、绿色蔬菜等	1. 骨骼、牙齿结构的重要成分 2. 维持神经肌肉的正常兴奋性 3. 参与血液凝固过程	1. 佝偻病 2. 骨质疏松症
铁	动物血、动物肝、动物肾、大豆、黑木耳、芝麻酱、瘦肉、红糖、蛋黄、干果等	1. 合成血红蛋白的主要原料之一 2. 构成细胞色素酶和过氧化氢酶，参与能量代谢	1. 缺铁性贫血 2. 心理活动和智力发育损害，行为改变
锌	贝壳类海产品、红色肉类、动物内脏、干果类、谷类胚芽和麦麸等	1. 参与核酸复制和蛋白质合成，促进生长发育 2. 参与免疫功能，增强机体抗病能力 3. 改善味觉，增进食欲	1. 味觉减退，食欲不振 2. 生长发育迟缓，免疫功能低下 3. 伤口愈合缓慢
碘	海盐和海产品，如海带、紫菜、海鱼、海虾。我国为了消灭碘缺乏病，推广碘化食盐	作为甲状腺激素的重要合成原料，从而促进体格和智力发育，调节新陈代谢	1. 甲状腺肿 2. 呆小病

（五）维生素

维生素是微量低分子有机化合物，人体内一般不能合成，必须从食物中摄取。尽管维生素既不是机体的结构材料，也不能提供能量，但却在人体物质代谢、维持正常生理功能方面起着重要作用。

维生素种类很多，可分为脂溶性维生素和水溶性维生素两大类。前者只能溶于脂肪及有机溶剂，包括维生素A、D、E、K，在食物中常常与脂类共存；后者能在水中溶解，有B族维生素和维生素C。常见维生素的主要来源、生理功能和缺乏症见表2-2。

表 2-2 常见维生素的主要来源、生理功能和缺乏症

种类	名称	主要来源	生理功能	缺乏症
脂溶性维生素	维生素A	动物肝、奶制品、蛋黄、鱼肝油、海产品、胡萝卜、玉米、南瓜、菠菜、韭菜、柿子、柠檬、芒果等	1. 合成视紫红质，维持眼睛在黑暗环境中的视力 2. 维持上皮组织正常生长与分化 3. 促进生长发育 4. 维持正常免疫功能 5. 预防癌症	1. 夜盲症、眼干燥症、角膜软化 2. 皮肤干燥与毛囊角化 3. 抵抗力下降
	维生素D	海水鱼、动物肝、蛋黄、奶类、鱼肝油等；日光照射皮肤可制造维生素 D_2	1. 调节钙磷代谢，促进钙磷吸收 2. 促进骨骼和牙齿的正常生长与钙化 3. 促进皮肤代谢	1. 儿童：佝偻病 2. 成人：骨质软化症、骨质疏松症
	维生素E	植物油和坚果类；肉、奶、蛋等	1. 与性器官成熟及胚胎发育有关 2. 抗氧化作用 3. 延缓细胞老化，抗衰延寿 4. 保护心血管，防止动脉硬化及冠心病	1 不育症、习惯性流产 2. 溶血性贫血 3. 衰老、色斑
水溶性维生素	维生素 B_1	谷类（外皮胚芽）、豆类、干果、酵母、绿色蔬菜、动物内脏及瘦肉、蛋类等	1. 参与糖代谢，保证能量供给 2. 促进胃肠功能，维持正常食欲 3. 维持神经系统功能	1. 脚气病 2. 胃肠功能障碍
	维生素 B_2	动物内脏、鳝鱼、奶类、蛋、豆类、绿叶蔬菜	1. 参与体内生物氧化与能量代谢 2. 维护皮肤和细胞膜的完整性 3. 促进糖、蛋白质、脂肪代谢	1. 口角炎、舌炎、唇炎、口腔溃疡 2. 脂溢性皮炎、阴囊皮炎
	维生素 B_6	酵母、肝、豆类、坚果、水果和蔬菜等。肠道细菌可合成	1. 参与氨基酸和脂肪代谢 2. 与血红蛋白合成有关 3. 防治妊娠呕吐和放射病呕吐	1. 唇干裂、舌炎 2. 忧郁、易激惹 3. 腹泻、贫血
	维生素 B_{12}	肉类（牛肉），尤其是动物内脏（牛肝、猪心），贝类，蟹类等。肠道细菌可合成	1. 提高叶酸利用率，促进红细胞发育和成熟 2. 促进胆碱、核酸的合成 3. 保护神经髓鞘物质代谢与功能	1. 巨幼细胞贫血 2. 神经系统损害
	叶酸	酵母、动物肝脏、豆类、花生、蔬菜和水果。肠道细菌可合成	1. 对蛋白质和核酸合成有重要作用，为各种细胞生长所必需，尤其是红细胞的成熟 2. 是胎儿形成并正常发育的必要维生素，足够的叶酸可以防止胎儿神经管畸形	1. 巨幼细胞贫血 2. 胎儿神经管畸形
	维生素C	新鲜水果、蔬菜，特别是刺梨、沙棘、酸枣、鲜枣、猕猴桃、橙类、番茄、辣椒、山楂等含量最丰富	1. 参与细胞间质的形成，降低毛细血管脆性，防止出血 2. 解毒、抗癌、抗炎作用 3. 增强抗病能力，促进伤口愈合 4 抗氧化作用	1. 牙龈出血和肿胀、皮肤发生淤斑，严重者患坏血病 2. 疲劳、抵抗力下降

（六）水

水是生命的源泉，是人类赖以生存的最重要的物质之一。

生物体内的一切生化反应都是在有水的环境中进行的，没有水，养料不能被吸收，氧气不能被运送，废物不能被排除，新陈代谢会立即停止。水约占体重的2/3，成年人每日水的生理需要量约为2 500 mL。由食物水、饮用水和代谢水提供。

1. 生理功能

（1）构成机体必不可少的物质

成人体内水分约占体重的60%，水广泛分布在组织细胞内外，构成机体的内环境。包括牙齿、脂肪、骨骼和肌肉在内的所有组织都含有水，如血液含水高达90%，肌肉含水70%，骨骼含水22%。

（2）参与物质代谢和运输

水是体内吸收和运输营养物质、排泄代谢废物的最重要的载体。水有很强的溶解能力，许多物质可以溶解在水中通过循环系统转运，没有水就无法维持机体正常的生理活动。

（3）调节体温

水能够维持正常体温。水的汽化热很大，1克水汽化要吸收2.44千焦热量。汗液的蒸发可散发大量热量，从而避免体温过高。

（4）润滑作用

水的黏度小，可使体内摩擦部位滑润，减少损伤，如体内关节、韧带、肌肉等处的活动都是以水作为润滑剂的。

2. 缺乏与过量的危害

人体一旦缺水，后果是很严重的。通常缺水超过体重的2%时，会出现口干舌燥、尿量减少的症状；缺水超过体重的6%时，会感到头晕、心慌、烦躁，甚至出现意识不清、幻视；当缺水超过体重的20%时，就会有生命危险。

饮水过多和饮水过快对身体也不利，会加重心、肾负担，特别是患有心脏病、高血压、肾病和水肿的人不能一次大量猛喝水，劳动或运动而大量出汗后也不宜一次喝得太多。

（七）膳食纤维

膳食纤维是指不能为人体消化酶所分解的多糖，包括纤维素、半纤维素、果胶和木质素等食物成分。20世纪70年代以来，发现许多慢性病（如高脂血症、冠心病、肥胖病、糖尿病、便秘、大肠癌）的发生与其摄入量过少有关，于是现今已将膳食纤维视为一种必需的营养素。

1. 生理功能

（1）降低血液中胆固醇浓度

膳食纤维可抑制胆固醇的吸收，加速其排出，从而降低其在血液中的浓度。

（2）促进肠蠕动，预防便秘和结直肠癌

膳食纤维不经消化就进入大肠，且有很强的吸水性，可在肠道内吸收水分，增加粪便体积并使之变软以利于排出。同时也可降低肠内压，有助于防止结肠因蠕动收缩过强导致的炎症。因此,补充适量的膳食纤维,可以预防便秘、痔疮和结肠炎、结直肠癌等疾病。

(3)控制体重,防止肥胖

由于富含膳食纤维的食物体积较大,但能量密度较低,有利于减少能量摄入,起到控制体重、防止肥胖的作用。

2. 食物来源

膳食纤维在蔬菜、水果、粗粮、杂粮(玉米、小米、燕麦、大麦、米糠)、豆类(黄豆、扁豆、四季豆)、薯类及菌藻类食物中含量丰富。植物成熟度越高,其纤维含量也就越多,谷类加工越精细,则所其含膳食纤维就越少。

二、食物的种类与营养特点

食物是为人体提供热能及各种营养素的物质基础,食物的种类繁多,其所含的营养素的种类、数量和比例各有差异。根据食物的营养状况,将其分为五类:

第一类为谷物、薯类、杂豆类,主要提供碳水化合物、蛋白质和B族维生素等,是我国居民热能的主要来源。

第二类为动物性食物,包括肉、禽、蛋、鱼、奶等动物性食品,主要提供优质蛋白质、脂类、矿物质、A和B族维生素。

第三类为大豆及豆制品,主要提供蛋白质、脂肪、矿物质、膳食纤维和B族维生素。

第四类为蔬菜、水果,主要提供矿物质、膳食纤维、维生素(尤其是维生素C)、胡萝卜素等。

第五类为纯热能食物,如动植物油、各种食用糖和酒类,主要提供热能。植物油还可提供维生素E和必需脂肪酸。

摄取食物时,应遵循植物性食物为主、动物性食物为辅的基本原则,摄取适量,搭配科学,以实现营养平衡。

第二节　合理营养与平衡膳食指南

合理营养是指人们通过膳食得到保证人体生理需要的热能和营养素,并且在各种营养素之间建立起一种生理上的平衡。合理营养是大学生健康的物质基础,而平衡膳食是实现合理营养的根本途径。通常将由多种食物构成的,营养素种类齐全、比例合理、数量充足的膳食称为平衡膳食。

一、合理营养的基本要求

1. 保证三大营养素的合理比例

机体的能量来源于糖、脂肪和蛋白质,在膳食中这种比例关系不宜轻易打破。根据我国人群的饮食特点,成人以糖占总能量的50%~65%,脂肪占20%~30%,蛋白质占10%~15%为宜。

2. 摄取的食物应保证营养素之间的平衡

各种营养素之间比例适合,各种维生素摄入量充足,提高油脂摄入的质量,膳食脂肪中饱和脂肪酸、单不饱和脂肪酸、多不饱和脂肪酸的合理比例应为 1∶1∶1。

3. 建立合理的膳食制度

（1）合理安排就餐时间和两餐间隔时间

合理的两餐间隔时间是 4~6 小时；早餐 6∶30—8∶30，午餐 11∶30—13∶30，晚餐 17∶00—19∶00，每次用餐时间在半小时左右。

（2）合理分配三餐能量

建议按照 3∶4∶3 的比例分配三餐，可以根据职业、劳动强度和生活习惯进行适当调整。做到从容进餐，细嚼慢咽，进餐前后应适当休息。

4. 合理的加工烹调

改进烹调方法，力求达到色、香、味、形齐全，尽量减少营养素损失，适当控制粮食加工精度，减少 B 族维生素和无机盐的丢失。

5. 讲究膳食卫生

要保证食品卫生与安全，不食用含对人体健康有害物质的食物。大学生外出就餐时尽量不食用流动小摊食物，应选择卫生条件好、证照齐全的餐馆；选购食品时不要买“三无”产品，注意查看其外观有无异常，是否在保质期内；吃的水果要用自来水清洗并尽可能去皮；在外旅游时不喝生水，不随便乱吃不认识的野菇、野果、野菜；坚持“勤洗手、喝开水、吃熟食”，养成良好的卫生习惯；发生呕吐、腹泻等胃肠不适症状时，应及时就医。

二、合理膳食指南

（一）中国居民膳食指南

膳食指南是根据营养科学原则，针对人们在营养健康方面存在的突出问题，为引导居民合理膳食、均衡营养提出的建议。现将中国营养学会 2022 年 3 月发布的《中国居民平衡膳食指南（2022）》要点简介如下。

1. 食物多样，合理搭配

平衡膳食模式是最大程度上保障人类营养需要和健康的基础。食物多样是平衡膳食模式的基本原则。多样的食物应包括谷薯类、蔬菜水果类、畜禽鱼蛋奶类和大豆坚果类。建议平均每天至少摄入 12 种以上的食物，每周摄入 25 种以上食物。

谷类为主是平衡膳食模式的重要特征，建议平均每天摄入谷类食物 200~300 克，其中全谷物和杂豆类 50~150 克，薯类 50~100 克。每天的膳食应合理组合和搭配平衡。平衡膳食模式中，碳水化合物供能占膳食总能量的 50%~65%，蛋白质占 10%~15%，脂肪占 20%~30%。大学生无论在学校或家里吃饭，都应以米饭、馒头、面条等为主食，在外就餐尤其聚餐时，不能只点肉菜或酒水。

2. 吃动平衡，健康体重

体重是评价人体营养和健康状况的重要指标，而运动和膳食平衡是影响体重的两个关键因素。

各个年龄段人群都应该坚持每天运动，维持能量平衡，保持健康体重，体重过低或过高，均易增加疾病的发生风险。推荐每周至少进行5天中等强度身体活动，累计150分钟以上。坚持日常身体活动主动身体活动最好每天6000步，注意减少久坐时间每小时起来动一动，动则有益。例如：吃得过少和（或）运动过量，由于能量摄入不足和（或）消耗过多，导致营养不良、消瘦、体虚乏力，增加患感染性疾病的风险；吃得过多和（或）运动不足，则因能量摄入过量和（或）消耗过少，造成超重、肥胖，增加患慢性病的风险。因此，鼓励多动会吃，不提倡少动少吃，忌不动不吃。如充分利用课（工）间休息做做体操、到室内外走一走，或步行上下班 等，增加“动”的机会。

3. 多吃蔬果、全谷、大豆

蔬菜、水果、奶类和大豆及其制品是平衡膳食的重要组成部分，坚果是膳食的有益补充。蔬菜和水果是维生素、矿物质、膳食纤维和植物化学物的重要来源，奶类和大豆类富含钙优质蛋白质和B族维生素，对降低慢性病的发病风险具有重要作用。推荐餐餐有蔬菜，每天摄入不少于300克蔬菜，深色蔬菜应占1/2分。推荐天天吃水果，每天摄入200-350克新鲜水果，果汁不能代替鲜果。吃各种各样奶制品摄入量，相当于每天300 ml以上的液态奶，经常吃全谷物、豆制品，适量吃坚果。

4. 适量吃鱼、禽、蛋、瘦肉

鱼、禽、蛋和瘦肉可提供人体所需要的优质蛋白质、A和B族维生素以及铁、锌等微量元素，是平衡膳食的重要组成部分，但因含较多的饱和脂肪酸和胆固醇，可增加肥胖症、心血管疾病的发生风险，摄入量不宜过多。

动物性食物优选鱼和禽类。鱼和禽类脂肪含量相对较少。鱼类含有较多的不饱和脂肪酸，含有较多的不饱和脂肪酸和EPA、DHA，对预防血脂异常和心血管疾病等有一定作用；蛋类各种营养成分齐全，瘦肉脂肪含量较低。过多食用烟熏和腌制肉类可增加部分肿瘤的发生风险，应当少吃。推荐成年人平均每天摄入动物性食物总量120克到200克，相当于每周摄入鱼类2次或300~500克、畜禽肉300~500克、蛋类300~350克。

有些人不爱吃蛋黄，或担心增高胆固醇不吃蛋黄，其实蛋黄是蛋类中的维生素和矿物质的主要来源，尤其富含磷脂和胆碱，对健康十分有益，但若不过量摄入对健康是无碍的。

动物内脏如肝、肾等，含有丰富的脂溶性维生素、B族维生素、铁、硒和锌等，适量摄入可弥补日常膳食的不足，建议每月可食用2~3次，每次25克左右。

5. 少盐少油，控糖限酒

我国多数居民食盐、烹调油和脂肪摄入过多，是目前肥胖心脑血管疾病等慢性病发病率居高不下的重要因素。因此应当培养清淡饮食习惯，推荐成年人每天摄入食盐不超过5克、烹调油25~30克，避免过多动物性油脂和饱和脂肪酸的摄入过多。摄入添加糖可增加龋齿和操纵的发生风险。建议不喝或少喝含糖饮料推荐每天摄入糖不超过50克，最好控制在25克以下。儿童、青少年、孕妇、乳母不应饮酒，成年人如饮酒，一天饮酒的酒精量不超过15克。

6. 规律进餐，足量饮水

规律进餐是实现合理膳食的前提，应合理安排一日三餐，定时定量、饮食有度不，暴饮暴食。早餐提供的能量应占全天总能量的25%~30%，午餐占30%~40%，晚餐占30%~35%。

水是构成人体成分的重要物质，并发挥着多种生理作用，水摄入和排出的平衡可以维护机体适宜水和状态和健康，建议低身体活动水平成年人每天饮 7~8 杯水，相当于男性每天喝水 1700 毫升，女性每天喝水 1500 毫升。每天主动足量饮水，推荐喝白开水或茶水，不喝或少喝含糖饮料。

7. 会烹会选，会看标签

食物是人类获取营养赖以生存和发展的物质基础，在生命的每一个阶段都应该规划好膳食。了解各类食物营养特点，挑选新鲜的营养素密度高的食物，学会通过食品营养标签的比较，选择购买较健康的包装食品。烹饪是合理膳食的重要组成部分，学习烹饪和掌握新工具，传承当地的美味佳肴，做好一日三餐。家家实践平衡膳食，享受营养与美味。如在外就餐或选择外卖食品，按需购买，注意适宜分量和荤素搭配，并主动提出健康诉求。

8. 公筷分餐，杜绝浪费

日常饮食卫生应首先注意选择当地的新鲜卫生的食物，不食用野生动物。食物制备生熟分开，储存得当。多人同桌，应使用公筷公勺、采用分餐或份餐等卫生措施。勤俭节约是中华民族的文化传统，人人都应尊重和珍惜食物，在家在外按需备餐，不铺张不浪费，从每个家庭做起，传承健康生活方式，树饮食文明新风。社会餐饮应多措并举，倡导文明用餐方式，促进公众健康和食物系统可持续发展。

（二）中国居民平衡膳食宝塔

中国居民平衡膳食宝塔简称膳食宝塔，又称食物金字塔，是根据中国营养学会编著的《中国居民平衡膳食指南（2022）》的核心内容和推荐，结合中国居民膳食的实际情况，把平衡膳食的原则转化为各类食物的数量和比例的图形化表示。

平衡膳食宝塔包含了不同人群一天应吃的食物种类和平均摄入量，共分 5 层，以各层的位置与面积反映各类食物在膳食中的地位和所占比重，其中适用于一般人群的如彩图一所示。

第三节　大学生的膳食与健康

案例

某高校每年新生入学查体约 4 000 左右本科生中，每年总能查出约 60~70 人次的大学生脂肪肝患者，他们共同的特点爱喝含糖饮料，爱吃油炸食物，活动量普遍每天不足 1 小时。请从下面知识中寻找答案。

一、大学生常见的不良饮食行为及其危害

大学生正处在青春期到成年期的过渡阶段，科学合理的饮食和营养有助于提高身体素质和学习效率，但不少同学由于缺乏营养学知识，不重视合理营养，在饮食消费行为上基本处于完全凭借个人喜好，因而对健康造成影响。当前大学生中常见的不良饮食行为有以下

几种。

1. 喜欢吃零食和洋快餐

受西方饮食模式的影响和食品广告的宣传，如今吃零食和洋快餐的学生越来越多。大部分洋快餐食品的热量和脂肪含量很高，而膳食纤维以及钙、铁、锌等矿物质的含量很低。

以一份总热量为 1 185~1 466 卡路里（4.96~6.17 千焦）的麦当劳快餐（汉堡、薯条）为例，其中脂肪提供的热量就占了 40%~59%，而维生素 A、C、B_1、D 的含量分别不到膳食推荐标准的 10% 与 20%，钙、铁的含量也低于膳食推荐标准的 20%。许多受学生青睐的小食品如炸薯条、虾片、炸鸡腿、调味紫菜、巧克力、冰激凌、奶油蛋糕等，大多属于高脂、高糖、高盐和高味精食品，并含较多添加剂，营养价值很低，经常食用容易导致肥胖、龋齿，也会影响正餐，应少吃为佳。

2. 挑食或偏食

尽管大学生都知道挑食和偏食的坏处，可仍有不少同学明知故犯。调查发现，大多数学生很少喝牛奶，没有天天吃水果的习惯，不重视吃豆类及制品；一些学生不爱吃鸡鸭鹅肉和猪肝；一些学生长期只吃几种喜欢的蔬菜……长此下去，很容易造成营养素不均衡，对生长发育非常不利。有这方面问题的同学要注意克服，做到食物多种多样，特别要重视对奶类和豆制品的摄入。

3. 边吃饭边看电脑手机

如今，电脑和手机已成为大学生不可缺少的学习和生活工具，大学生接触电脑和手机的时间越来越长。很多大学生喜欢一边吃饭一边使用电脑和手机，表面看上去是珍惜时间，实际上是一种不利于健康的坏习惯。使用电脑和手机时，大脑在紧张思考，分散了吃饭的注意力，引起消化液分泌减少和胃肠蠕动减弱，使消化功能下降。久而久之，会引起消化不良和胃肠道疾病。

4. 用饮料代替白开水

目前市场上各种果汁饮料、茶饮料、可乐、汽水、纯净水、矿泉水五花八门，广告宣传更是诱人，使得年轻一代在饮水种类和观念上发生了很大变化：重口味，轻实质；图方便，怕麻烦。一些学生很多时候是靠喝饮料代替喝白开水的，这种做法极不可取。研究表明，长期饮用含糖饮料会引起肥胖和增加患龋齿、2 型糖尿病的危险；过量饮用可乐等碳酸饮料与骨折的发生密切相关；长期饮用含合成色素、香精或防腐剂的饮料，会加重肝肾的代谢负担；喝汽水类饮料，会产生过多气体，引起胃部饱胀，导致食欲下降。其实从健康的角度而言，白开水是最好的饮料，价廉、解渴快，含多种对人体有益的矿物质和微量元素，而且进入人体后立即发挥其调节体温、输送养分和消除废物等功能，因此建议大学生平时多喝白开水或清茶，少喝饮料。

5. 烟熏烧烤类食物摄入过多

熏鱼、熏肉、烤红肠、烤羊肉串、烤鱼片为如今市面上常见的熏制烧烤类食品，以其风味独特为不少大学生所喜爱。烟熏烧烤类食品中存在多环芳烃类有机物，这种物质正常情况下在食品中含量甚微，但经过烟熏或烧烤，由于食品与燃烧物直接接触，可使其中的强致癌物增加，长期摄入可诱发胃癌、食管癌等。

6. 随便购买无卫生保证的街头食品

目前，街头无卫生保证的食品“琳琅满目”，调查资料表明，学校附近食品摊点和街头食品摊点整体卫生状况不合格率达 70%，持有卫生许可证、健康证的从业人员不到一半，食品污染严重、餐具不消毒、滥用食品添加剂和调料的现象仍较普遍存在。一些小食品加工厂为了扩大销量、降低成本，大量使用色素甚至非食用色素，利用五颜六色的外观来吸引学生，而长期食用色素超标的食品对身体是极为有害的。

7. 盲目通过节食减肥或瘦身

一些女大学生为了追求漂亮身材，穿时尚衣服，刻意通过节食减肥或瘦身，如不吃晚餐，长期不吃肉，甚至连续几天只吃蔬菜水果，导致必需氨基酸、脂肪酸、脂溶性维生素和肉碱等营养素缺乏，引起体内新陈代谢紊乱，抵抗力下降，使原本青春健美的身材变得枯瘦。长期节食瘦身还会造成脱发、贫血、骨质疏松、月经量稀少，甚至导致闭经和厌食症等严重后果。大学阶段是女生精力充沛、求知欲望强，学习最出成绩的时期，需要供给充足全面的营养，以满足日常消耗和保证身体、智力的发育，而且大学时期也是女性生理发育成熟、体形最健美的阶段，是女性的黄金时期。希望女大学生充分认识节食瘦身的危害，切勿盲目追求时髦。体重确实超标的女生，也应该在医生指导下进行科学瘦身。

二、合理配餐，增进健康

2022 年《中国居民膳食指南》指出，我国成年居民每天膳食应含谷薯类、蔬菜水果类、畜禽鱼蛋奶类、大豆坚果类食物，平均每天摄入 12 种以上，每周 25 种以上食物。大学生处于青春发育后期向成年期过渡的阶段，生长发育尚未完全停止，新陈代谢旺盛，消化吸收能力强，加之活泼好动、运动量大、脑力活动紧张等，需消耗足够的食物来提供能量和协助生长发育、维持健康，因此对热能和某些营养素的需求量较普通成人略多一些，因而合理膳食对于他们的重要性也更大一些。然而，由于大学生相对独立的生活、学习方式以及用餐上的自由，加之营养学知识欠缺，普遍存在饮食结构欠合理，进餐不定时、无规律等现象，进而对学习效果、体质和智力水平等造成影响，因此掌握合理配餐、平衡膳食的知识是十分必要的。给自己配餐应把握以下原则：①合理分配三餐能量；②膳食组成合理，如荤素搭配、粗细搭配、干稀搭配等；③营养素全面，特别要保证蛋白质和含钙、铁、锌、维生素（尤其是维生素 A、B_1、B_2、C）丰富的食物；④经常变换食物的种类，做到膳食多样化。

1. 早餐

早餐与午餐同等重要，通常上午的课最多，消耗的能量占全天总能量的 35%~45%，早餐的进食量至少要达到一日量的 30%，摄入不足会造成上课注意力不集中，思维受阻，学习效率降低，因此早餐不但要吃饱，还要吃好。很多学生不重视早餐，对早餐的态度比较随便，或因起床晚来不及吃早餐就去上课。这种做法不可取。早餐的基本搭配是主食加蛋类、奶类或豆制品、少许蔬菜水果及坚果。要有干有稀，干的如馒头、花卷、包子、蒸饺、发糕、粗粮馍，稀的多选牛奶、豆浆、稀饭、牛奶麦片粥等，再加一个鸡蛋、几片酱牛肉或豆腐干、少许果蔬和坚果。科学的早餐，可保持血糖浓度稳定，是保证大脑能量供给从而提高学习质量的重要措施。

2. 午餐

午餐是学生一天中的主餐。上午体内的热量和营养素已消耗了很多，下午还要继续上课并参加各种课外活动，所以午餐要丰盛，主食、肉类、蔬菜和各种营养素摄入量应占全天需要量的40%左右。主食可在米饭、面条、粗粮饼、蒸薯、土豆、芋头中进行选择，并最好达到两种；副食要有足够的蔬菜和适量的鱼虾禽畜肉、豆制品以及少量水果。改变光吃猪肉的坏习惯，各种肉轮换着吃，尤其应多吃鱼虾和禽肉。午餐蔬菜一般不少于3种，并尽量做到彩色蔬菜皆有。除肉以外，主食和蔬菜的种类也都要经常更换，以保证营养均衡。注意吃一些耐饥饿又能产生高热量的菜，使体内血糖继续维持在较高水平，保证下午的学习和体育锻炼等活动。

3. 晚餐

晚餐比较接近睡觉时间，不宜吃得太饱，热量一般为总热量的30%。宜选富含糖类、膳食纤维、色氨酸和B族维生素丰富的食物，如米饭、绿色蔬菜、菌藻类、动物肝、牛奶等，可维持神经功能的稳定，消除焦虑及促进睡眠。不宜吃红薯、玉米、豌豆等产气食物，辣椒、大蒜、洋葱等辛辣食物，猪肉等过于油腻的食物，咖啡、浓茶、可乐等令大脑兴奋的食物，以免引起腹胀或干扰睡眠。不少大学生都喜欢晚上结伴下餐馆，满桌的菜品再加上啤酒、可乐等饮料大吃一顿，无疑对健康很不利，要自觉纠正。

大学生在三餐之外一般还需适当加点餐，如可以在上午课间和／或睡前喝杯牛奶，下午吃一些新鲜时令的水果以及坚果等零食，晚自习后吃个面包或几片饼干等。夜宵要吃得清淡，忌食大鱼大肉。

第三章 心理健康

第一节 心理健康概述

一、什么是健康和心理健康

究竟什么是健康和心理健康呢？很多人都觉得，没有疾病就是健康，没有心理疾病就是心理健康。是这样吗？首先我们来看一下世界卫生组织（WHO）对于健康和心理健康的定义。1946年，WHO将健康定义为“一种在身体上、心理上和社会上的完满状态，而不仅是没有疾病和虚弱的状态”。1948年，WHO在成立之初在其宪章中将健康定义为“一种在身体上、心理上和社会上的完满状态，而不仅是没有疾病和虚弱的状态。”1989年，WHO进一步深化了健康的概念，认为健康包括躯体健康、心理健康、社会适应良好和道德健康。而到了2001年，WHO对心理健康的定义为：“不仅仅是无精神病，更可视为一种幸福状态（well-being）。在这种状态下，每个人认识到自己的潜力，可以应付正常的生活压力，有效地从事工作、并能够对社会做出贡献。”看来，健康和心理健康远没有我们原来以为的那么简单。2009年出版的《咨询心理学》中将心理健康的基本特征定义为：个体能够适应发展着的环境，具有完善的个性特征；且其认知，情绪反应，意志行为处于积极状态，并能保持正常的调控能力。在生活实践中，能够正确认识自我，自觉控制自己，正确对待外界的影响，从而使心理保持平衡协调。此外，从健康到疾病有着连续性、持续性和可逆性的特征，从健康到疾病并没有绝对的分界线，可以肯定地说，绝对、永远心理健康的人是没有的。也就是说，通过努力我们可以使不健康得到改善，使健康得到促进，使幸福感得到提升。

二、影响健康和心理健康的因素

那么，健康以及心理健康受哪些因素影响呢？1977年，美国纽约州罗彻斯特大学精神和内科教授恩格尔（Engel）在《科学》杂志上发表了题为“需要新的医学模式：对生物医学的挑战”文章，提出应该用生物－心理－社会医学模式取代生物医学模式。这也是目前最受认可的健康模型。从下面这张图可以看出，生物学、心理学和社会学的相关因素都影响着我们的健康情况，生物学因素包含了生理疾病、基因易感性、性别、年龄变化以及药物的使用等，心理学因素则包括孤独、性格、慢性疼痛、功能障碍以及抑郁等，而社会学因素则包括了社会支持、社会活动、应激事件、经济来源、宗教和健康行为等。在我们的日常生活中，大家更多地关注生物学因素，就像是当我们健康出了问题，去医院就诊后，我们会认为医生给我们开的药带来的效用要远大于提供给我们调整和改变一些生活习惯的建议。其实，心理学因素对内可以影响我们的生理健康，对外制约着社会文化因素对我们的影响，因此是非常重要的，也是提升我们健康状况的切实有效的途径。

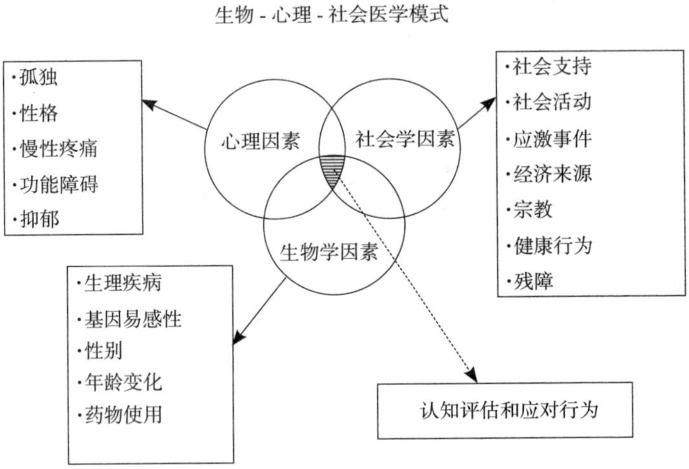

图 3-1 生物 - 心理 - 社会医学模式(Engel，1977)

三、大学生心理发展的特点

美国发展心理学家和精神分析学家埃里克森(Erik H Erikson，1902—1994)认为，人的发展是按阶段依次进行的，如果人的生命是一个周期，那么可划分为八个阶段。这八个阶段是以不变的顺序依次出现的，而且具有跨文化的一致性，因为它们是由遗传因素决定的。不过每一个阶段能否够顺利度过则是由社会环境决定的。社会环境不一样，阶段出现的时间可能不同。下面让我们来具体看一下这八个阶段：

第一阶段　婴儿期(出生—1 周岁)：这是获得基本信任感而克服基本不信任感的阶段。

第二阶段　儿童期(1 周岁—3 周岁)：这是获得自主感而避免怀疑感与羞耻感的阶段。

第三阶段　性器期(3 周岁—6 周岁)：这是获得主动感而克服内疚感的阶段。

第四阶段　潜伏期(6 周岁—12 周岁)：这是获得勤奋感、避免自卑感的阶段。

第五阶段　青春期(12 周岁—20 周岁)：这是大学生所处的发展阶段。这一阶段的核心问题是自我意识的确定和自我角色的形成。此时的青少年开始逐渐与自己的父母疏远，从原生家庭中逐渐独立出来，与同龄人建立更紧密的关系。从别人对自己的态度中，从自己的各种社会角色中，青少年开始进一步认识自己，对自己的过去、现在、未来产生一种内在的连续感，也认识到自己与他人在外表上与性格上的异同点。青少年必须把自己过去经与他人建立的关系和未来的志向结合起来进行考虑，从而使个体获得必要的、连续性的经验，这就是同一性，这是埃里克森提出的一个非常重要的概念。埃里克森认为，这种同一感可以帮助青少年了解自己以及了解自己与各种人、事、物之间的关系，以便能顺利地进入下一个阶段。否则就会产生同一性的混乱，比如：有的人可能会对自己的认识比较模糊和混乱，或者可能会怀疑自己对自己的认识与他人对自己认识之间是不一致的，找不到努力的方向。

第六阶段　青年期(20 周岁—25 周岁)：这是建立家庭生活的阶段，是获得亲密感，避免孤独感的阶段。

第七阶段　成年期(25 周岁—65 周岁):这是成家立业的阶段,这一阶段的主要任务是获得创造力感,避免“自我专注”。

第八阶段　老年期(65 周岁以后):也叫成熟期,这是获得完美感,避免失望感的阶段。

四、大学生心理健康的标准

那么大学生心理健康的标准是什么呢?提出了需求层次理论的著名人本主义心理学家马斯洛(A.H.Maslow, 1908-1970)认为心理健康有十大标准:①充分的安全感;②充分了解自己,对自己的能力作出恰如其分的判断;③生活目标切合实际;④与环境保持接触;⑤保持个性的完整与和谐;⑥具有一定的学习能力;⑦保持良好的人际关系;⑧情绪能作适度的表达与调控;⑨在不妨碍团体利益的前提下,有效地发挥自己的才能与兴趣爱好;⑩在不违背社会道德规范的前提下,个人的基本需要可以得到一定程度的满足。

经过对以往研究成果的整理和多位专家的论证,教育部给出了大学生心理健康的 6 项标准:①正确认识自我,悦纳自我;②拥有和谐的人际关系;③具有完整和谐的人格;④拥有良好的适应能力;⑤拥有顽强的意志品质;⑥拥有积极乐观稳定的情绪。

第二节　大学生常见心理问题及应对

一、焦虑

案例

男,大四学生。

两好友陪同前来。因年底要去国外名校做毕业设计压力大,近一周出现担心无法如期完成毕业设计、注意力无法集中、呼吸急促、身体发抖、入睡困难和做噩梦的情况。

从上世纪末开始,大学生心理健康问题越来越受到大众的关注,考试压力、人际交往等问题不断涌现,当代大学生似乎有越来越多的负面情绪体验,而焦虑是最为常见的大学生心理问题之一。

(一)什么是焦虑

焦虑(anxiety)是一种内心紧张不安、预感到似乎将要发生某种不利的情况而又难于应付的不愉快情绪,即个体需要得不到满足而产生的痛苦或紧张不安的体验。心理学中我们常听到的一个词是“分离焦虑”,当孩童在很小的时候,面临和妈妈的分离,这时他会感觉到不安全,担心无法一个人独自生存,面对不确定的未来而产生一种焦虑不安的情绪出现,而不愿意与妈妈分离。分离焦虑的本质是对被抛弃的恐惧,焦虑也是如此。我们认为,当我们面对不确定的、未知的情形我们无法掌控时,便会产生不安全、失控的感觉,我们所感到的焦虑其实更多地是潜意识中的恐惧。我们的焦虑往往源自对结果的担心、恐惧,而且这种焦虑与不确定性成正比,预期结果失控的几率越大,焦虑水平越高。大学生常见的焦虑来源包括学业压力、就业压力、以及人际关系方面的困扰。

(二)焦虑的表现

下面让我们来看看焦虑都有哪些可以被识别的表现。

1. 精神焦虑

精神焦虑的症状,即反复出现的紧张、恐惧或担心,且自己认为是不合理、不现实的和令人烦恼的,这类人表现出来的是"心烦意乱、忧心忡忡"的样子。案例中的那个同学的焦虑症状其实是一种特定的焦虑,他主要只是对出国做毕业设计这件事感到担心和紧张。另外还有一种被称为"广泛性焦虑障碍"的精神科疾病,存在这种问题的人的焦虑的内容完全取决于日常生活环境中的变动,没有中心主题,也没有明确的社会倾向性。比如出门可能就会担心被车撞了,明天考试就会担心考试不及格,别人在旁边打个喷嚏就会担心会不会被传染上严重的疾病,症状与现实生活似乎有些联系,然而其担忧的内容及严重程度跟日常生活中的琐碎事物很不相称,也严重影响了其社会功能。

2. 躯体焦虑

焦虑的人可出现眉头紧锁、坐立不安、出现肌肉紧张、面色苍白、心动过速、手心脚心出汗等症状,就像前文案例里的那个同学,其躯体焦虑的表现就十分明显。

3. 觉醒度提高

此类焦虑表现为过分警觉、对外界刺激敏感,因此无法专注于需要集中精力的事情,往往会出现注意力无法集中、失眠、容易发脾气等困扰。要特别注意的是,这里提到的焦虑并不等同于焦虑障碍,生活中我们大部分同学所体会到的是焦虑情绪。当焦虑的严重程度与客观事件或处境明显不符,或者持续时间过长时,此时的焦虑便为病理性焦虑,如符合相关诊断标准,便会被诊断为焦虑障碍。

(三)如何应对焦虑

焦虑虽然是一种不愉快的体验,但的确有着重要的适应功能。首先,焦虑具有信号功能,当出现焦虑情绪,个体会发出信号,当出现在意识水平上时,人们便会采取措施进行处理;第二,焦虑可以动员机体状态,使之能够警觉增强,代谢加快,保持兴奋的状态,为处理危险做好准备;第三,焦虑参加学习和经验积累的过程,焦虑能够帮助个体提高预见危险的能力,不断调整行为,以更好地应对焦虑。根据耶基斯 - 多德森定律,动机强度和工作效率是呈倒 U 形的曲线关系,即动机强度处于中等时,也就是当我们保持在中等的焦虑水平时,工作和学习的效率最高。然而如果焦虑的程度过高、持续时间过长,则会导致我们工作学习的效率下降,甚至影响到我们的日常生活,这时我们该怎么去应对呢?

首先,我们可以尝试通过运动如慢跑、瑜伽等方式来帮助自己调节焦虑情绪,或者通过洗热水澡的方式帮助自己放松。也可以学习一些放松的小技巧,如呼吸放松、肌肉放松、正念或冥想等来帮助自己在紧张的时候有效地放松。

其次,可以通过适当调整认知的方式来减少恐惧,减轻焦虑的症状。认知疗法流派的理论认为引起焦虑和其他情绪困扰的并不是外界发生的事件,而是对此事件的态度、评价、信念等认知层面的因素。因此我们需要改变的不是外界事件，而是改变我们对这件事的态度、评价、信念等认知层面的内容，进而达到改变情绪的目的。比如，一个同学竞选社团部部长失败，如果他看待这件事的态度是“我这个人真的很糟糕，我每次都是这样，我什么都做不好……”，他的情绪就会非常悲观消沉，他的行为有可能从此一蹶不振。。从这个同学的归因风格我们能看出他倾向于内部的（认为是自己的原因）、稳定的（如“我每次都是这样”）、整体的（如“我什么都做不好”）认知归因方式。而如果想要调整他的情绪和行为，就要把他的认知归因方式转变成偏外部的（如“这次竞选正好安排在考试之前，我没有充足的时间准备”）、不稳定的（如“我以前不是这样的，这一次可能是我没有发挥好”）、特定的（如“好像我不太擅长竞选，但我做实际工作还是做得很好的”），这样的话他的情绪可能就会有很大的缓解，之后他也可能变得更有信心去好好准备参加下一次竞选，或者再去寻找自己更擅长的领域。但想要调整自己的认知模式并不是一朝一夕能够完成的，因为很多时候我们会发现自己的认知模式似乎是在自己没有意识到的情况下就自动出现的，所以我们需要不断去反思自己的认知模式，多想一想“为什么遇到这件事我会有这样的反应？别人是否跟我的反应一样？”通过不断的反思和觉察，我们就能离改变越来越近。

当焦虑的情况已经无法通过自己解决，或者已经比较严重地影响到了自己的生活和学习时，就需要借助外界专业人员的帮助了。专业的心理医生或咨询师会通过心理咨询或心理治疗的方式，有时可能会少量用一些抗焦虑的药物，来帮助那些有焦虑障碍的人。

知识链接

三分钟呼吸训练（来自网络）

第一步　进入觉察

请采用一个挺拔而庄严的姿势进行练习，可以坐着也可以站着。如果可能的话，闭上你的眼睛。然后，将注意力转向我们的内部：我此时此刻的体验是什么？

1. 我有什么想法掠过脑海？

2. 我现在的心情如何？

3. 此时此刻我身体有什么样的感受？比如可以快速扫描全身去找到任何紧绷的感觉。

第二步　集中

然后将你的注意力集中到腹部区域。缓缓地吸气，让空气通过你的鼻腔进入腹部，腹部慢慢地向外鼓起，感觉身体里充满了空气；然后慢慢地呼气，腹部慢慢地向内收紧，感觉到腹壁贴向脊柱的方向。随着吸气腹部再次慢慢向外鼓起，将气吸满；呼气腹部慢慢向内收紧，将气彻底的呼出。请继续保持这样的呼吸。在你的一吸一呼中，感受腹壁像波浪一样起伏。跟随着吸气和呼气的全过程,利用呼吸将自己停留于当前的状态。

第三步　扩展

现在将注意力的范围从呼吸扩展开去,除了呼吸的感觉,还包括全身的感觉,你的姿势以及面部的表情。如果你觉察到任何的不舒服、紧张或受阻的感觉,请通过深度呼吸将它们消融在每一次轻柔而开放性的吸气和呼气之中。如果你愿意的话,也可以在呼气的时候对自己说:

"没关系……不管它是什么,既来之,则安之。"

二、抑郁

案例

女,大二学生。

近两周情绪低落,高兴不起来,什么都不想做,对本专业无兴趣,觉得自己学不好、对不起父母,失眠,每天凌晨四点钟即醒,近两周体重下降了四五斤。曾多次有过自杀念头,并在上周两次准备自杀,都因没有勇气、害怕疼痛而未实施。

我们熟知的许多名人也曾患抑郁症,如崔永元、"憨豆"先生,香港巨星张国荣和李玟甚至因此自杀离世,让人不胜唏嘘。根据世界卫生组织 2017 年的数据,抑郁症是全世界范围内因精神卫生因素致残的首要原因,全球患病率为 4.4%,任何年龄段都不能幸免,最常见的发病年龄为 14-25 岁。抑郁症中科院心理所《2022 年青少年心理健康状况调查报告》显示,我国约 14.8% 的青少年存在不同程度的抑郁风险,其中 4.0% 的青少年属于重度抑郁风险群体,10.8% 的青少年属于轻度抑郁风险群体。在大学生群体中出现抑郁情绪甚至由于抑郁引发自杀风险的案例也时有发生,同时抑郁情绪也会干扰大学生的日常生活与主观幸福感水平。

实际生活中,我们每个人都体会过哀伤、悲观甚至是绝望,然而,我们需要知道的是,焦虑、抑郁、恐惧等负面情绪的体验虽然令人痛苦,但并不足以作出诊断。与此相反,在遇到令人悲伤的事件时,如果没有出现痛苦抑郁的情绪,反而可能是有问题的。抑郁情绪本身也有积极方面的作用,比如:①在我们压力过大、过于疲劳时,抑郁情绪会使我们觉得没有精力、什么都不想做,在某种程度上其实是保护了我们避免继续去承担那些过度的压力和责任,是抑郁的适应性的功能;②当感觉到抑郁时,我们常常不想做事、也不想见人,心理世界完全是内倾的,我们会思考为什么自己会这样,以及会有一些可能平常我们在忙碌中试图避开或不愿意去面对的思考和感受,从而帮助自己更好地看清一些问题。抑郁和其他负性情绪一样,是从正常到异常的连续体,在正常和异常之间没有绝对的界限。大体上说,当抑郁达到了某种特定的严重程度,严重影响到了个体的正常生活和社会功能时,我们说这是异常的,是需要治疗的。而正常的抑郁指的是经历了近期的一些应激事件(如遭受了重大挫折或者有重要亲人离世等)后出现的一些抑郁的症状,这被视为一种适应性的反应。在大多情况下,这种抑郁能够在短期内自行缓解,因此不需要寻求专业的治疗。但这种正常和异常的界限有时连有经验的精神科医师和临床心理学家也不能完全区分清楚。

我们再回到开头的案例。如果按照案例里描述的情况，这个女大学生可能存在抑郁方面的问题。那让我们来看看，抑郁都有哪些表现呢？首先，抑郁最主要的表现是“情绪低落”和“兴趣或乐趣缺乏”，这指的是每天大部分时间都不开心、高兴不起来；以前喜欢做的事情现在都不喜欢了（比如有的男生以前喜欢打电子游戏，有的女生以前喜欢逛街，而现在都不喜欢了，觉得没意思），或者是不能从做事情中获得乐趣（比如以前做出了一道难题会感觉很有成就感，但现在觉得没什么值得高兴的）。抑郁另外一个突出的表现是精力减退，每天都感觉很累、很疲乏，觉得精力不足，这也可能是抑郁最先出现的症状。此外，抑郁的人还可能出现“思维迟缓”“意志消沉”，指的是自己脑子转得很慢，有人描述“就像脑子生锈了一样”；每天什么事都不想做，也不想跟别人接触，就想在床上躺着，窝在家里或寝室里。抑郁的人还会伴随一些躯体症状，比如睡眠、饮食及体重等方面的变化，最常出现的一般都是失眠（入睡困难或早醒）、食欲减退及体重下降，但并不是所有的人都会出现类似情况，有的人反而会出现睡得过多、食欲亢进、体重增加的情况。典型的抑郁症还有一个特点叫“晨重暮轻”，就是说每天早晨情绪最差，睁开眼睛情绪就很低落、很烦，“一天怎么又开始了……”，到了下午和晚上情绪则会好转一些。但同样也不是所有的抑郁症患者都有这样的表现。上面也说到了，抑郁症最严重的后果是自杀，约有 10%~15% 的抑郁症患者会死于自杀，而有更多的人会产生自杀意念或进行自杀尝试，大家一定要提高警惕。

那么，如果自己出现了一些抑郁情绪，该如何调节呢？首先要及时调整自己的自我评价，发现自己的亮点。在之前焦虑那一部分里我们介绍了合理情绪疗法，通过调整认知的方式，比如把常用的倾向于内部的、稳定的、整体的归因方式转变成偏外部的、不稳定的、特定的归因方式，从而达到调节情绪和行为的作用。第二就是要尽量主动向周围的同学和朋友去倾诉，寻求来自周围的积极反馈。三是可以通过看喜剧片、听笑话等自己喜欢的方式及时排解自己的抑郁情绪。如果发现上述方法无效，或者本身抑郁情绪就很严重，甚至出现了自杀的想法，就一定要及时寻求专业人员的帮助。专业的治疗手段包括心理治疗和药物治疗的方式，有时可以二者结合应用。目前的抗抑郁药物的原理主要是通过调整大脑内的五羟色胺和去甲肾上腺素等神经递质的浓度来达到治疗抑郁症的目的。

三、网络成瘾

案例

胡安戈是遂宁市射洪县人，父亲胡明是当地某企业的领导。2006 年，20 岁的胡安戈从绵阳某大专院校成人教育学校毕业，之后留在成都。与胡合租房的何某称，胡安戈的性格很内向，不容易沟通，平时就待在屋内玩网络游戏“传奇”。2007 年 3 月，胡安戈说想在咸阳做水产生意，希望父母能资助，其父亲从家里拿了 5 万元给他。胡安戈却在成都的出租屋内终日玩网络游戏。2007 年 6 月，5 万元快被胡安戈买游戏装备用完了，他越来越紧张：怎么向父母交代呢？

胡后来告诉警方："觉得自己辜负了父母的期望，怕父母对自己失去信心。"经过一番思想斗争，一个荒唐的想法出现了：结束父母的生命，让他们彻底"解脱"。

2007年7月14日，胡安戈在一个小摊点购买了20包毒鼠强，当晚将"毒鼠强"倒入家里的剩菜中，次日一早，父亲吃了掺有毒药的菜，出现中毒症状，经抢救脱险。胡安戈感到压力越来越大。7月20日，他再次购买了45包"毒鼠强"。7月24日中午，他偷偷将"毒鼠强"全部倒入一盆拌牛肉中。当天中午，父母吃下牛肉，出现中毒症状。母亲让胡安戈打120，他竟在房间里继续玩"传奇"。两小时后，胡安戈发现父母死亡。他将拌有毒药的牛肉倒掉，并将器具清洗干净。然后哭着拨打亲戚的电话，称父母好像出了事……在接受警方的询问时，胡安戈还写下一个"推测"：父母感情不和，争吵后，母亲投毒杀死父亲后畏罪自杀。

7月27日，胡安戈被抓捕归案。12月，遂宁市中院以故意杀人罪判处胡安戈死刑。胡安戈提起上诉，并表示很后悔。2008年11月8日（胡安戈案尚在二审阶段），我国出台了首部《网络成瘾诊断标准》，该标准把玩游戏成瘾、网恋网婚成瘾正式纳入精神病诊断范畴。2008年11月10日，胡的亲属正式向四川省高院寄出一份申请，请求对他因沉迷网络毒杀父母时是否患精神病及是否应当负有刑事责任进行鉴定。这是四川乃至全国首份此类申请。

对这份申请，网民在网上吵成了一锅粥，包括央视在内的媒体也对此进行了报道、分析。大多数网民、媒体的观点是：不能因为网络成瘾就鉴定为精神病患者，网络成瘾不能成为免责、免死金牌。

2009年2月28日，最高人民法院签发了胡安戈执行死刑命令。3月8日，遂宁中院在射洪县对胡安戈执行死刑。至此，震惊全国的"胡安戈案"尘埃落定。

（摘自网易新闻）

自从1946年第一台电子计算机诞生后7年，就出现了第一个电子游戏。在超过60多年的时间里，从超级玛丽到王者荣耀，全球20多亿人玩过各种各样的电子游戏。仅2017年全球电子游戏市场的产值就超过了1千亿美元。一项涵盖全球30个国家和地区的89 281名受试者的元分析的结果显示，网络成瘾的全球患病率约为6%。另外，2018年的《中国互联网络发展状况统计报告》显示，截至2017年12月，我国网络游戏用户的数量已经达到4.42亿，手机网络游戏用户达到4.07亿。网络、手机游戏成为最受青少年青睐的娱乐性活动之一。世界卫生组织（WHO）在其2018年6月最新发布的第11版《国际精神疾病分类》（ICD-11）中，正式将"游戏成瘾"（Gaming Disorder）列为精神疾病，归在精神与行为障碍章节下的"物质使用或成瘾行为障碍"分类，与赌博障碍并列（ICD编码为6C71）。另外一个国际上通用的精神疾病的诊断标准《美国精神障碍与统计手册》2013年发布的第五版（DSM-5）并没有把游戏成瘾列为正式诊断，而是把它列在了附录的"尚需要进一步研究和观察的精神障碍"中，理由是目前缺乏足够的临床实证研究来确定统一的游戏成瘾诊断标准，玩游戏到何种程度才应该被列为成瘾也有很多不一致的意见，因此建议进行进一步的研究。无论是 DSM 还是 ICD 的标准，都列出了病理性的游戏行为的两个核心表现：一是游戏成瘾者不仅花费大量时间和精力来玩游戏，更重要的是，他们忽略了现实生活，无法再承担以往的社会角色，也不再参与社会生活。二是他们丧失了对自己行为的控制力，让游戏完全支配了自己的生活。而早在 2008 年 11 月 8 日，我国首部《网络成瘾诊断标准》通过论证，玩游戏成瘾被正式纳入精神疾病的诊断范畴，我国也成为世界上第一个出台网络成瘾诊断标准的国家。关于是否应该将游戏或网络成瘾纳入精神疾病的范畴，全世界范围内有很多不一致的声音。其中，最大的反对意见是“把社会问题医学化”了。在 ICD-11 将游戏成瘾列入精神障碍的筹备工作进入尾声时，24 位外国学者联名发布了一封公开信，其中写道："我们应该考虑到，任何试图正式确定这种‘失调’的做法，哪怕只是作为提案提出，都应当深思其会在医疗、科学、公共卫生、社会以及人权各方面均造成的巨大负面影响。其中，围绕视频游戏危害性所产生的道德恐慌特别值得重视。”

对网络成瘾类型的分类，国内外学者认识一致，主要包括：网络色情成瘾，指沉迷于浏览、下载和交换色情图片、电影、文字等内容，在线进行色情交易或者进入成人话题的聊天室；网络人际成瘾，指利用各种聊天软件以及网站的聊天室进行人际互动，将全部精力投入在线关系或者虚拟感情中，用网络上的朋友取代现实生活中的家人和朋友；信息超载，指花费大量时间强迫性地浏览各种网页以查找和收集信息，包括强迫性地从网上收集无用的、无关的或者不迫切需要的信息；网络强迫行为，指有一种难以抗拒的冲动去进行强迫性的在线赌博、网上拍卖、购物或进行股票交易等；网络游戏成瘾，指网络用户不可抑制地长时间地过分沉迷于网络游戏，也就是上文中提到的“游戏成瘾”，此类成瘾者通常是青少年。

网络或游戏成瘾的现象在大学生中也很常见，许多大学生因此影响了正常的学习和人际交往，严重者甚至因此退学，或为了凑钱买游戏装备不惜走上犯罪的道路（如案例中的主人公）。那么，该如何去理解大学生网络或游戏成瘾的行为呢？从客观现实的角度来说，对于大学生尤其是刚进入校园的大学生来说，手机、电脑等电子设备的标配给网络使用提供了机会。对于不少大学生来说是在大学才第一次接触到手机、电脑和互联网，而相对于高中生活来说，大学的管理相对开放和轻松，因此导致大学生有机会可以长时间上网、玩游戏。另外，网络的匿名性、丰富多元化给很多以前很少接触网络的大学生打开了一个新世界，在这里，他们可以摆脱学业压力，忽略人际关系问题等，因此，对大学生有着强烈的吸引力。而从主观心理层面的因素来说，网络或游戏成瘾行为与其他类型的成瘾如物质成瘾（如酒精、毒品）或进食成瘾（厌食症、暴食症）类似。从心理动力学的角度来说，成瘾者需要通过成瘾行为来获得心理上的满足感，同时避免自己体验到痛苦和不愉快的感觉。而当成瘾行为越来越多地成为成瘾者日常生活的一部分时，其实就变成了一种强迫性的行为，因为他们的人格结构需要其提供一个稳定的陪伴感，同时成瘾行为也就代替了成瘾者真正的需要。因此，成瘾行为是一种非常矛盾的体验，看似愉快，实则是一种自我伤害，没有能力控制，而又渴望参与其中。从这个角度上来说，大学生沉迷于网络或游戏的主要原因是寻求在现实生活中无法得到的心理满足感，或者避免体验到现实生活中的挫败感。很多网络或游戏成瘾的大学生早年的家庭关系要么疏离淡漠、要么控制纠缠，导致其上了大学后很难与别人建立良好的人际关系，这时网络就提供了机会让其可以在网络世界中活出另外一副模样来，不断地获取现实中无法得到的满足感。尤其是在学业上或生活上遭遇挫折时，一些人更是沉迷于网络游戏中无法自拔，从而避免让自己体会到无法承受的挫败感。

那么，该如何应对自己身上出现的一些过度使用网络或玩游戏的现象呢？首先，要意识到沉迷网络或游戏只是自己真正的需要的一种替代品，而自己对于人际关系的渴望最终只能在真正的人际交往中得到满足。可以先从试着与室友好好相处开始，然后再不断扩展自己的人际圈，多参与一些班级活动或社团活动。实际的人际交往中确实会遇到这样或那样的挫折，对于那些在自己的原生家庭中没有学到较多的正性经验的同学尤为如此，因此，学会容忍自己的挫败感、允许自己表现得不那么完美就显得很重要。其次，要确立自己的人生观和价值观，思考自己以后想成为一个什么样的人，从大学开始进行人生规划，如果自己的人生目标明确，就更能容忍这期间体验到的各种挫败和痛苦的感觉。第三，不断拓展自己的人生经验，提高自己的认知复杂性。我们可以试着吃没吃过的饭菜、穿没穿过的衣服款式及颜色、读没读过的书、去没有去过的地方、交不同层面的朋友、发展自己多方面的兴趣爱好。一个人的认知复杂性越高，就越能很好地采纳别人的观点，形成良好的人际关系。同时当面临意想不到的情境时，不会太焦虑。如一方面不成功，知道自己在其他方面还有优点，也不容易走向极端。

如果自己调整起来有困难，或者已经严重影响到了自己的生活和学习，建议及时寻求专业人员的帮助。网络成瘾一般以心理治疗为主，药物治疗为辅。其用药与治疗其他成瘾行为的药物类似。心理治疗在这里主要介绍两种，感兴趣的同学可查阅相关资料。一是认知行为疗法（Cognitive Behavioral Therapy，CBT），主要针对成瘾者存在的大量非适应性认知，帮助网络成瘾者建立一种正确的认知来代替原有的不良认知和错误假设，由于其易于接受、见效快而被广泛接受。二是接受与承诺疗法（Acceptance and Commitment Therapy，ACT）基于正念技术，关注成瘾者的内心经历，通过行为改变策略来治疗心理问题，国外使用较多。

四、精神分裂症

案例

女，大一学生

近期总感觉别人看自己的眼神怪怪的，认为别人都在背后议论自己，听到他们都在骂自己行为不检点，连老师也是。认为同学们都故意针对自己，向校长告密自己做了别人的"小三"。连自己的妈妈也被坏人收买了来害自己，自己吃了妈妈给做的早餐后感觉头痛，认为是妈妈给自己下了毒。认为坏人在用电磁波干扰自己的思维，给自己发送一些本来不是自己的想法，并且利用这一点来控制自己的行为。上课开始听不懂，作业无法完成，晚上睡眠差，情绪波动大。

电影《美丽心灵》中，英俊而又十分古怪的美国数学家约翰·纳什念研究生时便发明了他的博弈理论，短短26页的论文在经济、军事等领域产生了深远的影响，他开始享有国际声誉。就在达到自己事业的顶峰时，纳什开始变得越来越神秘。受到美国中情局的委托，他开始搜集报纸和杂志上俄国间谍传递信息的密码，后来开始被俄国间谍追杀。最后，被送到精神病院的纳什在治疗后才发现中情局的“老大”、俄国间谍的追杀甚至于自己上大学时的室友都不是真实的，而是“精神分裂症”的症状，这让他非常痛苦。但纳什通过自己顽强的毅力和妻子的支持，最终战胜了疾病，或者说是带着疾病生活，因为他到最后还是留存着一些精神症状。

精神分裂症是一种重性精神疾病，其特点是思维、观点、情绪、语言、自我意识和行为出现扭曲，精神活动与环境不协调，自知力也是丧失的。该病的复发率和致残率都很高，病程一般慢性迁延。世界卫生组织（WHO）2004 年的数据显示，全球精神分裂症的患病率为 4‰。医学顶级刊物《柳叶刀》于 2019 年发表了 2012 年至 2015 年中国精神卫生调查的结果，我国精神分裂症及其它精神病性障碍的终生患病率为 0.6%。许多国家把 3% 的医疗保健预算用于治疗精神分裂症患者，由此带来的生产力损失超过数百亿美元。精神分裂症在春末夏初时发病率最高，且大多数病人在 20~25 岁之间首次诊断出患有该病。精神分裂症最常见的症状是幻觉和妄想。幻觉是虚幻的知觉体验，是在客观现实中并不存在某事物的情况下，却仍坚持感知到有它的存在，最常见的是幻视和幻听。《美丽心灵》中纳什看到了本来不存在的他的大学室友、室友的小侄女以及中情局“老大”，就是幻视。而案例中的女大学生听到别人议论她行为不检点，就是幻听。对于诊断精神分裂症最有意义的是评论性幻听，即听到一个或多个人在评论自己，一般都是在说自己不好。还有一种幻听叫作命令性幻听，如听到有声音命令自己去做某事、打某人甚至是自杀。妄想是歪曲的信念和病理性的推理和判断，虽不符合客观现实，也不符合所受的教育水平，但对此坚信不疑，无法被说服，也不能以亲身体验和经历加以纠正。最常见的妄想类型是关系妄想和被害妄想。关系妄想的表现是坚信别人吐痰、关门、谈笑或者电视上的节目、报纸上的文章都是别有用心地针对他做的，或在“暗示”“影射”他。案例里的主人公认为别人都在背后议论自己就是关系妄想。而被害妄想指的是感到自己受到威胁，无根据地认为有人想陷害、破坏、谋害自己，对自己进行跟踪、监视等。案例里的主人公认为同学向校长告密、妈妈下毒害自己等可能就是被害妄想。《美丽心灵》中纳什认为自己受到美国中情局“老大”的委托，搜集报纸和杂志上俄国间谍传递信息的密码，后来又被俄国间谍追杀也是典型的关系妄想和被害妄想。此外，精神分裂症患者的症状一般都比较丰富，还可能存在思维联想障碍（言语内容散漫，没有明确的中心思想，甚至句与句之间完全没有联系），情感淡漠或不协调（缺乏情感反应，甚至亲人离世也显得无所谓，或者别人伤心时他感觉开心，别人都很高兴时他却哭起来），以及意志行为减退（缺乏与人交流的动机，往往整天坐着什么事都不干）。另外，精神分裂症患者一般都不知道自己生病了，即自知力缺失。

目前认为，遗传和环境的交互作用共同影响了精神分裂症的发病。精神分裂症患者的家属患有精神分裂症的概率远高于一般人群，且与病人的血缘关系越近，患病的风险越大。这也说明，遗传因素在精神分裂症的发病机制中占了很大比重，但遗传影响的幅度又受制于养育环境的好坏，比如患精神分裂症母亲的孩子在健康的寄养家庭中长大可能并不会发病。

《美丽心灵》影片中，纳什与室友饮酒畅谈时说道："我一年级的老师跟我说，我天生就有两个大脑，但心却只有一半。但是事实上，我不喜欢与人交往，他们也不喜欢我……"在纳什就读研究生时，学业压力十分沉重，因没有论文、行为古怪受到同伴的嘲笑、导师的否定，而他本身的性格又很孤僻固执、不善言辞，导致没有朋友，这些负性生活事件的累积可能是其精神分裂症发病的诱发因素。这对于大学生来说，有一定的借鉴意义。当感觉学习或人际交往压力大时，一定要尝试进行自我调节，比如不要给自己的生活安排得过满，注意劳逸结合，有压力时多向周围的同学和朋友倾诉等，千万不要让负面压力一直累积下去。

虽然《美丽心灵》影片中，纳什靠着自己的毅力战胜了精神分裂症（他也服用了一些药物，最后也还残存了一些精神症状），但在现实生活中，这样的情况是比较少见的，一般还是需要专业人员的帮助才能控制病情。对精神分裂症的专业治疗，一般来说，首先需要通过全面的躯体检查，排除器质性精神障碍的可能。在此基础上，在精神分裂症的急性发作期，应以生物学治疗（主要是药物治疗）为主，着重控制病人的精神症状，在其精神症状逐步得到控制、自知力恢复以后，可以进行一定的心理治疗，主要目标是促进其社会功能的恢复。

五、双相情感障碍

案例

女，大二学生。

其寝室同学反映其近期言行与之前反差较大，之前花钱节俭、行为谨慎，近两个月突然变得花钱大手大脚，还会买很多不实用的东西然后分发给周围的同学。认为自己两个月前担任了某社团部长后潜能"爆发"，震惊了别人和自己。认为自己与周围同学的关系都很好，朋友很多。称最近两个月里有七八个男生向自己表白说喜欢自己。自认为以后能够成为某国际大公司的总裁或国家领导人。同学反映其最近话很多，自觉精力充沛、脑子转得很快，每天只需要睡四个小时左右。自述高一、大一和上个月均曾有一至两周的情绪低落期。

案例中的女大学生目前出现了一些夸大、兴奋、思维敏捷、精力充沛等表现，而这些表现可能是躁狂发作的症状。那么，躁狂发作有哪些可以识别的症状呢？首先，躁狂发作最本质的特征是情感高涨和易激惹，患者感觉极好，对要做的事情充满了热情，而且这种高涨的情绪与周围环境是协调的，周围人也会被其感染，这与精神分裂症的情感不协调（别人不会被感染，只会觉得奇怪）是不一样的。但这种高涨的情绪中混杂着情绪不稳定、容易发脾气的成分。其次，躁狂发作的人一般自我评价过高，会出现一些夸大观念，甚至是一些夸大的妄想。第三，这类人会觉得脑子转得特别快，思维异常敏捷且丰富多变，他刚跟你说着这件事，很快就又转移到别的话题上去了，有时让人感觉跟不上他思维的速度，而且话多，给人一种"信口开河"的感觉。第四，躁狂发作的人每天都忙忙碌碌的，感觉自己做了很多事、效率很高，但一般都是虎头蛇尾。他们喜欢社交，但一般与别人的交往都比较肤浅。这类人爱管闲事，喜欢指挥别人。而且自觉精力充沛，不知疲倦，往往只睡了两三个小时就感觉休息好了。

躁狂发作的类型分为躁狂发作和轻躁狂发作，二者的主要区别是轻躁狂发作不会出现精神病性症状，并且其社会功能受损不明显，一般无需住院。从这个角度来看，案例中的女大学生其实属于轻躁狂发作，她的躁狂发作没有给其带来学习、生活及人际交往方面的明显问题。另外，有人可能注意到，案例的主人公之前还曾出现过几次情绪低落期，这会让我们联想到她可能还有抑郁方面的问题。如果一个人既有躁狂发作即情绪很高涨的时期，又有抑郁发作即情绪很低落的时期，还可能有情绪正常期，那这个人可能患有一种叫作双相情感障碍（Bipolar disorder）的精神疾病。这种障碍以显著而持久的心境异常（高涨或低落）为表现，伴有相应的思维和行为的异常。双相情感障碍与精神分裂症一样，都属于重性精神障碍，其特点为病程短但呈反复发作，自杀率较高。

双相情感障碍的病因学同样与遗传和环境的交互作用有关。首先，因为与精神分裂症同属于重性精神障碍，所以一般认为遗传因素在双相情感障碍的发病原因中占主要作用。在双生子家系研究中，基因、特定染色体与双相情感障碍发生有着显著联系，血缘越近，发病率越高。其次，社会心理因素又制约着遗传因素的影响。一些不良的应激性生活事件，如考试失败、亲人离世、失恋等，引起长时间的精神紧张、心理失衡，可能会诱发双相情感障碍。而在心理动力学的理论中，躁狂相被认为是对心理的虚弱状态的防御，其核心与抑郁一样，还是低自尊和低价值感。

双相情感障碍由于具有高复发性，因此需要长期持续治疗。在躁狂发作急性期以药物治疗为主，等症状平稳后，可以加入心理治疗，二者同时应用一般会有比较好的效果。

六、自杀

世界卫生组织 2021 年的数据显示，全球每年约有超过 70 万人自杀。自杀是全球 15-24 岁青少年人群的首要死因，75% 的自杀意念和行为发生在 16 岁之前；12.1% 的青少年考虑过自杀，4.1% 的青少年曾尝试过自杀。2018 年的一项调查显示，自杀是中国大学生死亡的第二大原因，仅次于意外事故。而且，由于大学生是同龄人中的高学历群体，学校、父母、社会都给予了大量关注，因此，大学生自杀给社会、家庭和学校带来的影响往往会更加严重，因此是需要去关注和重视的问题。

那么自杀行为究竟是怎么样发生的呢？目前关于自杀的发生机制的理论模型有很多，下面为大家介绍一个“自杀的人际理论”模型，希望能够帮助大家更好地理解自杀的发生过程。

Joiner 等人在 2005 年提出了“自杀的人际理论”，并在 2010 年进行了完善。这个理论认为，不管一个人自杀的危险因素有多少，只有他产生了“归属受挫”或“累赘感知”时，即下图两个大圆中的内容，才会出现自杀风险。“归属受挫”指的是“我觉得自己很孤独，我不属于谁”。而“累赘感知”指的是“我觉得我是周围人的累赘”。当一个人产生这两种感受中的一种时，就会产生被动自杀意念。什么叫被动自杀？即希望通过外力来结束生命，比如“我希望我死了”“我希望站在马路上一辆车把我撞死”或者“明天发生一场地震让大家一起死掉”。而这两种感受同时存在时就会产生主动自杀观念，即“我想结束自己的生命”，开始会想到用什么样方式自杀，如跳楼、割腕或吃安眠药等方式。即图 3-2 中两个大圆重叠的纺锤形的部分。那么，一个人产生了主动自杀观念就会实施自杀行为吗？一个人产生自杀行为除了“想死”（即两个大圈中的内容），还得“敢死”，即下图最下面那个小圈里的内容，也就是一个人要有自杀的能力。什么叫“自杀能力”？在这个理论中，作者认为如果一个人对死亡的恐惧降低，同时对疼痛的耐受力增加，这个人就获得了自杀能力。一个既“想死”又“敢死”的人，即三个圆重叠的三角形部分，就会实施致命性或近致命性的自杀行为。这个理论可以让我们看到自杀从观念到行为发生发展的过程，也解释了为什么可能有很多人都会产生自杀意念，而最后采取自杀行为的只有很少的一部分人。

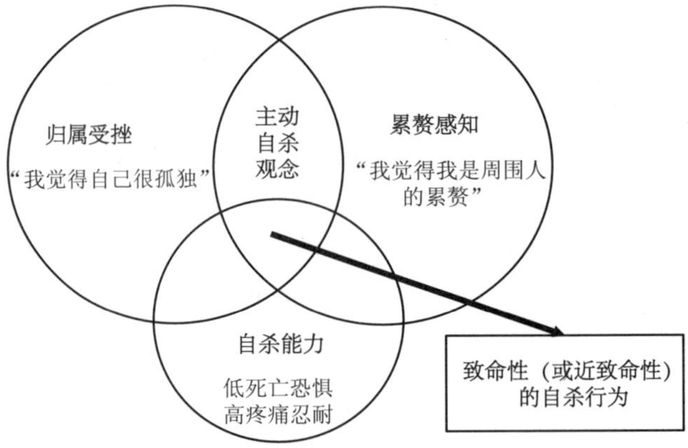

图 3-2 自杀的人际理论模型（Joiner，2010）

有调查显示，83% 的自杀者在其有自杀想法的一年内曾经咨询过相关人员。自杀进程能否被阻断，取决于个体请求帮助及获得帮助的能力，以及周围的人识别其自杀性表达的能力及重视程度。也就是说，我们需要了解一些预防自杀危机的手段和方法，来珍爱自己的生命，并尽力保护他人的生命。

那么，让我们来看看如何帮助那些我们了解到有自杀风险的人。

首先，要直接询问对方是否想自杀。询问一个人有无自杀念头并不会诱导其自杀，反而可以挽救一条生命。大多数情况下想自杀的人在自杀前的最后一刻内心都在选择生与死之间纠结和挣扎，所以当你跟想自杀的人讨论自杀这个话题时，他 / 她可能会舒了一口气——“终于有人可以跟我讨论这个问题了……”而当我们了解了对方的自杀风险，就能够更好地帮助他 / 她。

第二，要对其想自杀的想法共情。生命对每个人来说都只有一次，我们需要理解一个想自杀的人往往是感觉已经走投无路了，认为自杀对其来说是最好的解决办法或唯一的解决办法。因此，我们需要耐心倾听和理解对方的感受，而不要试图说服或改变他们的想法。比如我们可以试着这样说：“我听到你一路走来非常辛苦，经历了很多的痛苦和绝望，而你现在之所以选择要结束自己的生命，也一定经历了很多挣扎，很可能是感觉走投无路了，甚至觉得自杀是你目前能够想到的最好的解决方法，是这样吗？……”只有当对方感觉到我们可以理解他 / 她，而不会排斥甚至鄙视他 / 她的选择，才会更多地透露自己的想法，我们才有机会更好地帮助他 / 她。

第三，当一个人告诉你他/她想自杀时，哪怕你认为是自杀威胁，也要认真对待。威胁别人说要自杀的人一开始可能确实是想通过这种方式获得某些利益，但是，如果我们不重视，甚至是挑衅对方的自杀威胁，对方很可能会被逼到“走投无路”从而真的采取自杀的方式来表达愤怒。

第三节 心理咨询与心理治疗

一、心理咨询与心理治疗的概念

心理咨询（Psychological Counselling）是一个舶来品，由美国发展到各地，在台湾地区译为“咨商”，在香港地区译为“辅导”，心理咨询的发展已过百年，至今关于心理咨询的定义仍旧众说纷纭。

《心理学大词典》（朱智贤主编）对心理咨询是这样定义的：“对心理失常的人，通过心理商谈的程序和方法，使其对自己与环境有一个正确的认识，以改变其态度与行为，并对社会生活有良好的适应……心理咨询的目的，就是要纠正心理上的不平衡，使个人对自己与环境重新有一个清楚的认识，改变态度和行为，以达到对社会生活有良好的适应的。”美国心理学会咨询心理学分会的定义是“帮助个体克服其个人成长中的障碍——不管这些障碍出现在什么地方，并帮助他们最大限度地开发其个人潜能”。《心理学百科全书》提出心理咨询有两种模式，即教育的模式和发展的模式。该书认为：“咨询心理学始终遵循着教育的模式，而不是临床的、治疗的或医学的模式。咨询对象被认为是在应付日常生活中的压力和任务方面需要得到帮助的正常人。咨询心理学家的任务就是教会他们学习使用某些策略和新的行为，从而能够最大限度地发挥其已经存在的能力，或者形成更为适当的应变能力。”

一般来说，心理咨询是指受过专门训练的咨询人员运用心理学的原理和方法，帮助来访者发现其自身的问题根源，从而挖掘来访者本身潜在的能力，改变其原有的认知结构和行为模式，以提高来访者对生活的适应性和调节周围环境的能力，促进其人格成长。

心理治疗（Psychotherapy）与心理咨询一样，并无普遍认可的定义。沃伯格认为，心理治疗是针对情绪问题的一种治疗方法。它由一位经过专门训练的人员，以慎重细致的态度，与病人建立起一种职业上的关系，用以消除、矫正或缓解所存在的症状，调整异常行为模式，以促进病人的人格积极地成长与发展。陈仲庚的定义是：心理治疗是治疗者与来访者之间的一种合作努力的行为，是一种伙伴关系，治疗是关于人格和行为的改变过程。一般来说，心理治疗是指在良好的治疗关系的基础上，由经过专业训练的治疗者运用心理治疗的有关理论与技术，对在精神和情感等方面有障碍或疾患的人进行治疗的过程。心理治疗的目的是改善病人的不良心态与适应方式，解除其症状与痛苦，促进人格改善，增进身心健康。

心理咨询和心理治疗都归属于临床心理学的范畴，二者的关系非常密切。其相似点在于：二者所采用的理论方法常常是一致的；二者都强调帮助来访者成长和改变，都希望通过帮助者和求助者之间的互动，以达到帮助求助者改变和成长的目的；在注重在帮助者与求助者之间建立良好的关系方面二者也是一致的，认为这是帮助求助者改变和成长的必要条件。但二者之间也有明显的区别。①对象不同。心理咨询的工作对象主要是正常人。心理治疗则主要针对有心理障碍的人。自 2013 年 5 月 1 日起施行的《中华人民共和国精神卫生法》明确规定，“心理咨询人员不得从事心理治疗或者精神障碍的诊断、治疗。心理咨询人员发现接受咨询的人员可能患有精神障碍的，应当建议其到符合本法规定的医疗机构就诊”。②内容不同。一般心理咨询着重处理的是正常人所遇到的心理问题或困扰，涉及日常生活中的教育求学、人际关系、恋爱婚姻、职业选择等众多方面。心理治疗的适应范围则是患有心境障碍、焦虑障碍、人格障碍、心身疾病等的精神病人及康复中的重性精神病人等。③所需的时间不同。心理咨询所需的时间通常较短，一般为一次至数次，少数可达十几次。而心理治疗则往往费时较长，常需十几次、几十次不等，有的甚至需要几年才可完成。④工作场所不同。《中华人民共和国精神卫生法》规定，“心理治疗活动应当在医疗机构内开展”。而心理咨询工作的场所相对比较广泛，包括学校、社会机构、社区、职业培训部门等。

二、心理咨询和心理治疗的范围

上面已经介绍过了，心理咨询的对象主要是健康人群，或是由于社会心理原因而产生心理问题或心理困扰的健康人群，范围主要分为适应性咨询和发展性咨询。

适应性咨询：主要是针对来访者在各年龄阶段以及相应阶段的生活、学习和工作中遇到的各种问题，结合本阶段来访者的认知特点和行为特征，给予必要的指导，帮助其解决当前面临的现实生活中的问题，从而更好地度过各个成长阶段。大学生适应性咨询着重解决的问题是大学生的自我实现与现实状况之间的矛盾冲突，内容包括学习指导、人际交往指导、亲密关系指导等方面。

发展性咨询：发展性咨询主要是指导来访者确立正确的自我认知，帮助他们了解和拓展自身的潜能，不断突破自我的局限，实现全面而充分的发展。主要目的是帮助来访者提高心理素质，促进人格完善。大学生由于其所处人生阶段的特殊性，经常出现的发展性问题主要是独立性和依赖性的冲突。

因此，心理咨询偏向于正常人在适应和发展方面的问题，如人际关系问题、学业学习问题、升学就业问题、婚姻家庭方面的问题等等。而心理治疗因其对象主要是患有心理障碍的人群，其范围则偏向于帮助病人缓解症状与痛苦，促进其人格的完善。

三、心理咨询和心理治疗的形式

心理咨询和心理治疗的形式类似。这里主要以心理咨询为例。心理咨询的形式主要包括个体咨询、团体咨询以及家庭或伴侣咨询等。

1. 个体咨询：是指通过一对一的直接沟通方式，咨询师帮助来访者解决心理问题的咨询方式。一般在一个可靠安全的环境中进行。这种咨询方式有助于咨询师更加全面地获取来访者的语言信息和非语言信息，是最常见、最基本的心理咨询方式。

2. 团体咨询：是指在团体情境中进行的咨询，一般包括一至两个咨询师和多个来访者

（一般团体成员数在 6-12 个左右为宜）。在团体中，个体能够发现别人与自己类似的问题，产生共通感。团体能够提供学习的榜样，成员之间可以相互支持、协助彼此解决问题。在团体中可以从别人对自己的反馈中获得学习。团体提供了练习社交技能的真实场景，成员可以从其他成员的反应中尝试新的角色并不断练习。

3. 家庭或伴侣咨询：是团体咨询的一个特殊的形式，它针对的是一个家庭的全体成员或夫妻双方或恋爱伴侣双方，是从家庭系统的角度去理解个体的异常情绪与行为问题。其目标是协助家庭或伴侣消除异常、病态情况，以执行健康的家庭或伴侣功能。

如果想要进一步了解自我、完善自我，欢迎到我校心理健康教育中心与专业的心理老师进行探讨。北洋园校区：咨询部——大通学生中心 C 座二层，预约电话：022-85356621；治疗部（心理门诊）——北洋门诊部 217 房间，预约电话：022-85356622。卫津路校区：咨询部——第二教学楼 206 室，预约电话：022-27400262；治疗部（心理门诊）——天津大学医院 207 房间，预约电话：022-27890467。

四、常见心理治疗流派简介

目前心理治疗理论已达 400 多种，心理治疗领域最有影响力的莫过于心理动力学流派、认知行为主义流派以及人本 - 存在理论体系，它们被称为心理咨询与心理治疗的三大势力。而二战之后发展起来的家庭治疗被称为心理治疗的第四势力。下面对常见的心理治疗流派逐一进行介绍。

1. 心理动力学疗法

心理动力学也称为精神分析理论，是奥地利心理学家弗洛伊德（Sigmund Freud）创立的，是人类历史上第一个心理治疗体系。1895 年出版的《癔症研究》和 1900 年出版的《梦的解析》两部弗洛伊德的著作奠定了精神分析学说的基础。精神分析理论的产生有其深刻的历史人文背景，其观点方法在近一个世纪以来经过众多的弗洛伊德的后继者们的努力得到不断发展、创新和改革，形成众多派别，不仅在西方心理学中占有重要地位，而且成为一种影响了当代西方文化的重要社会思潮。精神分析的特点是通过分析来了解病人潜意识的欲望与动机，认识到病人对挫折、冲突或应激的防御方式，理解症状背后的心理意义，并经过解释，让病人获得对其问题的领悟；同时通过病人与治疗师之间的移情 - 反移情关系，来改善病人原有的依恋关系和人际关系模式，从而达到缓解症状和痛苦，进而促进人格完善与成熟的目的。弗洛伊德最著名的理论包括：①地质学理论（冰山理论），即认为人类的心灵是一个系统，分成意识区域、前意识区域和潜意识区域。能被人意识到的部分只是水面上冰山的一角，而绝大部分位于水面以下，即潜意识区域，这意味着人会通过压抑或其他的防御机制将某些心理内容驱逐出意识层面、使其进入潜意识层面，因为意识到这些记忆、愿望或性幻想会引起恐惧、羞耻或内疚等痛苦的感受。②人格结构理论。人格结构包括三个部分，本我，位于潜意识区域，是本能驱力、欲望的来源；自我，从本我中分化而来，部分在意识层面工作，部分在潜意识层面工作，功能是调节本我的欲望与现实之间的冲突；超我，由自我分化而来，是将父母的要求及社会规则内化后形成的“道德化的自我”，其主要的功能是对自我的监督、评价和反省。当代精神分析的主要派别除了弗洛伊德创立的经典精神分析学派，还包括：荣格创立的分析心理学派，强调集体无意识和原型；以克莱因为代表的客体关系学派，强调客体对于自体发展的重要影响；以安娜·弗洛伊德为代表的自我心理学派，强调自我的发展及其功能；以科胡特为代表的自体心理学关注自体的发展及自体客体的转移关系。

弗洛伊德和其后继者们首次采用心理学的原理，而不是用纯粹的生物学或超自然的原理，来系统地建立对异常行为的解释。他们是用心理学的方法研究心理病理学的真正奠基者。而且，精神分析理论可能也是目前所建立的令人最为满意的有关人类行为的理论。然而，心理动力学疗法也受到了诸多批评，比如其疗效并不确定，疗程太长、花费太大是公认的事实。另一个主要问题是它很难用现代科学的方法验证其基本的理论假说，因为精神分析的理论所描述的过程都是抽象的，是难以测量的。现代科学研究领域很少有对照性的研究来验证精神分析的理论。

2. 认知行为疗法

从巴甫洛夫发现的经典条件反射中的听到铃声就流口水的狗，到斯金纳提出的操作性条件反射中学会按压杠杆来得到食物的猫，再到华生的“小阿尔伯特实验”中的“人造恐惧症”，行为主义学派从十九世纪初开始到现在也经过了漫长的发展。行为主义学家认为，所有的行为，无论是人类的行为还是动物的行为，也无论是正常的行为还是异常的行为，都是从过去的经验中习得的。行为习得的过程受到外界环境的影响，因此行为的改变可以通过改变外界环境中关键的因素达成，比如用暴露疗法来治疗患有蜘蛛恐惧症的病人，用厌恶疗法来戒烟。

由于行为主义学家只关心可以客观观察到的行为，而忽视内省的经验、情绪或者想法而遭到了批评，后续的心理学家开始关注个体内部的认知过程及其对行为的影响，如班杜拉、贝克等。认知模型对异常行为的解释关注思维，包括期望、归因、记忆、信念等等是如何被扭曲的，从而导致了异常的情感行为。在治疗方面，认知疗法认为不良的认知模式是导致异常的情绪和行为的原因，因此，需要通过明确内部的不良的认知模式并对其进行矫正，才能达到调整异常的情绪和行为的目的。之前在讲焦虑的部分里提到的通过将内部的、整体的、稳定的归因模式转换成外部的、特定的、不稳定的归因模式，从而达到改善情绪和行为的目的，就属于认知疗法的方式。

虽然行为主义学派和认知学派强调的重点和背后的理论依据并不相同，但是这两种理论之间并不是彼此对抗的关系，很多临床心理学家将这两种理论和治疗方式结合起来，称之为认知行为疗法，这也是目前世界上流行最为广泛、被使用最多的心理治疗方法。

3. 以人为中心疗法

罗杰斯是人本主义心理学的代表人物之一，也是以人为中心疗法的主要创立者。20世纪五六十年代，人本主义以心理学第三势力的名义走上了当代西方心理学的历史舞台。人本学派针对的是正常人，强调个人成长与自我实现，而非治愈疾病或缓解障碍。人本学派治疗师认为心理咨询和治疗的最高目标应该是恢复人的本性，帮助人按其本性的要求去生活，从而使其更丰富；同时帮助人更好地进行自我实现，更自由、更充分地发挥其生命的潜能。

以人为中心的治疗的基本目标可以被称为“去伪存真”。“伪”就是一个人身上的那些与其价值条件化了的自我概念相一致的，或者说由这些自我概念衍生出来的生活方式，思想、行动和体验的方式。“真”就是一个人身上那些代表着他的本性，属于他的真正自我的思想、情感和行动方式。罗杰斯常用“变成自己”、“从面具后面走出来”这样的话来阐释以人为中心的治疗目标。

以人为中心疗法不追求特殊的治疗策略和技术，而是把重点放在创造一种良好的咨访关系氛围，使得来访者能够自由地探索自己的内在感受。可以说咨询师的最大策略就是把自己作为一种手段，把整个人投入到咨访关系中，通过表现自己的真诚、关切、尊重、理解来创造出所需要的那种咨访关系。

人本主义学派的主要影响是它强调作为人类我们具有对自己负完全责任的能力，它使我们以一个全新的角度来理解异常行为。异常行为被认为是无法发挥人本来所具有的潜能，因为个体所具有的指向健康和个人成长的自然倾向受到了阻碍。人本主义受到批评的是它的模糊性、缺乏科学性，以及对于人性的过分乐观。此外，以人为中心疗法不对来访者进行诊断或评估，也不对来访者的问题进行临床分类，罗杰斯认为给来访者下正式的诊断有时候是“有害的或不明智的”。

4. 家庭治疗

家庭治疗起源于二战后的十年间，目前已经成为心理治疗领域的第四势力。家庭治疗是以家庭为对象实施的一种特殊的团体治疗模式，其目标是帮助家庭消除异常、病态的情况，从而可以执行健康的家庭功能。其特点是：①将焦点放在家庭成员的互动模式上，而非某个家庭成员内在的心理构造与状态；②从家庭系统角度去解释个人的行为与问题；③个人的改变有赖于家庭整体的改变。与家庭治疗的产生直接相关的两个主要的方法论是系统论和控制论。系统论将家庭看成一个有机体，认为家庭自成一个系统，而且有许多子系统，每个子系统之间既互相联系又互相制约，形成了家庭系统特有的运转模式，从而实现家庭的功能。系统论将关注的重心放在家庭成员的互动模式和关系上，而非某个人的心理特性上，认为家庭系统内的关系模式大于各组成部分的加和，强调分析问题时要从家庭整体入手，去理解组成家庭整体的各部分是通过怎样的互动而产生了怎样的关系。对家庭起作用的另一个重要方法论是控制论，即在自我调节的系统内部反馈机制的重要作用。家庭控制论与其他控制论系统的共同特征是通过信息交换来维持家庭的稳定性。有时候，尽管家庭内有冲突、有压力，但家庭持续表现为一个关系紧密的整体。然而，有时候当家庭系统不能进行调整以顺应家庭中某一成员的成长和改变时，抵制调整就不是一件好事。家庭治疗也分成许多流派，主要有：系统派家庭治疗、结构派家庭治疗、策略派家庭治疗、经验性家庭治疗、精神分析取向家庭治疗以及认知行为家庭治疗等。

家庭治疗以整个家庭为出发点，从家庭成员的相互关系和互动方式中寻找引起个体心理问题的根源，转变了原有心理治疗方法对个体内在心理特质的关注，强调家庭系统的功能在个体心理行为问题中的作用，为人们认识和治疗心理问题提供了一种全新的理念和可行的解决之道。

第四章　不良生活行为对健康的影响

第一节　饮酒与健康

新朋旧友，欢聚一堂，多数离不开酒；宴客馈赠，礼尚往来，也常见酒的身影。男人们或"对酒当歌"，或"会须一饮三百杯"，女士们也不乏"怎敌他、三杯两盏淡酒"的时候。酒的产量与销量与时俱进，如不懂饮酒之道，常常会有损身体的健康，给个人、家庭及整个社会造成沉重的负担。如何健康饮酒，已经越来越受到广泛的重视。

一、过量饮酒对身体的危害

酒虽因种类的不同，其成分有别，但既然称之为"酒"，其主要成分都毫无例外地以水和乙醇（即酒精）为主。对身体的伤害，也绝大多数由酒精引起。

1. 急性酒精中毒

过量饮酒对身体的危害，最常见也最显而易见的，是急性酒精中毒。虽然每个人对酒精的耐受性会有差别，但一般而言，当血液中酒精的浓度达到 200~990 mg/L 时，可以出现头晕乏力、自控力丧失、易感情用事的症状，呼出气带酒味；血液中酒精的浓度达到 1 000~2 999 mg/L 时，可表现出动作不协调、语无伦次、躁动、复视的症状；当血液中酒精的浓度达到 3 000 mg/L 时，则出现沉睡，严重者将昏迷甚至会因呼吸衰竭而死亡，也可因呕吐窒息而死亡。

2. 长期过量饮酒导致疾病

长期过量饮酒对身体产生的危害远没有急性酒精那么"立竿见影"，但嗜酒者发现身体受损时，却多数为时已晚，从这个角度来看，这种损害更应该引起重视。长期酗酒可导致机体各系统功能障碍，甚至产生不可逆的病理损害，如酒精性肝病、慢性消化道炎症和溃疡、酒精中毒性心肌炎、中枢神经系统变性或脑萎缩等。

3. 酒依赖和戒酒综合征

长期过量饮酒，当躯体对酒精产生依赖后，一旦停止饮酒或骤然减量，会出现一系列以中枢神经系统抑制为主的表现，如：全身性震颤、嗜酒性幻觉性精神错乱、戒断性痫性发作、震颤谵妄等。这种伤害，往往使嗜酒者欲罢不能，陷于恶性循环的嗜酒。

也有不少证据显示，过量饮酒可使罹患癌症的概率增加。而一些特殊的酒类，如药酒，即使从摄入酒精量的角度来说并不过量,但如饮用不当,其所含的特殊成分,也可以伤害身体。

二、少量适度饮酒对身体的影响

医学界从来没有间断过对酒精与人体健康关系的研究, 2022 年柳叶刀上发表的重磅研究认为:对于 15-39 岁的年轻人而言,饮酒存在健康风险;然而对于 40 岁及以上,没有潜在健康问题的中老年人可能会从少量饮酒(每天 1-2 个标准杯)中获益,包括降低心血管疾病,中风以及糖尿病的风险等。但是同时,柳叶刀也发布了这样的研究结果:少量饮酒(平均每天低于 20g),中度饮酒(平均每天 20-60g),和大量饮酒(平均每天超过 60g)均可能多多种肿瘤性疾病相关,减少饮酒量甚至为 0 可以降低肿瘤的发病率。因此,结合多种繁复的研究,没有饮酒的人群最好不要开始饮酒;对于已经开始饮酒的人群,最好将饮酒量减少至少量饮酒的范围。

三、健康饮酒

那么如何在饮酒中保持健康呢?

1. 酒的选择

几乎每个国家,对于各种酒都会有多种强制性规定。如中国,对任何白酒,都要求必须符合国家标准 GB 8951—2016《蒸馏酒及其配制酒生产卫生规范》,规范其卫生指标、理化指标等,使其保证质量。选择正规企业生产、符合国家标准的酒类,避免饮用假酒或劣质酒(不符合国家标准),很有必要。一些人喜欢自家酿制"葡萄酒"之类的酒来饮用,则应该尽量避免。虽然原料都是好的,但发酵过程中会产生一些不利于健康的有机物,专业的酿酒企业自有去除这些有害物质的程序,成品也会检测各种不良成分的含量,但自酿则难以做到。

不少人喜欢自泡保健药酒,但这种酒并非所谓"补酒",对谁都能产生好处。服补性药酒,要适合自己的身体状况,要有针对性,不可乱饮,否则会适得其反,有碍健康。

2. 饮酒量的控制

无论哪一种酒,适度的饮酒量都是以酒精摄入量为准的。WHO 的研究指出,正常情况下,男性每日摄入的纯酒精量应不超过 20 g,而中国现行的安全饮用标准是日酒精摄入量不超过 15 g。酒精摄入量可以通过一个公式计算得出:酒精摄入量 = 饮酒量 × 酒精浓度 ×0.8。白酒的度数最高,一般可分为低度、中度和高度酒,米酒也是白酒的一种。低度酒不能超过 100 mL(2 两),中度酒不能超过 50 mL(1 两),而烈性高度酒最好不要超过 25 mL,一旦超过这个饮用量,就可能对胃、肝脏等器官造成影响,加大其负担。女性对酒精的耐受性比男性差,因此女性饮酒的标准也要相应下降。

3. 饮酒的禁忌

为避免对身体的伤害,饮酒时应该注意避免以下情况。

(1)忌饮酒过量,造成醉酒。

(2)忌"一饮而尽",过猛过快,这样易增加血液中酒精的浓度,加深醉酒程度。

（3）忌空腹饮酒，这样不仅直接刺激消化道黏膜，还可加快肝脏和神经系统的毒性反应。

（4）忌硬性劝酒，强人所难强干杯。

（5）忌带病饮酒，特别是患肝病、肾病、胃肠溃疡的人以及精神疾病患者，这样会加重病情。

（6）忌孕期饮酒，孕妇饮酒会影响胎儿的正常发育。

（7）忌啤酒、白酒混用，先饮啤酒，后饮白酒，扩大了酒精的刺激性，使人易醉。

（8）忌烟酒同时并用，喝酒时吸烟，尼古丁很容易溶解在酒精中，被人体吸收，加重危害。

四、过量饮酒时如何减少损害

人在社会上，有时因为应酬，有时因为感情，未必能够时时按照自己的意愿，保持酒不过量。万一喝多了，以下一些方法有助于加快酒精的清除，降低酒精对身体的伤害。

（1）白萝卜汁加红糖，每次饮用一杯。

（2）大量饮水，促进酒精排泄。

（3）将白菜心切成细丝加入醋、糖凉拌，食之清凉酸甜，爽口解酒。

（4）吃生梨、苹果、白萝卜等。

（5）陈醋 30 g，红糖 15 g，生姜 3 片，共煎水服，有较明显的解酒效果。

（6）清炖冬瓜汤，给醉酒者饮服，亦能解酒。

（7）橘子皮适量，焙干，研成细末，加少许食盐，用温开水冲服，可解酒。

（8）榨取甘蔗汁，频频饮服，亦有解酒效果。

有人酒后喜欢喝浓茶，认为这样可以解酒，其实这是一个误区。茶叶中含有鞣酸和茶碱，会刺激胃酸分泌，增加胃黏膜的损伤。

总之，酒作为一种饮料，本身并无好坏之分，视乎饮用者的把握。过量饮酒则会伤害身体，甚至致病。健康饮酒，要注意选择质量有保证的酒，也应该控制好饮酒的量。

第二节　吸烟与健康

一、烟草的成分

一支香烟就像一个小小的化工厂，点燃时可以产生 2 000 多种化合物，其中绝大部分物质对人体的健康都有不利的影响，其中以尼古丁、烟焦油和一氧化碳的影响最为明显。

1. 尼古丁

尼古丁是一种无色透明的油状液体，有剧毒。从一支香烟中提炼出的尼古丁可毒死一只小白鼠。从一盒香烟中提炼出的尼古丁可毒死一头牛。由于吸烟时部分尼古丁随烟雾吐了出来，还有一部分残留在烟蒂中，真正被人体吸收的尼古丁很少，因此，尼古丁是间断缓慢进入人体的，一般不会使人发生急性中毒死亡的情况。

尼古丁除具有毒性外，还具有神经兴奋作用。香烟中尼古丁的毒性一般不会致死，但其神经兴奋作用可对人体产生很大影响。尼古丁可使大脑兴奋，使人产生欣快感。这种欣快感同海洛因等毒品对人体的作用的性质相同，只是不如毒品的作用程度强烈。尼古丁可迅速地刺激大脑产生短暂的兴奋，短暂的兴奋过后即进入麻痹状态。尼古丁的神经兴奋作用还可以对人体产生以下影响：加快心率、升高血压、降低体温。尼古丁的长期作用可以引发冠心病，使肠胃功能失调导致消化性溃疡，使生殖系统功能失调。

尼古丁还具有成瘾作用。科学实验表明，吸烟的欲望和行为是通过人体血液中的尼古丁含量来调节的。烟草中尼古丁的质量分数为0.5%~0.8%，主要通过呼吸道黏膜吸收。长期吸烟者体内的尼古丁含量维持在一个恒定水平，机体已经适应了这种状态，使吸烟者在生理上对香烟产生依赖而成瘾。一旦停止吸烟，体内的尼古丁水平便会下降，从而身体会感到种种不适、无精打采。

2. 烟焦油

烟焦油是香烟燃烧时产生的多种气体和物质的混合物，含有大量的致癌物质和促癌物质。遇冷时，可沉积于吸烟者使用的烟嘴及吸烟者的手指、牙齿上，气管和肺中，呈棕黄色、油状，可将手指、牙齿染成黄色，对肺组织产生物理、化学刺激，引起癌变。烟焦油中含有的致癌性多环芳烃大部分是在吸烟过程中产生的，其中苯并芘是最主要的致癌物质，具有强致癌作用，还有很多酚类化合物，具有较强的促癌作用。

3. 一氧化碳

一氧化碳是无色无臭的气体，纸烟的烟雾中一氧化碳浓度最高，是使人急性中毒和慢性病患者病情加重或急性发作的“主犯”。我们通常所说的“煤气中毒”，实际上就是指一氧化碳中毒。

人体组织细胞每时每刻都在进行新陈代谢，即吸收氧气和养料，排出二氧化碳和废物。新陈代谢所需要的氧气是通过血液内的血红蛋白携带到全身的。氧气在肺泡与血红蛋白结合，随血液运送到各个组织细胞，到达各个组织细胞后，血红蛋白释放出氧气供组织需要，同时带走二氧化碳。人在吸烟时吸进了大量的一氧化碳，由于一氧化碳与血红蛋白有更强的亲和力，它会取代氧气的位置与血红蛋白结合，随后被输送到组织细胞，从而使机体可利用的氧减少而产生各种缺氧的表现。

另外，一氧化碳可使血液黏稠度增加，而黏稠的血液可以造成小血管的堵塞，这与冠心病的发生密切相关。

二、吸烟与健康的关系

（一）吸烟对人体的一般危害

吸烟会引起许多疾病，吸烟的人患一些疾病的危险性要比不吸烟的人高得多。这是因为吸烟对人体的许多系统都有不利影响，特别是对呼吸系统和循环系统的影响最直接、最大。

1. 呼吸系统

吸烟可使肺功能受损，导致痰液及有毒物质不能排出，细菌容易繁殖。在长期刺激下会形成慢性支气管炎和慢性呼吸道阻塞，进一步可发展为肺气肿。吸烟的人患慢性阻塞性肺部疾病（如支气管炎、肺气肿）的危险性比不吸烟者高 4~8 倍。烟焦油内大量的致癌物附着在呼吸道，在其长期刺激下还会引起呼吸道器官的癌症，如肺癌、喉癌等。吸烟者患肺癌的危险性比不吸烟的人高 10~20 倍，患喉癌的危险性比不吸烟的人高 6~10 倍。

2. 循环系统

香烟中的尼古丁可使心率增快，同时收缩血管，使血压升高。长期吸烟会使血管一直处在收缩状态，导致血管硬化、血管壁弹性减弱。

当营养脑细胞的动脉出现血管硬化时，可诱发脑血栓形成和脑栓塞，从而导致“中风”；当营养心肌的冠状动脉硬化时，使管腔狭窄或阻塞，出现心肌缺血缺氧而导致“冠心病”。

吸烟的人患心脑血管疾病（如高血压、冠心病、脑动脉硬化、脑出血等）的危险性比不吸烟的人要高 2~3.6 倍。

3. 消化系统

尼古丁刺激胃酸分泌，刺激胃黏膜血管收缩，导致胃黏膜血液循环流量减少，使胃黏膜的营养状况受到影响，降低胃黏膜的抗病能力。吸烟者患胃溃疡的危险性比不吸烟者高 3~7 倍，患胃炎的危险性比不吸烟者高 2 倍，患胃癌的危险性比不吸烟者高 3~4 倍。

4. 口腔

吸烟产生的烟雾及烟焦油首先在口腔内存留，其中所含的一些致癌物质和促癌物质如苯并芘、苯酚等会刺激口腔黏膜，引起黏膜炎症性增生，形成黏膜白色水肿，久之则形成白色角化斑。如继续受到烟雾及烟焦油的刺激，则进一步引起黏膜增生与角化形成烟白斑，而 3%~5% 的烟白斑病人会发生癌变，导致口腔癌。

（二）吸烟对女性的特殊危害

女性吸烟除了会患上述疾病外，还会产生其他一些特有的危害。

（1）吸烟女性的生育能力会降低。

（2）吸烟女性易发生月经周期紊乱、提前绝经、阴道不正常分泌或流血。

（3）吸烟女性患宫颈癌的危险性大大增加。

（4）孕妇吸烟易发生流产、妊娠并发症及难产，还易早产、分娩低体重儿。

（5）吸烟女性的婴幼儿易患呼吸道疾病，智能发育也受影响。

（三）青少年吸烟的特殊危害

（1）青少年的支气管从解剖学角度看，比较直，烟雾微粒和有害物质容易到达细支气管和肺泡，因而毒物容易被吸收，组织损伤严重。

（2）影响智力。烟雾中的一氧化碳吸入肺内，与血红蛋白结合，剥夺血红蛋白与氧的结合，降低了血液的含氧量，影响大脑氧的供应，长此以往会损害脑细胞，使记忆力减退，反应不灵敏。

（3）影响品德。多数吸烟学生纪律松弛，学习成绩差，个别学生为了找钱买烟，打架斗殴，遛门撬锁，走上犯罪道路。

（4）影响体能。吸烟的青少年生长发育差，因为肺部和心脏的发育如果受到影响，将直接降低体育锻炼的耐力和效果，使青少年的身体发育受到阻碍。

（四）被动吸烟的危害

被动吸烟对身体同样有害。被动吸烟是指不吸烟的人吸入吸烟者呼出的烟雾。被动吸烟者同样易患支气管炎、肺气肿和肺癌等疾病。

（五）吸烟对容貌的影响

科学的研究结果显示，吸烟的男性面部出现中至重度皱纹的危险比不吸烟男性高约 2.3 倍，吸烟女性出现面部皱纹的危险比不吸烟女性高 3.1 倍。

第三节　毒品及其危害

一、毒品的种类及其危害

《中华人民共和国刑法》第 357 条规定，毒品是指鸦片、海洛因、甲基苯丙胺（冰毒）、吗啡、大麻、可卡因以及国家规定管制的其他能够使人形成瘾癖的麻醉药品和精神药品。《麻醉药品及精神药品品种目录》中列明了 121 种麻醉药品和 130 种精神药品。毒品通常分为麻醉药品和精神药品两大类。其中最常见的主要是麻醉药品类中的大麻类、鸦片类和可卡因类。

（一）毒品的概念

毒品一般是指能使人形成瘾癖的药物，这里的药物一词是一个广义的概念，主要指吸毒者滥用的鸦片、海洛因、冰毒等，还包括具有依赖性的天然植物、烟、酒和溶剂等，与医疗用药物是完全不同的概念。

（二）毒品的分类

毒品种类很多，范围很广，分类方法也不尽相同。

（1）从毒品的来源看，可分为天然毒品、半合成毒品和合成毒品三大类。

（2）从毒品对人体中枢神经的作用看，可分为抑制剂、兴奋剂和致幻剂等。

（3）从毒品的自然属性看，可分为麻醉药品和精神药品。

（4）从毒品流行的时间顺序看，可分为传统毒品和新型毒品。传统毒品一般指鸦片、海洛因等阿片类的流行较早的毒品。新型毒品相对于传统毒品而言，主要指冰毒、摇头丸等人工化学合成的致幻剂、兴奋剂类毒品，在我国主要从 20 世纪末、21 世纪初开始在歌舞娱乐场所中流行。

（三）常见毒品的种类

1. 传统毒品

（1）鸦片

鸦片又叫阿片，俗称大烟，是罂粟果实中流出的乳液经干燥凝结而成的。因产地不同而呈黑色或褐色，味苦。生鸦片经过烧煮和发酵，可制成精制鸦片，吸食时有一种强烈的香甜气味。吸食者初吸时会感到头晕目眩、恶心或头痛，多次吸食就会上瘾。

（2）吗啡

吗啡（morphine）是从鸦片中分离出来的一种生物碱，在鸦片中的含量约为10%，为无色或白色结晶粉末状，具有镇痛、催眠、止咳、止泻等作用，吸食后会产生欣快感，比鸦片容易成瘾。长期使用会引起精神失常、谵妄和幻想，过量使用会导致呼吸衰竭而死亡。历史上它曾被用作精神药品戒断鸦片，但由于其副作用过大，最终被定为毒品。

（3）海洛因

海洛因（heroin）化学名称“二乙酰吗啡”，俗称白粉，它是由吗啡和醋酸酐反应而制成的，镇痛作用是吗啡的4~8倍，医学上曾广泛用于麻醉镇痛，但成瘾快，极难戒断。长期使用会破坏人的免疫功能，并导致心、肝、肾等主要脏器的损害。海洛因被称为世界毒品之王，是我国目前监控、查禁的最重要的毒品之一。

（4）大麻

大麻（cannabis）对中枢神经系统有抑制、麻醉作用，吸食后会产生欣快感，有时会出现幻觉和妄想，长期吸食会引起精神障碍、思维迟钝，并破坏人体的免疫系统。

（5）杜冷丁

杜冷丁即盐酸哌替啶，是一种临床应用的合成镇痛药，为白色结晶性粉末，味微苦，无臭，其作用和机理与吗啡相似，但镇静、麻醉作用较小，仅相当于吗啡的1/10~1/8。长期使用会产生依赖性，被列为严格管制的麻醉药品。

（6）古柯

古柯是生长在美洲大陆、亚洲东南部及非洲等地的热带灌木，尤为南美洲的传统种植物。从古柯叶中可分离出一种最主要的生物碱——可卡因。

（7）可卡因

可卡因（cocaine）是从古柯叶中提取的一种白色晶状的生物碱，是强效的中枢神经兴奋剂和局部麻醉剂。能阻断人体神经传导，产生局部麻醉作用，并可通过加强人体内化学物质的活性刺激大脑皮层，兴奋中枢神经，使人情绪高涨、好动、健谈，有时还有攻击倾向，具有很强的成瘾性。

此外，传统毒品还有可待因、那可汀、盐酸二氢埃托啡等。

2. 新型毒品

（1）冰毒

冰毒（methamphetamine）即“甲基苯丙胺”，外观为纯白结晶体，故被称为“冰”（Ice）。对人体中枢神经系统具有极强的刺激作用且毒性强烈。冰毒的精神依赖性很强，吸食后会产生强烈的生理兴奋，大量消耗人的体力和降低免疫功能，严重损害心脏、大脑组织甚至导致死亡。还会造成精神障碍，表现为妄想、好斗、错觉，从而引发暴力行为。

（2）摇头丸

摇头丸（MDMA）是冰毒的衍生物，泛指以MDMA等苯丙胺类为主要成分的兴奋剂，具有兴奋和致幻的双重作用，滥用后可出现长时间随音乐剧烈摆动头部的现象，故称为摇头丸。

（3）K粉

K粉（Ketamine）即“氯胺酮”，静脉全麻药，有时也可用作兽用麻醉药。外观为白色结晶粉末，无臭，易溶于水，通常在娱乐场所滥用。服用后遇快节奏音乐便会强烈扭动，会导致神经中毒反应、精神分裂症状，出现幻听、幻觉、幻视等，对记忆和思维能力造成严重的损害。此外，易让人产生性冲动，所以又称为“迷奸粉”或“强奸粉”。

（4）咖啡因

咖啡因是通过化学合成或从茶叶、咖啡果中提炼出来的一种生物碱。大剂量长期使用会对人体造成损害，引起惊厥、心律失常，并可加重或诱发消化性肠道溃疡，甚至导致吸食者下一代智能低下、肢体畸形，同时具有成瘾性，停用会出现戒断症状。

（5）三唑仑

三唑仑又名海乐神、酣乐欣、淡蓝色片，是一种强烈的麻醉药品，口服后可以迅速使人昏迷晕倒，故俗称迷药、蒙汗药、迷魂药。

（6）γ-羟基丁酸，2005年中国就将其列入二类精神药物予以管制，并于2007年将其变更为一类。滥用γ-羟基丁酸会造成暂时性记忆丧失、恶心、呕吐、头痛、反射作用丧失，甚至很快失去意识、昏迷及死亡，与酒精并用更会加剧其危险性。

此外，新型毒品还有安纳咖、氟硝安定、麦角乙二胺（LSD）、甲喹酮、丁丙诺啡、地西泮及其有机溶剂和鼻吸剂等。

（四）吸毒的危害

1. 危害身心

（1）生理依赖性

生理依赖性是指由于反复用药所造成的一种强烈的依赖性。毒品作用于人体，使人体产生适应性改变，形成在药物作用下的新的平衡状态。一旦停掉药物，人体生理功能就会发生紊乱，出现一系列严重反应，称为戒断反应，使人感到非常痛苦。

（2）精神依赖性

毒品进入人体后作用于人的神经系统，使吸毒者出现一种渴求用药的强烈欲望，驱使吸毒者不顾一切地寻求和使用毒品。一旦出现精神依赖，即使经过脱毒治疗，在急性期戒断反应基本控制后，要完全恢复原有生理机能往往也需要数月甚至数年的时间。

（3）影响寿命

据国外有关部门统计，25%吸毒成瘾者会在开始吸毒后10—20年后死亡。

（4）助长传染病

吸毒不仅损害本人健康，还会造成乙型肝炎、丙型肝炎、性病的传播等公共卫生问题，其中最严重的是艾滋病的感染和传播。

2. 危害家庭

吸毒导致大量的家庭悲剧，一旦家庭中出现一个吸毒者，就意味着贫困和矛盾围绕着这个家庭，最后的结局往往是倾家荡产，妻离子散，家破人亡。

3. 危害社会

（1）对社会生产力的巨大破坏

吸毒首先导致身体疾病，影响生产；其次是造成社会财富的巨大损失和浪费；同时涉及毒品的活动还造成环境恶化，缩小了人类的生存空间。

（2）涉及毒品的活动扰乱社会治安

涉及毒品的活动加剧诱发了各种违法犯罪活动，扰乱了社会治安，给社会安定带来巨大威胁。无论用什么方式吸毒，对人体都会造成极大的损害。

（五）防止吸毒

无论是青少年还是成年人都应该防止吸毒。

（1）接受毒品基本知识和禁毒法律法规教育，了解毒品的危害，懂得“吸毒一口，掉入虎口”的道理。

（2）树立正确的人生观，不盲目追求享受，寻求刺激，赶时髦。

（3）不听信毒品能治病，毒品能解脱烦恼和痛苦，毒品能给人带来快乐等各种花言巧语。

（4）不结交有吸毒、贩毒行为的人。如发现亲朋好友中有吸、贩毒行为的人，一要劝阻，二要远离，三要报告公安机关。

（5）慎进歌舞厅，决不吸食摇头丸、K 粉等毒品。

（6）即使自己在不知情的情况下，被引诱、欺骗吸毒一次，也要珍惜自己的生命，绝不再吸第二次，更不要吸第三次。

（六）远离毒品

日趋严重的毒品问题已成为全球性的灾难。毒品的泛滥直接危害人民的身心健康，并给经济发展和社会进步带来巨大的威胁。联合国的统计表明，全世界每年毒品交易额达 5 000 亿美元以上，毒品蔓延的范围已扩展到五大洲的 200 多个国家和地区，而且全世界吸食各种毒品的人数已高达 2 亿多，其中 17~35 周岁的青壮年占 78%。

“毒品”，一个再简单不过的词，出现的频率却非常高，在报纸上、宣传栏里、书本中……但是它到底是什么，为什么不仅可以对吸毒者个人造成无法形容的伤害，而且还带给吸毒者家庭乃至社会非常巨大的伤痛与影响呢？

吸毒——这一丑恶现象乘着我国改革开放之机，肆无忌惮地闯了进来，带来的危害真是数也数不清！希望人们要积极宣传毒品的危害，自觉地与吸毒、贩毒等不法行为作斗争，珍爱生命，终身远离毒品、拒绝毒品！

“远离毒品，关爱未来”，对每一个人而言，这绝不仅仅是一句简单的口号。无论是出于主观还是客观，有些路，永远不能走；有的错，永远都不能犯！

第四节　熬夜、网络成瘾对健康的危害

现在，很多人已经将入睡时间推迟到晚上 11 时以后，上网、看电视剧、打游戏、刷微博、聊微信，都成了人们晚睡的理由。

睡眠是新陈代谢活动中重要的生理过程。没有睡眠就没有健康，睡眠不足，不但身体消耗得不到补充，而且由于激素合成不足，会造成体内环境失调。困倦是大脑相当疲劳的表现，不应该等到这时才去睡觉。只有养成定时睡觉的习惯，保证每天睡眠时间不少于 7 个小时，才能维持睡眠中枢生物钟的正常运转。所以，年轻人也应该学会控制自己的生活习惯，不打乱自然节律，陷入恶性循环。

一、熬夜对健康的危害

（一）熬夜对人体造成的伤害

中医学认为，晚上 11 点至 1 点是子时，此时是胆经值班的时候，如果这个时候还不休息，那么会对胆造成很大的伤害。胆的生理功能一是贮藏并排泄胆汁，二是主决断。胆贮藏、排泄胆汁与小肠的消化吸收功能有关。如果此时不休息，胆就不能通畅，贮存和排泄胆汁的功能就不会正常进行了。此时也是皮肤新陈代谢最旺盛的时候，如果不睡觉，皮肤得不到修复，时间长了脸色会变得灰暗无光泽，眼角起灰斑和鱼尾纹。

晚上 1 点至 3 点是丑时，此时是人体排毒的一个重要时辰。肝脏是身体内以代谢功能为主的一个器官，并在身体里面扮演着去氧化、储存肝糖、合成分泌性蛋白质等角色。肝脏不好会影响到胃的消化和吸收功能.

晚上 3 点至 5 点是寅时，这也是一个比较重要的时辰，此时不休息，会直接影响到心肺的功能。此时肺部将过滤好的新鲜血液分配到全身的各个器官里，如果这时不睡觉，肺就基本不能好好地完成工作。各个器官的血得不到分配，就会造成了全身的淤血。长时间如此会造成心脑血管的病症。

另外，按中医理论，如果白天才睡觉，会耗费心气，人体的气不足就不能推动血的运行，容易引起血液循环不畅和气虚。长时间如此，容易导致心脑供血不足，造成心慌、头昏等症状。

所以一定要调整好睡眠时间，试着在晚上 10 点半前睡觉，就可以将睡眠时间调节过来了，因为过了晚上的 11 点（子时）以后，阳气开始升发，人就会开始变得越来越精神，难以入睡了。

（二）熬夜会导致以下疾病

1. 神经系统疾病

熬夜会使人头晕眼花，耳鸣，四肢乏力及注意力和思考能力严重下降。如果长期熬夜，更会慢慢地出现失眠、健忘、易怒、焦虑不安等神经、精神症状。

2. 皮肤病

女同学需特别注意。一般来说，油性皮肤抗老化能力比较强。不规律的睡眠及压力，会影响内分泌，造成皮肤水分流失，容易导致皱纹出现、皮肤暗淡、长暗疮、黑眼圈加重等，尤其是上完妆后情况会更糟，妆很难化均匀。

3. 消化系统疾病

晚上 9~11 点为免疫系统（淋巴）排毒时间，此段时间应保持安静或听音乐。凌晨 1 点，肝开始排毒，需在熟睡中进行。凌晨 1 点至 3 点，胆开始排毒，亦同。凌晨 3 点至 5 点，肺开始排毒，此即为何咳嗽的人在这段时间咳得最剧烈，因排毒动作已进行到肺。半夜至凌晨 4 点为造血时段，必须熟睡，不宜熬夜。

4. 与生活习惯相关的慢性疾病

熬夜时人处于紧张状态，得不到放松，造成血管收缩异常，血压比正常人高，容易诱发高血压或者加重病情。糖尿病也会加重。现在心脑血管疾病发病率逐渐增多且越来越年轻化，常熬夜或是诱因之一。

5. 精神类疾病

熬夜伤身也伤神，许多年轻人晚上不睡，白天发困，出现神经衰弱等问题，严重的甚至会导致抑郁症的发生。

二、网络成瘾对健康的危害

（一）现状简介

网络成瘾是指由于过度使用网络而导致明显的社会、心理、生理损害的一种现象，因这种行为类似于一些成瘾性的行为，如病态赌博、吸毒等，被称之为网络成瘾或网络成瘾综合征。

中国著名的戒除网瘾专家陶宏开教授曾经说：“中国千万个青少年的堕落，千万个家长的不幸都是从不健康的网络游戏开始……”“中国 80% 的青少年犯罪与网瘾有关，中国 20% 的网瘾少年有违法犯罪行为”“每一个网瘾少年的背后都有一个不幸的家庭和一对可怜的父母”“产生网瘾的时候也就是悲剧人生开始的时候”！

我们现在一起来了解网络对青少年各方面的危害。

（二）网络成瘾的害处

1. 角色的混乱

青少年网络成瘾者，过度地沉溺于网络中虚拟的角色，容易迷失真实的自我，将网络上的规则带到现实生活中，造成角色的混乱。尤其当青少年在现实社会中与人交往遇到挫折时，会转向虚拟的网络社会寻求安慰，消极地逃避现实，这对青少年的自我人格塑造是极其不利的。

2. 道德感的弱化

在网络空间，青少年网络成瘾者由于不必与其他人面对面地打交道，从而缺少现实社会中以教师、家长为核心的人际关系对他们行为的监督，他们在网上自由任性，缺少“慎独”的道德自律，容易在网络游戏、黄色网站中放纵自己的欲望。

3. 人格的异化

西方国家利用网络大力宣扬其政治制度和文化思想，加之网上大量的黄色、暴力等信息泛滥，青少年网络成瘾者沉迷其中，是首当其冲的受害者，不利于其树立健康的人生观、价值观。

4. 学习的挫折

网络成瘾者的兴趣和注意力大部分转移到网上，上网成为其生活的主题。网络成瘾大量消耗了学习的时间，造成了成瘾者严重分心，削弱了学习的动机，破坏了学习的秩序，降低了学习的效率。青少年网络成瘾者多因迷恋网络而无心学习，学业不佳，已形成恶性循环。

5. 对健康的损害

对于处于身体发育的关键阶段的青少年而言，上网时间过长，使得大脑持续处于高度兴奋状态，会引起一系列复杂的生理和生化变化。

6. 犯罪的苗头

网络游戏大多以“攻击、战斗、竞争”为主要成分，长期迷恋飙车、砍杀、爆破、枪战等游戏，火爆刺激的内容容易使游戏者模糊道德认知，淡化虚拟游戏与现实生活的差异，误认为这种通过伤害他人而达成目的的方式是合理的。一旦形成了这种错误观点，便会不择手段，欺诈、偷盗甚至对他人施暴。

综上所述，网络成瘾严重威胁着成瘾者的身心健康，给成瘾者的生活、工作、学习都带来了消极的影响。因此，我们应了解网络成瘾的危害性，尽可能采取早期干预措施，减少网络成瘾现象的发生，保护自身的健康。

我们应该怎样避免网络的危害呢？以下是针对大学生提出的十条上网安全规则。

（三）针对大学生提出的十条上网安全规则

第一条：在网上，不要给出能确定身份的信息，包括家庭地址、学校名称、家庭电话号码、密码、父母身份、家庭经济状况等信息。如需要给出，一定要征询父母或好朋友的意见，没有他们的同意最好不要公布，如果公布要让父母或好朋友知道。

第二条：不要自己单独去与网上认识的朋友会面。如果认为非常有必要会面，则要到公共场所，并且要父母或好朋友（年龄较大的朋友）陪同。

第三条：如果遇到带有脏话、攻击性、淫秽、威胁、暴力等使你感到不舒服的内容的信件或信息，请不要回答或反驳，但要马上告诉父母或通知服务商。

第四条：未经过父母的同意，不向网上发送自己的照片。

第五条：记住，任何人在网上都可以匿名或改变性别等。一个给你写信的“12 岁女孩”可能是一个 40 岁的先生。

第六条：记住，你在网上读到的任何信息都可能不是真的。

第七条：当你单独在家时，不要允许网上认识的朋友来拜访你。

第八条：经常与父母沟通，让父母了解自己在网上的所作所为。如果父母实在对计算机或互联网不感兴趣，也要让自己的可靠的朋友了解，并能经常交流使用互联网的经验。

第九条：控制自己使用网络的时间。在不影响自己正常生活、学习的情况下使用网络。最好平时用较少的时间进行网络通信等，在节假日可集中使用。

第十条：切不可将网络（或电子游戏）当作一种精神寄托。尤其是在现实生活中受挫的青少年，不能只依靠网络来缓解压力或焦虑。应该在成年人或朋友的帮助下，勇敢地面对现实生活。

那么，对于已经上网成瘾的青少年该怎么戒除网瘾呢？可以采用以下纠正措施。

（四）纠正措施

1. 外力帮助

这种力量主要来自于自己的家人和老师，因为对青少年正面影响最大的、最希望青少年健康成长的就是自己的家人和老师。因此，在上网问题上你们应该听从家长的劝告、服从老师的管理。最不值得信任的话就是网友的话。

2. 自我认知

自己不妨列举一下网瘾的好处和坏处，而且尽可能多地列举，然后再把好处和坏处进行比较，最后在两者之间作出自己人生的选择。相信那样做的话任何人都会作出正确的选择。

3. 系统脱敏

自己在作出正确的选择后，就需要制定一个戒除网瘾的计划。其实戒除网瘾也并不难，最好的办法是逐步减少上网次数和上网时间，最终摆脱网络依赖。

4. 代替疗法

青少年需要充实的精神生活和娱乐，要培养别的爱好替代上网。如打球、结交好友、写日记或制定明确而可行的学习目标等。

5. 厌恶疗法

在左手腕带上粗的橡皮筋，当有上网念头时立即用右手拉弹橡皮筋，橡皮筋回弹便会使网瘾者产生疼痛感，这样便能转移并压制上网的念头。拉弹的同时，还要提醒自己，网瘾有危害。

在这里，笔者想奉劝上网成瘾的学生，生命第一，健康至上，不能因为一时的满足而伤害了自己的身体，断送自己的一生的幸福，还有父母多年来毫无回报的付出。

（五）自我测评

网络作为一种全新媒体和信息获得途径已经在人们的日常生活、学习和工作中占据越来越重要的位置，但是，网络所带来的负面影响也是非常明显的，青少年沉湎于网络游戏甚至患上网络成瘾症已成为日益突出的社会难题，这些现象在希望通过网络游戏来舒缓学习压力、摆脱孤独、满足成就感、缺乏自我控制力的青少年中相当严重。

同学们，请你做做下面这一份关于网络的调查问卷。

（1）你是否对网络过于关注（如：下网后还想着上网的情形或急切期待着下次上网）？

（2）你是否感觉需要不断增加上网时间，才能感到满足？

（3）你是否难以控制、减少或停止自己对网络的使用？

（4）当你准备减少或停止使用网络时，你是否感到烦躁不安、情绪低落、沮丧或易怒？

(5)你上网的时间是否经常比事先预计的长?

(6)你是否因为上网而置重要的人际关系、工作、受教育或求职的机会于不顾?

(7)你是否对家人、医生或其他人掩饰自己对网络的着迷程度?

(8)你是否将上网作为摆脱烦恼和缓解不良情绪(如:无助、内疚、焦虑、抑郁)的一种方法?

当你回答"是"的问题数达到5个或5个以上,那么可初步判断为有网络成瘾倾向!

第五节　大学生在体育锻炼中的误区

体育运动可以促进生长发育,增强体质,提高人体各器官和系统的机能,是大学生健康生活的重要内容。但是如果缺乏科学的锻炼方法,往往会适得其反。下面列举几种大学生体育锻炼中常见的错误行为及其对健康的影响。

1. 运动前后没有进行充分的准备活动和整理活动

一次锻炼通常分为三部分进行,即准备部分、锻炼部分、和结束整理部分。一般以40分钟锻炼为例:准备部分时间要长些,一般为10~15分钟,锻炼部分20~25分钟,结束部分5~10分钟。

准备部分的作用是使肌肉的代谢速率增加,体温升高,机体组织暖和起来,增加肌肉、韧带的伸展性和弹性,以适应剧烈运动的需要,减少由于强度较大的运动导致心肺等内脏器官、骨骼、肌肉及关节导致的伤害发生,准备部分一般可采取活动强度小的步行、伸展性的体操及太极拳等。调整锻炼者的心态,接通各运动中枢间的神经联系,使大脑皮层处于兴奋状态,以适应体育锻炼的情景,达到事半功倍的效果。因此,大学生在 正式运动前必须进行准备活动,其时间长短、负荷轻重以身体感到发热,微微出汗为宜。

结束部分是指在训练结束后要使高负荷运动的心肺和肢体逐渐安静下来,不要忽然停止运动,因为此时血液仍然大量集中于四肢温和的伸展运动放松伸展运动是提高机能。炼后的整理活动能促进肌肉放松、加速乳酸消除,是消除疲劳、促进体力恢复的良好方法,所以也不容忽视。整理活动的内容可与准备活动的内容相似,只是强度应由大到小,尽量使因亢奋而紧绷的肌肉放松。高强度体育锻炼后,如长距离跑、球类比赛后应当进行全身性整理活动;必要时锻炼者之间可进行互相间的整理活动和放松活动。

运动后应以温和的伸展运动放松。伸展运动是提高体能和健康的最基本方式,生产运动可以促进循环,扩大运动范围,改善体脂,减少关节增硬,减少肌肉增肌肌肉张力,提高表现,提高放松的能力。

2. 清晨锻炼比傍晚锻炼好

不少同学认为,清晨在校园里锻炼很惬意,环境安静、自由自在,还能呼吸新鲜空气。事实上,经检测发现,一天之中,早晚空气污染较严重,晚上7时至早晨7时为污染高峰期,尤其是大雾天或雾霾天;而且清晨植物还未接受阳光照射,其夜间呼吸作用产生的二氧化碳致使树林的空气中氧含量很低;再者,早晨人体血压较高,人体内血液的凝聚力也高,血栓形成的危险性相对增加。而与之相反的是，傍晚时人的心跳、血压最平衡，嗅觉、听觉、视觉、触觉最敏感，应激能力处于一天中的最高峰，所以傍晚是体育锻炼的理想时间。

特别要提醒大学生注意：在有雾霾的早上最好不要出操跑步和在户外进行其他锻炼，以免将有害雾霾吸入体内，刺激呼吸道引起咳嗽、咽喉肿痛、哮喘等；临睡前也不要进行剧烈运动，否则会因精神过度兴奋而引起失眠。

3. 女生经期不能参加体育锻炼

少数女生对经期参加劳动和体育锻炼心存顾虑，担心会引起经量增加、经期延长、痛经等。其实，健康女性在月经期参加适量的文体活动，如做体操、跳舞、练瑜伽等，非但不妨碍行经和身体健康，还会促进血液循环，促使经血顺畅排出，起到舒筋、通络、消积、散淤等作用，可以缓解下腹部不适和腰背酸痛等症状，使人心情愉快。所以女性在月经期间仍有必要进行适当的体育锻炼，即使稍有经量增加等轻微反应，也属于正常现象。

当然在经期不宜从事重体力劳动、剧烈运动和腹部运动，以免造成经血过多或子宫移位。

4. 偶尔大运动量来瘦身

不少同学在瘦身运动中想方设法让自己大量出汗，以为出汗越多瘦身效果越好。其实这种认识是不正确的，因为只有将体内多余的脂肪减掉，才能达到良好的瘦身效果。大量出汗导致的体重减轻，减下的体重多为水分，而非脂肪的消耗量，一经补水体重即随之恢复。实践证明，中小强度长时间运动消耗的脂肪最多，瘦身效果最好。

正确的做法是：建议采取运动方式瘦身的大学生不要轻易选择大运动量的锻炼，而是要根据自身情况，坚持每天做中小量的运动，持之以恒地去完成，这是取得瘦身效果的关键。除运动外，还应合理调控饮食，减少高热量食物的摄入，适量优质蛋白质的摄入能使瘦身效果更佳。

5. 扭伤后立即按摩

运动不慎造成脚踝扭伤，不少人都习惯于立即进行按摩，结果却适得其反，不但加重了扭伤部位的疼痛，而且拖延了康复的时间。这是因为脚踝扭伤时，可引起肌肉、韧带撕裂，导致肌肉间的毛细血管损伤，使血液渗到组织间隙而引起肿胀。如果此时用力按摩或揉搓，会加重对已损伤毛细血管的破坏，使血液渗出，加重扭伤部位的炎症水肿。

正确的做法是：①尽快用冰块冷敷或凉水冲淋扭伤部位，然后用绷带缠裹压迫，以减少出血、减轻肿胀疼痛和限制活动度；②垫高伤肢，防止血液流到脚部继而从血管破裂处渗出；③ 24~48 小时后，可进行热敷或按摩，以促进局部血液循环，达到消肿、促进淤血吸收和加快扭伤部位功能恢复的目的；④可酌情外敷或服用活血化瘀、消肿止痛的药物；⑤疼痛剧烈、不能站立或挪步者说明可能扭伤到骨头，应立即去医院拍片诊治。

6. 剧烈运动后立即冲澡

许多人喜欢在剧烈运动后马上洗个热（冷）水澡，以为这样既可清洗臭汗又能消除疲劳。其实不然，运动后不宜立即冲澡，这是因为人体在运动时，流向肌肉和心脏的血液增加，运动停止后，血液流动和心率虽然放慢，但仍会持续一段时间才能趋于平稳。如果立即冲热水澡，会刺激肌肉和皮肤血管扩张，使流向肌肉和皮肤的血液进一步增加，导致其他器官供血量不足，尤其是心脏和脑部，以致出现头晕眼花、全身无力等症状，严重者还可引起血压下降，甚至虚脱和晕厥。如果运动后马上洗冷水澡，会使皮肤紧缩闭汗，体内产生的大量热能不能正常散发，导致内热外凉，会招致感冒、腹泻、哮喘等病症。另外，运动后呼吸还未平稳，立即洗澡，因浴室空气不流通，容易造成大脑缺氧。因此，建议大学生在运动结束后，先用毛巾擦拭身体，休息半小时以上，待身上热量散发后再用温水洗澡。淋浴的时间要短，5~10 分钟即可，水温以 36~38 ℃为宜，特别是体质较弱的同学更应注意控制水温，不宜过高或过低。

第五章　大学生常见疾病的防治

第一节　常见症状

症状（symptom）是指患者主观感受到不适或痛苦的异常感觉或某些客观病态改变。症状表现有多种形式，如发热、咳嗽、咳痰、头痛、腹痛、眩晕、呼吸困难、腹泻等。症状是问诊的主要内容，是诊断、鉴别诊断的线索和依据，也是反映病情的重要指标之一。询问症状是医师向患者进行疾病调查的第一步。疾病的症状很多，同一疾病可有不同的症状，不同的疾病又可有某些相同的症状，因此，在诊断疾病时必须结合临床所有资料，进行综合分析，切忌单凭某一个或几个症状而做出错误的诊断。本章节介绍几种校园常见的临床症状。

一、发热

发热（faver）是指当机体在致热源作用下或各种原因引起体温调节中枢功能障碍，使体温升高，超出正常范围。

正常人的体温受大脑体温调节中枢的调控，通过神经、体液因素使机体产热和散热过程达到动态平衡，保持体温相对恒定。生理状态下，体温在 36.0~37.0 ℃但常受机体内、外界环境的影响。通常情况下，24 小时内体温波动范围一般不超过 1℃，下午体温较上午稍高，剧烈运动、进餐后体温略有升高；女性月经前期和妊娠早期，体温也可稍高于正常值；老年人体温相对低于青壮年；高温环境下体温也较高。

任何原因导致产热增加、散热减少使体温升高超出正常范围，都称为发热。

1. 病因

（1）感染性发热见于病毒、细菌、支原体、真菌、寄生虫等各种病原体引起的感染。

（2）非感染性发热，常见原因可有以下几类：

①无菌性坏死吸收热：大手术后、大血肿、大面积烧伤、组织器官坏死等。

②抗原抗体反应：风湿热、药物热、血清病、结缔组织病等。

③内分泌与代谢疾病：甲状腺功能亢进、重度脱水等。

④体温调节中枢功能失常：中暑、重度安眠药中毒、头颅损伤等原因直接损害体温调节中枢引起的发热。

⑤皮肤散热减少：广泛的皮炎、鱼鳞癣、以及慢性心衰等原因引起的发热。

⑥自主神经功能紊乱：可见于精神紧张、剧烈运动、女性月经前期和妊娠早期等原因。

2. 临床特点

（1）发热根据程度分为低热（37.3~38 ℃）、中等度热（38.1~39 ℃）、高热（39.1~41 ℃）和超

高热(41 ℃以上)。

(2)热型分型

①稽留热:体温持续于39-40 ℃达数日或数周之久，24小时体温波动<1 ℃。常见于大叶性肺炎、斑疹伤寒、伤寒的高热期。

②弛张热:体温持续升高，24小时波动达2 ℃以上,但体温都在正常水平以上。常见于败血症、风湿热、重症肺结核及化脓性炎症等。

③间歇热:体温骤然升高达到高峰持续数小时,又迅速降至正常水平,无热期可持续1日或数日。如此反复交替出现。常见于疟疾、急性肾盂肾炎等。

④波状热:体温逐渐上升达39 ℃以上数天后又逐渐下降至正常水平持续数天后又逐渐升高。如此反复交替出现。常见于布氏菌病感染。

⑤回归热:体温骤然上升达39 ℃以上数天后又骤然下降至正常水平持续数天后又逐渐升高。如此反复交替出现。常见于回归热、霍奇金病等。

⑥不规则热:发热持续时间和温度不定,变化无规律。常见于结核病、风湿热、支气管肺炎、渗出性胸膜炎等。

(3)伴随症状

①伴头痛、流鼻涕、打喷嚏、咽痛鼻塞:常见于上呼吸道感染;

②伴扁桃体红肿、颌下淋巴结肿大:常见于扁桃体炎;

③伴寒战:常见于大叶性肺炎、败血症、急性胆囊炎、急性肾盂肾炎、药物热等;

④伴尿急、尿频、尿痛:常见于尿路感染;

⑤伴转移性右下腹疼痛:见于急性阑尾炎;

⑥伴恶心呕吐、腹痛、腹泻:常见于急性胃肠炎、痢疾;

⑦伴食欲不振、厌油、乏力、巩膜发黄:常见于病毒性肝炎等;

⑧伴皮疹:常见于麻疹、风疹、猩红热、水痘、手足口病、药物热等;

⑨长期低热伴多食消瘦、激动易怒、怕热多汗、心悸、手抖:常见于甲状腺功能亢进;

⑩长期午后低热伴盗汗、咳嗽、咯血、消瘦:常见于肺结核等。

3. 治疗和预防

(1)适时退热。发热是人体的一种保护性反应,发热后不要随意或过早服用退热药。对体温过高或发热时间较长者,先采用物理降温,如温水擦拭四肢、背、颈,湿毛巾冷敷额部,效果不佳时可以口服退热药,高热患者到医院就医治疗。

(2)补充液体。可口服淡盐水,或采用静脉输液。

(3)注意预防。注意季节变化,生活规律,勤洗手,勤通风,劳逸结合,增加体育锻炼,保持身体平衡,避免生病,患病后及时就医治疗。

二、咳嗽与咳痰

咳嗽是一种反射性防御动作,通过咳嗽可以清除呼吸道分泌物及气道内异物。频繁、剧烈的咳嗽是病理状态,鼻、咽、喉、气管、支气管和肺部刺激性气体吸入,异物、炎症、肿瘤、出血等，均可引起咳嗽；咳嗽会给工作和生活造成影响，频繁、剧烈的咳嗽可导致呼吸道出血和气胸等并发症。当咽、喉、气管、支气管或肺发生炎症时，分泌物增多，这些分泌物与吸入的尘埃和某些组织破坏物等混合而形成痰，借咳嗽反射排出体外。

1. 病因

（1）呼吸道疾病：呼吸道受到刺激均可引起咳嗽：如各种分泌物、异物、化学刺激、过敏等因素刺激，病原体和肿瘤也是造成咳嗽的原因。呼吸道感染是出现咳嗽、咳痰最常见的原因。

（2）胸膜疾病：如胸膜炎、气胸、胸膜肿瘤、外界刺激等因素也可以造成咳嗽。

（3）心血管疾病：如在左心衰竭的状态下，出现肺淤血 / 肺水肿，肺泡及支气管内出现渗出物，可以出现咳嗽。部分患者也可因为肺栓塞出现咳嗽。

（4）中枢神经因素：大脑皮质发出冲动传至延髓咳嗽中枢，可引起咳嗽，这也是人们可以随意咳嗽和抑制咳嗽的原因。当皮肤受到寒冷刺激或咽部黏膜刺激时，可引起反射性咳嗽。脑炎、脑膜脑炎时也可出现咳嗽。

2. 临床特点

（1）咳嗽的性质：

①干咳：常见于急性或慢性咽喉炎、喉癌、急性支气管炎初期、胸膜疾病、支气管异物、吸入刺激性气体刺激、支原体感染、过敏、二尖瓣狭窄等；

②咳嗽伴咳痰：常见于肺炎、慢性支气管炎、支气管扩张、肺脓肿和空洞型肺结核等。

（2）咳嗽的时间与规律：

①突发性咳嗽：常见于支气管异物、吸入刺激性气体刺激、过敏等。

②发作性咳嗽：常见于百日咳、支气管内膜结核、咳嗽变异性哮喘、肿瘤压迫气管等。

③长期慢性咳嗽：常见于慢性支气管炎、支气管扩张、肺脓肿、肺结核等。

④夜间咳嗽：常见于百日咳、肺结核、左心衰竭等。

（3）痰液的性质：

痰可分为粘液性、浆液性、脓性和血性。粘液性痰多见于急性支气管炎、支气管哮喘、大叶性肺炎初期、部分呼吸道病毒感染，也可见于慢性支气管炎、肺结核等。浆液性痰，痰液稀薄，可见于肺水肿、呛水等。脓性痰常见于化脓性细菌性下呼吸道感染。血性痰常见于呼吸道黏膜受到损伤，如支气管粘膜破裂、肿瘤侵犯呼吸系统血管等。

（4）痰的性状与常见病因

黄绿色脓痰：最常见于铜绿假单胞菌感染；

红色或红棕色痰：可见于肺结核、肺癌、肺梗死出血等疾病；

铁锈色痰：最常见于肺炎链球菌肺炎；

红褐色或巧克力色痰：最常见于阿米巴肺脓肿；

粉红色泡沫痰：最常见于急性肺水肿；

砖红色胶胨样痰：最常见于肺炎克雷伯杆菌肺炎；

痰白粘稠且牵拉成丝难以咳出：最常见于真菌感染；

痰有恶臭味:最常见于合并厌氧菌感染。

3. 预防和治疗

(1)预防

①经常开窗通风勤洗手注意室内环境卫生。

②注意气候变化,及时增减衣服。

③锻炼身体,提高免疫力。

④戒烟限酒。咳嗽期间禁食刺激性食物,多饮水,不随地吐痰。

(2)治疗

根据病因对症治疗。感染性咳嗽需根据病原体的种类给予相应的抗感染治疗和止咳祛痰治疗。干咳较重者酌情选用镇咳药;咳痰者予化痰治疗,促进痰液排除。症状严重者,到医院就诊治疗。

三、胸痛

胸痛多数由胸部疾病引起,少数因其他疾病导致。胸痛的程度存在个体差异性,与疾病轻重不完全一致。

胸壁由外部至内部,由皮肤、肌肉、神经、骨骼、胸膜、肺脏、心脏、纵膈内器官以及血管组织组成,因此上述每一个部位的病变都可能会引起胸痛,此外,胸部临近的器官,例如肝胆疾病也可能向胸部放射引起胸痛。

1. 病因

(1)胸壁疾病:急性皮炎、带状疱疹、肋间神经炎、肋软骨炎、肋骨骨折等。

(2)心血管疾病:冠心病(心绞痛、心肌梗死)、心肌病、急性心包炎、胸主动脉瘤、肺梗死、心脏神经症等。

(3)呼吸系统疾病:胸膜炎、胸膜肿瘤、自发性气胸、支气管炎、肺癌等。

(4)纵膈疾病:纵膈炎、纵膈气肿、纵膈肿瘤等。

(5)其他疾病:食管炎、食管癌、食管裂孔疝、膈下脓肿、肝脓肿等。

2. 临床特点

(1)青年胸痛多见于结核性胸膜炎、自发性气胸、心肌炎、心肌病。还须注意心绞痛、心肌梗塞和支气管肺癌等疾病。

(2)胸痛性质与疾病

①胸壁疾病所致的胸痛常固定在病变部位,且局部有压痛。胸壁皮肤的炎症性病变,局部可有红、肿、热、痛表现;带状疱疹所致胸痛,可见成簇的水泡沿一侧肋间神经分布伴剧痛,且疱疹不超过体表中线;

②肋软骨炎引起胸痛,常在第一、二肋软骨处见单个或多个隆起,局部有压痛、但无红肿表现;

③心绞痛及心肌梗死的疼痛多在胸骨后方和心前区或剑突下,可向左肩和左臂内侧放射,甚或达无名指与小指,也可放射于左颈或面颊部,误认为牙痛;

④主动脉夹层动脉瘤引起疼痛多位于胸背部，向下放射至下腹、腰部与两侧腹股沟和下肢；

⑤胸膜炎引起的疼痛多在胸侧部；

⑥食管及纵隔病变引起的胸痛多在胸骨后；

⑦肝胆疾病及膈下脓肿引起的胸痛多在右胸，侵犯膈肌中心部时疼痛放射至右肩部；

⑧肺尖部肺癌引起疼痛多以肩部、腋下为主，向上肢内侧放射。

(3)伴随症状

①胸痛伴皮疹，局部红、肿、热、痛提示胸壁皮肤局部感染等炎症；带状疱疹伴有皮肤成簇水泡。

②胸痛伴咳嗽咳痰，常见于气管、支气管和肺部疾病。

③胸痛伴呼吸困难常见于大叶性肺炎、自发性气胸、渗出性胸膜炎和肺栓塞等。

④胸痛伴咯血主要见于肺栓塞、支气管肺癌。胸痛伴苍白、大汗、血压下降或休克，多见于心肌梗死、主动脉瘤、主动脉窦瘤破裂、肺栓塞等疾病。

⑤胸痛伴吞咽困难多提示食管疾病。

3. 预防和治疗

(1)预防

注意保持生活规律，适当运动、合理饮食、避免熬夜，患病后及时治疗。

(2)治疗

根据胸痛的部位、疼痛的性质、持续时间以及伴随症状作出病情诊断，给予及时、合理的治疗。

四、心悸

心悸是一种自觉心脏跳动的不适感或心慌感。心悸时，心率可快可慢，可有心律失常，也可以心律和心率正常。

心悸发生机制尚未完全清楚，一般认为心脏活动过度是心悸发生的基础，常与心率及心搏出量改变有关。

1. 病因

(1)心脏搏动增强

①生理性：健康人剧烈运动或精神过度紧张时；饮酒、喝浓茶或咖啡后；应用某些药物，如肾上腺素、麻黄素、咖啡因、阿托品、甲状腺片等。

②病理性：心室肥大、高血压性心脏病、主动脉瓣关闭不全、二尖瓣关闭不全等。动脉导管未闭、室间隔缺损回流量增多，增加心脏的负荷量，导致心室肥大，也可引起心悸。脚气性心脏病，因维生素 B 缺乏，周围小动脉扩张，阻力降低，回心血流增多，心脏工作量增加，因此也可出现心悸。其他引起心脏搏动增强的疾病，如甲状腺功能亢进、贫血、发热、低血糖症、嗜铬细胞瘤等。

（2）心律失常

心动过速、心动过缓、期前收缩、房颤、房扑等。

（3）心脏神经症

由自主神经功能紊乱所引起，心脏本身并无器质性病变。多见于青年女性。

2. 临床表现

（1）心悸出现与心律失常出现及存在时间长短有关，如突然发生的阵发性心动过速，心悸往往较明显，而在慢性心律失常，如心房颤动可因逐渐适应而无明显心悸。

（2）心悸的发生常与精神因素及注意力有关，焦虑、紧张及注意力集中时易于出现。

（3）心悸可见于心脏病者，但与心脏病不能完全等同，心悸不一定有心脏病，反之心脏病患者也可不发生心悸，如无症状的冠状动脉粥样硬化性心脏病，就无心悸发生。

（4）伴随症状

①伴心前区疼痛常见于心绞痛、心肌梗死、心肌和心包炎等。

②伴发热常见于急性传染病、风湿热、心肌和心包炎等。

③伴晕厥或抽搐常见于高度房室传导阻滞、心室颤动或阵发性室性心动过速、病态窦房结综合征等。

④伴贫血常见于各种原因引起的急性失血等。

⑤伴消瘦、出汗常见于甲状腺功能亢进。

⑥伴呼吸困难常见于急性心肌梗死、心肌炎、心包炎、心力衰竭、重症贫血等。

⑦心脏神经症是由自主神经功能紊乱引起的，心脏本身多无器质性病变，可伴有心率加快、心前区或心尖部隐痛、疲乏、失眠、头晕、耳鸣、记忆力减退等表现，在焦虑、情绪激动时更易发生。

3. 预防和治疗

（1）预防

注意生活规律、劳逸结合、锻炼身体、不饮酒，身体不适及时就医，及时治疗。

（2）治疗

明确疾病诊断，根据病情给予相应的治疗。

五、呼吸困难

呼吸困难是指患者主观感到空气不足、呼吸费力，客观上表现呼吸运动用力，严重时可出现张口呼吸、鼻翼扇动、端坐呼吸、甚至发绀、呼吸辅助肌参与呼吸运动，并且可有呼吸频率、深度、节律的改变。

1. 病因

（1）呼吸系统疾病：包括气道阻塞、肺部疾病和胸壁、胸廓、胸膜腔疾病。

（2）心血管系统疾病：包括心衰竭、心包压塞、肺栓塞和肺动脉高压等。

（3）中毒：由各种中毒引起，如糖尿病酮症酸中毒、药物中毒、化学物质中毒等。

（4）神经精神性疾病：如脑疾病和精神因素引起的呼吸中枢功能障碍，还可见于重症肌无力、吉兰-巴雷综合征等。

（5）血液病：如重度贫血等。

2. 临床特点

（1）哮喘发作时呼吸困难可伴有哮鸣音，严重时说话断断续续；

（2）气道异物引起的呼吸困难，会因为呼吸肌用力辅助呼吸，而出现胸骨上窝、锁骨上窝、肋间隙出现凹陷，称为“三凹征”；

（3）伴发热多见于感染引起的肺炎、肺脓肿、肺结核、胸膜炎、急性心包炎等。

（4）呼吸困难伴胸痛见于大叶性肺炎、急性渗出性胸膜炎、肺栓塞、自发性气胸、急性心肌梗死、支气管肺癌等。自发性气胸好发于瘦高体型。

（5）急性左心衰竭引起的呼吸困难，患者表现为端坐位呼吸，可出现粉红色泡沫痰。呼吸困难伴咳嗽、咳痰可见于慢性支气管炎、阻塞性肺气肿继发肺部感染、支气管扩张症、肺脓肿等；伴大量泡沫痰可见于有机磷中毒。

（6）呼吸困难伴意识障碍见于脑出血、脑膜炎、糖尿病酮症酸中毒、尿毒症、肺性脑病、急性中毒、休克型肺炎等。

3. 预防与治疗

（1）一旦出现呼吸困难，应首先保持气道通畅，及时清除气道分泌物或异物。

（2）应使患者保持安静，避免情绪紧张以防加重呼吸困难。

（3）心衰患者可采取端坐位；严重肺部感染患者可采取俯卧位通气。

（4）哮喘发作时应立即吸入性药物治疗。

（5）病情危重时，及时送医院抢救。

（6）有吸氧条件可立即给患者吸氧。

（7）保持室内空气新鲜，通风流畅，给予清淡饮食。

六、头痛

头痛是指发生在额、顶、颞及枕部的疼痛。可见于多种疾病，大多无特异性，但是反复发作或者持续性的头痛，可能是某些器质性疾病的信号应认真检查及时治疗。

1. 病因

（1）颅脑病变：①感染：脑膜炎、脑炎、脑脓肿；②血管病变：脑出血、脑血栓形、脑供血不足、高血压等；③占位性病变：脑肿瘤、包虫病等；④颅脑外伤：脑震荡、颅内血肿等；⑤其他：偏头痛等。

（2）颅外病变：①颅骨疾病：颅骨凹入正、颅骨肿瘤；②颈部疾病：颈椎病；③神经痛：三叉神经痛、舌咽神经及枕神经痛；④其他：眼、耳、鼻和齿疾病。

（3）急性感染性疾病：①急性感染：流感、伤寒、肺炎等；②心血管疾病：高血压病、心力衰竭等；③其他：中毒、尿毒症、贫血、中暑、月经及绝经期头痛等。

（4）神经衰弱性头痛及癔症性头痛。

2. 临床特点

（1）感染性疾病：急性头痛伴发热可能是感染性疾病的症状，包括颅内和全身感染。这可能需要及时治疗，因为感染可导致严重的健康问题。

（2）脑供血不足和小脑肿瘤：头痛伴眩晕可能是由于脑供血不足或小脑肿瘤引起的。这种情况可能需要神经影像学检查（如 MRI）来进一步评估。

（3）血管性头痛（偏头痛）：长期反复发作头痛或搏动性头痛可能是血管性头痛，如偏头痛。这通常需要详细的病史和临床评估，以确定最合适的治疗方案。最新研究认为，部分偏头痛的患者可能与心脏卵圆孔未闭合有关，因此需要进一步完成心脏发泡实验等检查，部分合并卵圆孔未闭等心脏疾患的偏头痛患者在手术后，偏头痛未再发作。

（4）神经症：长期反复发作的头痛也可能与神经症有关，这通常需要综合性的心理评估和治疗。

（5）肌紧张性头痛：这种头痛通常与肌肉紧张有关，可能由情绪紧张、失眠或焦虑引起。管理方式可能包括放松技巧、生活方式改变和药物治疗。

（6）高血压性头痛：高血压患者可能经历持续性、紧张性、搏动性的头痛，伴随头晕和失眠。控制高血压是关键的治疗措施之一。

（7）颅内高压性头痛：这可能是由于多种原因引起的颅内高压，包括脑外伤、脑肿瘤、脑疝、脑溢血、脑及脑膜炎症等。这种头痛通常伴随其他症状，如呕吐、意识障碍等。

3. 预防和治疗

（1）预防

①规律的生活作息：确保每晚获得足够的睡眠；保持规律的作息时间，尤其是固定的起床和睡觉时间。

②饮食和水分：避免空腹或过度饥饿；保持充足的水分摄入，避免脱水。

③避免诱发因素：达到可能引发头痛的触发因素，如特定食物、香味、光线、声音等；确保避免过度的咖啡因和酒精摄入。

④良好的姿势：避免长时间保持不良姿势，尤其是对颈部和头部造成压力的姿势。

⑤放松技巧：学习和实践深呼吸、渐进性肌肉松弛等放松技巧；尝试瑜伽或冥想以减轻紧张和焦虑。

⑦适度运动：定期进行适度的运动，如散步、游泳或骑自行车；避免剧烈运动可能引发的头痛。

（2）治疗

根据病因采取相应的治疗方法。如果头痛出现突然而剧烈，伴有高热、剧吐、意识障碍等严重症状，要立即送医院急诊治疗。

七、眩晕

眩晕是患者感到自身或周围环境物体旋转或摇动的一种主观感觉障碍，常伴有客观的平衡障碍，一般无意识障碍。主要由迷路、前庭神经、脑干及小脑病变引起，亦可由于其他系统或全身性疾病而引起。

1. 病因

（1）周围性眩晕（耳性眩晕）是指内耳前庭至前庭神经颅外段之间的病变所引起的眩晕。可见于梅尼埃病、迷路炎、内耳药物中毒、前庭神经元炎、位置性眩晕等。

（2）中枢性眩晕（脑性眩晕）指前庭神经颅内段、前庭神经核及其纤维联系、小脑、大脑等的病变所引起的眩晕。可见于颅内血管性疾病、颅内占位性病变、颅内感染性疾病、颅内脱髓鞘疾病及变性疾病。

2. 临床特点

（1）眩晕发作严重时可伴有恶心、呕吐、面色苍白和出汗；

（2）发作性眩晕伴耳鸣、听力减退及眼球震颤多见于梅尼埃病，具有复发性特点，发作多短暂，很少超过两周。如并发中耳炎，检查发现鼓膜穿孔，多为迷路炎。

（3）内耳药物中毒：常由链霉素、庆大霉素及其同类药物中毒性损害所致。多为渐进性眩晕伴耳鸣、听力减退，常先有口周及四肢发麻等。水杨酸制剂、喹宁、某些镇静安眠药（氯丙嗪、喉替啶等）亦可引起眩晕。

（4）发热或上呼吸道感染后突发眩晕，伴恶心、呕吐，持续时间较长，可达六周，多见于前庭神经元炎，一般无耳鸣及听力减退，痊愈后很少复发。

（5）位置性眩晕：病人头部处在一定位置时出现眩晕和眼球震颤，多数不伴耳鸣及听力减退。可见于迷路和中枢病变。党体位改变时反复出现眩晕，可见于耳石症。

（6）其他少见的疾病如：脑血管性病变、颅内感染性疾病、颅内脱髓鞘疾病及变性疾病（多发性硬化、延髓空洞症）、低血压、高血压、阵发性心动过速、房室传导阻滞、各种原因所致贫血、出血、眼肌麻痹，屈光不正、头部或颈椎损伤以及神经症等也可引起眩晕。

（7）伴随症状

①伴耳鸣、听力下降可见于前庭器官疾病、前庭蜗神经病及肿瘤。

②伴恶心、呕吐可见于梅尼埃病、晕动病。

③伴共济失调可见于小脑、颅后凹或脑干病变。

④伴眼球震颤可见于脑干病变、梅尼埃病。

3. 预防与治疗

（1）饮食原则低盐、低脂、低胆固醇、易消化饮食；忌食辛辣、肥腻之品，禁烟酒；不饮浓茶、咖啡。控制血压血糖。

（2）针对病因治疗。

（3）耳石症患者的身体情况和致病因素采用不同的治疗方法，在病情恢复后会根据恢复程度来酌情用药，一般身体状况良好的不需要继续服药。

八、意识障碍

意识障碍是指人对周围环境及自身状态的识别和觉察能力出现障碍。可表现为晕厥、嗜睡、意识模糊和昏睡，严重的意识障碍为昏迷。

1. 病因

（1）心源性意识障碍：心脏骤停、恶性心律失常、先天性心脏病等。

（2）非心源性意识障碍：严重的感染、颅脑病变、内分泌与代谢障碍、血液系统疾病、呼吸系统疾病、血管病变、水电解质紊乱、中毒、物理性及缺氧性损害等。

2. 临床特点

（1）意识障碍的分类：

①晕厥：通常为短暂性意识丧失状态。发作时，病人因肌张力消失，不能保持正常姿势而倒地，一般为突然发作，迅速恢复，很少有后遗症。

②嗜睡：是一种病理性倦睡，患者陷入持续的睡眠状态，可被唤醒，并能正确回答和做出各种反应，当刺激去除后，很快又再次入睡。

③意识模糊：患者能保持简单的精神活动，但对时间、地点、人物的定向能力发生障碍。

④昏睡：是接近于人事不醒的意识状态。患者处于熟睡状态，不易唤醒，虽在强烈的刺激下可被唤醒，但很快又再次入睡。醒时答话，含糊或答非所问。

⑤昏迷：是严重的意识障碍，表现为意识持续的中断或完全丧失。

（2）伴随症状：

①伴明显的面色苍白、出冷汗、乏力等多见于低血糖。

②患者既往患有糖尿病，并且发病前进食大量含糖食物或饮料伴有多尿，可见于糖尿病高渗性昏迷。

③伴面色苍白、发绀、呼吸困难多见于急性左心衰。

④伴大动脉搏动的消失，可见于心脏骤停、恶性心律失常等。

⑤伴抽搐者多见于中枢神经系统疾病（如神经系统感染、癫痫等）、心源性晕厥。

⑥伴头疼、呕吐、视听障碍者多提示中枢神经系统疾病。

⑦伴有呼吸深而快、手足发麻、抽搐者，多见于换气过度综合征、癔症等。

⑧伴发热多见于重症感染。

⑨伴瞳孔缩小、呼吸缓慢多见于吗啡、苯巴比妥类、有机磷杀虫药等中毒。

⑩伴瞳孔散大可见于颠茄类、酒精，氰化物等中毒，以及癫痫、低血糖等状态。

⑪伴高血压可见于高血压脑病，脑血管意外，尿毒症等。

⑫伴低血压可见于各种原因的休克。

⑬伴皮肤黏膜改变，如出现出血点、瘀斑和紫癜等可见于严重的感染和出血性的疾病。口唇呈樱桃红色，提示一氧化碳中毒。

⑭伴脑膜刺激症可见于脑膜炎、蛛网膜下腔出血等。

⑮伴有呼吸困难和 / 或皮疹，可见于过敏性休克。

3. 预防和治疗

（1）应迅速就医。

（2）如考虑低血糖可以口服的情况下给予高糖食物；考虑心跳、呼吸停止的患者，应就地开始心肺复苏；考虑中毒和过敏引起在保护好自身的前提下迅速脱离中毒环境或过敏原；

如为癫痫发作，首先应防止周围环境对其造成二次伤害，条件允许情况下可在上下牙之间垫坚固的物品防止患者舌咬伤。

（3）对于反复发作晕厥的患者应反复检查，直至明确病因。

（4）对于血管迷走性晕厥患者，应加强体质，适度锻炼。

九、腹痛

腹痛（abdominal pain）多数由腹部脏器功能性或病理性疾病所引起，但腹腔外疾病及全身性疾病也可引起。腹痛的性质和程度，受到病变情况和刺激程度的影响，同时也受神经和心理因素的影响。

1.病因

按照腹痛起病缓急、病程长短分为急性与慢性腹痛。

（1）急性腹痛

①腹腔器官急性炎症：如急性胃炎、急性肠炎、急性胰腺炎、急性出血坏死性肠炎、急性胆囊炎、急性阑尾炎等。

②空腔脏器阻塞或扩张：如肠梗阻、肠套叠、胆道结石、胆道蛔虫症、泌尿系统结石梗阻等。

③脏器扭转或破裂：如肠扭转、肠绞窄、肠系膜或大网膜扭转、卵巢扭转、肝破裂、脾破裂，异位妊娠破裂等。

④腹膜炎症：多由胃肠穿孔引起，少部分为自发性腹膜炎。

⑤腹腔内血管阻塞：如缺血性肠病、夹层腹主动脉瘤和门静脉血栓形成。

⑥腹壁疾病：如腹壁挫伤、脓肿及腹壁皮肤带状疱疹。

⑦胸腔疾病所致的腹部牵涉性痛：如肺炎、肺梗死、心绞痛、心肌梗死、急性心包炎、胸膜炎、食管裂孔疝、胸椎结核。

⑧全身性疾病所致的腹痛：如腹型过敏性紫癜、糖尿病酸中毒、尿毒症、铅中毒、血卟啉病等。

（2）慢性腹痛

①腹腔脏器的慢性炎症：如反流性食管炎、慢性胃炎、慢性胆囊炎及胆道感染、慢性胰腺炎、结核性腹膜炎、溃疡性结肠炎、Crohn 病等。

②空腔脏器的张力变化：如胃肠痉挛或胃、肠、胆道运动障碍等。

③慢性胃炎、胃、十二指肠溃疡。

④腹腔脏器的扭转或梗阻：如慢性胃、肠扭转，十二指肠壅滞，慢性假性肠梗阻。

⑤脏器包膜的牵张：实质性器官因病变肿胀，导致包膜张力增加而发生的腹痛，如肝淤血、肝炎、肝脓肿、肝癌等。

⑥中毒与代谢障碍：如铅中毒、尿毒症等。

⑦肿瘤压迫及浸润：以恶性肿瘤居多，可能与肿瘤不断长大，压迫与浸润感觉神经有关。

⑧胃肠神经功能紊乱：如胃肠神经症。

2. 临床特点

（1）腹痛部位 一般腹痛部位多为病变所在部位：

①胃、十二指肠疾病、急性胰腺炎，疼痛多在中上腹部；胆囊炎、胆石症、肝脓肿等疼痛多在右上腹部；急性阑尾炎疼痛在右下腹麦氏点；小肠疾病疼痛多在脐部或脐周；结肠疾病疼痛多在下腹或左下腹部。膀胱炎、盆腔炎及异位妊娠破裂，疼痛亦在下腹部。弥漫性或部位不定的疼痛见于急性弥漫性腹膜炎（原发性或继发性）、机械性肠梗阻、急性出血坏死性肠炎、血卟啉病、铅中毒、腹型过敏性紫癜等。

②急性阑尾炎的发作往往出现"转移性右下腹痛"：疼痛起病于上腹部，6-8 小时后转移到右下腹。

（2）腹痛性质和程度

突发的中上腹剧烈刀割样痛、烧灼样痛，多为胃、十二指肠溃疡穿孔；中上腹持续性剧痛或阵发性加剧应考虑急性胃炎、急性胰腺炎；胆石症或泌尿系结石常为阵发性绞痛，相当剧烈，致使病人辗转不安；阵发性剑突下钻顶样疼痛是胆道虫症的典型表现；持续性、广泛性剧烈腹痛伴腹壁肌紧张或板样强直，提示为急性弥漫性腹膜炎；隐痛或钝痛多为内脏性疼痛，多由胃肠张力变化或轻度炎症引起；胀痛可能为实质脏器的包膜牵张所致。

（3）诱发因素

胆囊炎或胆石症发作前常有进油腻食物史；急性胰腺炎发作前则常有酗酒、暴饮暴食史；部分机械性肠梗阻多与腹部手术有关；腹部受暴力作用引起的剧痛并有休克者，可能是肝、脾破裂所致。

（4）发作时间

餐后痛可能由于胆胰疾病、胃部肿瘤或消化不良所致；饥饿痛发作呈周期性、节律性者见于慢性胃炎，胃窦、十二指肠溃疡；子宫内膜异位者腹痛与月经来潮相关；卵泡破裂者发作在月经间期。

（5）与体位的关系

如果某些体位使腹痛加剧或减轻，有可能成为诊断的线索。例如胃粘膜脱垂病人左侧卧位可使疼痛减轻。十二指肠壅滞症患者膝胸或俯卧位可使腹痛及呕吐等症状缓解。胰体癌患者仰卧位时疼痛明显，而前倾位或俯卧位时减轻。反流性食管炎患者烧灼痛在躯体前屈时明显，而直立位时减轻。

（6）伴随症状

腹痛伴发热、寒战，可见于腹腔内脏器感染性疾病，如急性胆道感染、胆囊炎、肝脓肿、腹腔脓肿等；腹痛伴黄疸，可见于肝胆胰疾病、急性溶血性贫血；腹痛伴休克同时有贫血者可能是腹腔脏器破裂（如肝、脾或异位妊娠破裂）；无贫血者则见于胃肠穿孔、绞窄性肠梗阻、肠扭转、急性出血坏死性胰腺炎。腹腔外疾病如心肌梗死、肺炎也可有腹痛与休克，应特别警惕腹痛伴呕吐、反酸、腹泻提示食管、胃肠病变，呕吐量大提示胃肠道梗阻；伴反酸、嗳气者提示胃十二指肠溃疡或胃炎；伴腹泻者提示消化吸收障碍或肠道炎症、溃疡或肿瘤。腹痛伴血尿可能为泌尿系疾病（如泌尿系结石）所致。

3. 预防与治疗

（1）发生腹痛时，避免自行服用止痛药物，容易导致掩盖病情延误治疗。考虑病理因素引起，应及时就诊。

（2）节制饮食，规律用餐，避免暴饮暴食及刺激性食品。

（3）注意保暖，适时加减衣服，夜间注意盖住腹部不要受凉。

（4）调节情志，保持心情舒畅，避免精神紧张，运动时注意循序渐进量力而行。

（5）对于泌尿系统结石的患者，应当多饮水、不憋尿，少喝啤酒，少吃肉类、动物内脏、盐和糖；多活动，适当吃富含维生素 A 的食物如胡萝卜、绿花椰菜、杏果、香瓜、南瓜。

十、恶心、呕吐

恶心为上腹部不适、紧迫欲吐的感觉，可伴有迷走神经兴奋的症状，如皮肤苍白、出汗、流涎、血压降低及心动过缓等。呕吐是一个复杂的反射动作，其过程可分三个阶段，即恶心、干呕与呕吐。呕吐是通过胃的强烈收缩迫使胃或部分小肠的内容物经食管、口腔而排出体外的现象。

1. 病因

引起恶心与呕吐的病因很多，按发病机制可归纳为下列几类：

（1）反射性呕吐：吸烟、剧咳、鼻咽部炎症、急慢性胃肠炎、消化性溃疡、急性胃扩张或幽门梗阻、急性阑尾炎、各型肠梗阻、急性肝炎、肝硬化、急慢性胆囊炎、胰腺炎、急性腹膜炎、异位妊娠破裂、青光眼、屈光不正等均可引起反身性呕吐。

（2）中枢性呕吐：

①神经系统疾病：各种脑炎、脑膜炎、脑出血、脑栓塞、脑血栓、高血压脑病、偏头痛、脑挫裂伤、癫痫等。

②全身性疾病：尿毒症、甲亢、低血糖、低钠血症等

③药物可因兴奋呕吐中枢而致呕吐。

④中毒可引起呕吐。

⑤精神因素：胃肠神经症，癔症，神经性厌食等。

（3）妊娠期呕吐。

2. 临床特点

（1）呕吐的时间：晨吐常见于尿毒症、慢性酒精中毒、功能性消化不良或者早孕；鼻窦炎患者因起床后脓液经鼻后孔刺激咽部，亦可致晨起恶心、干呕。晚上或夜间呕吐见于幽门梗阻。

（2）呕吐与进食的关系：进食过程中或餐后即刻呕吐，可能为幽门管溃疡或精神性呕吐；餐后 1h 以上呕吐称延迟性呕吐，提示胃张力下降或胃排空延迟；餐后较久或数餐后呕吐，见于幽门梗阻；餐后近期呕吐，特别是集体发病者，多由食物中毒所致。

（3）呕吐的特点：颅内高压性呕吐表现为喷射性。

（4）呕吐物的性质：胃潴留导致呕吐物有发酵、腐败气味；小肠梗阻导致的呕吐物带有

粪臭味；上消化道出血常表现为咖啡渣样呕吐物或鲜血。

(5)伴随症状

①伴腹痛、腹泻者多见于急性胃肠炎或细菌性食物中毒、霍乱、副霍乱和各种原因的急性中毒。

②伴右上腹痛及发热、寒战或有黄疸者应考虑胆囊炎或胆石症。

③伴头痛及喷射性呕吐者常见于颅内高压症或青光眼。

④伴眩晕、眼球震颤者，常见于前庭器官疾病。

⑤应用某些药物如抗菌药物与抗癌药物等，则呕吐可能与药物副作用有关。

3. 预防与治疗

(1)根据伴随症状等明确病因，及时治疗。

(2)呕吐导致脱水时，需要口服少量多次补充水分，必要时需要静脉补液。

(3)避免精神过度紧张。

十一、腹泻

排便次数增多，粪质稀薄，或带有黏液脓血或未消化的食物，即称腹泻。急性腹泻病程在两个月以内，病程超过两个月属于慢性腹泻。

1. 病因

1)急性腹泻

各种病毒、细菌、寄生虫等引起的感染，如病毒性肠炎、细菌性肠炎、细菌性痢疾等；服食毒蕈、发芽马铃薯、有机磷农药等；暴饮暴食以及进食过多生、冷、油腻和刺激性食品等都可引起急性腹泻。

2)慢性腹泻

肠结核、慢性细菌性痢疾、慢性胆囊炎、慢性胰腺炎、慢性结肠炎、结直肠癌等；甲亢、糖尿病性肠病、神经功能性腹泻、肠易激综合征、药物副作用等都可以引起慢性腹泻。

2. 临床特点

(1)急性腹泻：起病急，每天排便可多达 10 次以上，多为感染或食物中毒所致，感染性腹泻常伴有腹痛，常为黏液血便或脓血便；食物中毒、急性肠胃炎多伴呕吐，粪便呈稀糊状；痢疾常伴发热和里急后重，脓血便。脱水是一个重要的并发症，由于大量液体丧失，患者可能感到口渴、尿量减少，皮肤弹性减退。

(2)慢性腹泻：病程超过 2 个月，呈持续性或间歇性，一般每天排便数次增加。慢性细菌性痢疾、阿米巴痢疾、溃疡性结肠炎、结肠和直肠癌大便中可见粘液脓血；胆囊炎、肝硬化、甲亢则仅是大便稀。由于慢性腹泻可能导致营养吸收不良，贫血是一个常见的并发症，患者由此可能出现乏力、头晕、心悸等症状。体重减轻和食欲减退也可能伴随着慢性腹泻，这与长期的腹部不适和贫血有关。

某些慢性疾病，如炎症性肠病或肿瘤，可导致腹部肿块或伴有关节痛等。

3. 预防和治疗

(1)预防

养成良好的饮食和卫生习惯。勤洗手,注意食品卫生,不饮生水,不吃过期、变质和不洁食物;不暴饮暴食、不酗酒。

(2)治疗

急性腹泻应进流食或半流食,食品清淡,忌油腻及刺激性食物;及时补充液体,可以口服淡盐水或口服补液盐,病情严重者可以静脉补液;细菌感染性腹泻应采用抗生素治疗;腹泻严重或伴有脓血便或米泔样大便者,需要到医院治疗。

十二、便秘

便秘是指排便次数减少,一般每周少于 3 次,排便困难,粪便干硬。

1. 病因

(1)进食量少或食物缺乏纤维素。

(2)精神紧张、生活不规律。

(3)年老体弱排便无力。

(4)肠道疾病、肿瘤,甲状腺功能低下等。

2. 临床特点

(1)大便干燥、硬结:便秘最常见的表现之一,大便难以排出,呈干燥、块状或硬结状态。排便困难,需要用力或增加腹压才能排便。

(2)排便时间延长:便秘患者常需要花费更长时间才能完成一次排便。

(3)感觉未排尽:尽管排便,仍感觉肠内还有未排尽的内容物。

(4)肛门不适或疼痛:便秘可导致肛门局部不适、灼热感、疼痛,甚至出现肛裂。

(5)腹部不适、腹痛:常伴随便秘,可以是轻度不适或阵发性剧痛,可能是由于积聚在结肠内的大便造成的。

(6)腹胀、腹胀气:便秘会导致气体在结肠内积聚,引起腹胀、腹胀气感觉。

(7)食欲减退、消化不良:便秘可能导致胃肠蠕动减缓,影响食物消化吸收,从而导致食欲减退和消化不良。在严重便秘的情况下,大量粪便在结肠内积聚,刺激胃部,引起恶心和呕吐。

(8)头晕、乏力、食欲减退:慢性便秘可能导致体内毒素吸收增加,引起全身不适症状,如头晕、乏力。

(9)伴随症状

便秘伴腹痛、腹胀、恶心、呕吐,可见于肠梗阻等;

伴腹部包块,可见于结肠肿瘤、肠结核等;

便秘与腹泻交替,可见于肠结核、溃疡性结肠炎、肠易激综合征等。

3. 预防和治疗

(1)注意纠正不良生活习惯,按时排便,多吃含纤维素丰富的谷类、豆类食物和新鲜蔬菜水果，多饮水，加强体育锻炼。

（2）在医生指导下服用通便药，不随便使用泻药。

（3）便秘严重导致排便痛苦时，应到医院就医治疗。

（4）病理情况引起的便秘需要及时就诊。

十三、血尿

血尿包括镜下血尿和肉眼血尿。镜下血尿是指尿色正常，经显微镜检查才能确定，通常离心沉淀后的尿液镜检每高倍视野可见红细胞3个以上；肉眼血尿是指尿呈洗肉水色或血色，肉眼即可见尿色改变。

1. 病因

（1）泌尿系统疾病：肾炎、肾病、尿路感染、泌尿系统结石、结核、肿瘤等。

（2）全身性疾病。

①感染性疾病：败血症、流行性出血热、猩红热、钩端螺旋体病和丝虫病等。

②血液病：白血病、再生障碍性贫血、血小板减少性紫癜、过敏性紫癜和血友病。

③免疫和自身免疫性疾病：系统性红斑狼疮、结节性多动脉炎、皮肌炎、类风湿性关节炎、系统性硬化症等引起的肾损害。

④心血管疾病：亚急性细菌性心内膜炎、急进性高血压、慢性心力衰竭、肾动脉栓塞和肾静脉血栓形成等。

（3）尿路邻近器官疾病：急慢性前列腺炎、急性盆腔炎或脓肿、输卵管炎、阴道炎等。

（4）化学物品或药品对尿路的损害：如消炎痛、甘露醇、汞、铅、镉等对肾小管的损害；环磷酰胺引起的出血性膀胱炎；抗凝剂如肝素过量也可出现血尿。

（5）功能性血尿：平时运动量小的健康人，突然加大运动量可出现运动性血尿。

2. 临床特点

肾脏出血—暗红色尿；膀胱或前列腺出血—鲜红色尿；服药或进食某些红色蔬菜—红色尿、镜检无红细胞。

血尿伴肾绞痛——肾或输尿管结石，伴尿流中断或排尿困难——膀胱和尿道结石；伴尿频尿急尿痛——膀胱炎和尿道炎，同时伴有腰痛高热—肾盂肾炎；伴水肿高血压蛋白尿——肾小球肾炎；伴肾肿块——肿瘤、肾积水、肾囊肿；伴皮肤黏膜及其他部位出血——血液病和某些感染性疾病。

3. 预防和治疗

（1）发现血尿必须引起高度重视，积极寻找病因，避免延误治疗导致严重并发症。

（2）注意保持生活规律，劳逸结合，平时养成适量饮水的习惯。

（3）接触污染环境时注意防护，避免自行服用药物而出现肾脏损伤。

（4）注意个人卫生、不憋尿。

十四、尿频、尿急、尿痛

尿频（ frequent micturition ）指单位时间内排尿次数增多。正常成人白天排 4~6 次，夜间 0~2 次。尿急是指患者一有尿意（不一定有尿量）就迫不及待需要排尿，难以控制。尿痛指患者排尿时感觉耻骨上区、会阴部和尿道内疼痛或有灼烧感。尿频，尿急和尿痛合称膀胱刺激征。

1. 病因

（1）尿频可由生理性因素引起：饮水过多，精神紧张或寒冷时排尿次数增多属于正常现象。病理性因素常见于：

①炎症性尿频：尿频且尿量少，多伴有尿急和尿痛，尿液镜检可见炎性细胞。见于膀胱炎、尿道炎、前列腺炎和尿道旁腺炎等。

②多尿性尿频：排尿次数增多且尿量不少，全日总尿量增多。见于糖尿病，尿崩症，精神性多饮和急性肾功能衰竭的多尿期。

③神经性尿频：尿频且尿量少，不伴尿急尿痛，尿液镜检无炎性细胞。见于中枢及周围神经病变如病，神经源性膀胱。

④膀胱容量减少性尿频：表现为持续性尿频，药物治疗难以缓解，每次尿量少。见于膀胱占位性病变；妊娠子宫增大或卵巢囊肿等压迫膀胱；膀胱结核引起膀胱纤维性缩窄。

⑤尿道口周围病变：尿道口息肉，处女膜伞和尿道旁腺囊肿等刺激尿道口引起尿频。

（2）尿急、尿痛常见于：急性膀胱炎，尿道炎，结石，肿瘤等。

2. 临床特点

（1）尿频尿急尿痛常见于膀胱炎和尿道炎；同时伴有腰痛多见于肾盂肾炎；膀胱炎、尿道炎、肾盂肾炎统称为尿路感染，尿路感染可有受寒、憋尿等诱发因素引起。

（2）尿频伴有会阴部，腹股沟和睾丸胀痛见于急性前列腺炎。

（3）尿频尿急伴有血尿，可见于泌尿系结核或肿瘤。

（4）尿频不伴尿急和尿痛，但伴有多饮多尿和口渴见于精神性多饮，糖尿病和尿崩症。

（5）尿频尿急尿痛伴有尿流突然中断，见于膀胱结石堵住开口或后尿道结石嵌顿。

3. 预防与治疗

（1）避免长时间不饮水及憋尿。

（2）加强体育锻炼；避免久坐，注意个人卫生。

（3）保持良好的心情，保证正常的新陈代谢。

（4）考虑病理性因素引起应及时就医，针对病因治疗。

十五、皮疹

皮疹（ skin eruption ）可由局部疾病引起，也可由多种全身疾病引起，是临床上诊断某些全身性疾病的重要依据。皮疹常见于传染病、皮肤病、药物及其他物质所致的过敏反应等；其出现的规律和形态有一定的特异性：发现皮疹时仔细观察和记录其出现与消失的时间、发展顺序、分布部位、形态大小、颜色及压之是否褪色、平坦或隆起、有无瘙痒及脱屑等性状，有助于疾病的诊断。

1. 病因

（1）外因是引起皮疹的主要原因：各种原因导致的过敏（食物、药物、日光、粉尘、螨虫等）、感染性疾病（感染病毒、细菌、真菌）、血液系统疾病、免疫系统疾病等均可引起。

（2）内因：过度疲劳、情绪变化、精神紧张、失眠、慢性消化性疾病、内分泌改变等也可引起皮疹，如神经性皮炎。

2. 临床特点

（1）皮疹有多种形态，不同的形态可提示不同的病因：

①斑疹（maculae）表现为局部皮肤发红，一般不凸出皮肤表面。见于斑疹伤寒、丹毒、风湿性多形性红斑等。

②丘疹（papules）除局部颜色改变外，病灶凸出皮肤表面。可见于麻疹、药物疹、湿疹、恙虫病和传染性单核细胞增多症等。

③玫瑰疹（roseola）为一种鲜红色圆形斑疹，直径 2~3mm，为病灶周围血管扩张所致，属于丘疹。检查时拉紧附近皮肤或以手指按压可使皮疹消退，松开时又复出现，多出现于胸腹部。为伤寒和副伤寒的特征性皮疹、也见于沙门菌感染等。

④斑丘疹（maculopapule）在丘疹周围有皮肤发红的底盘称为斑丘疹。见于风疹、猩红热和药物疹等。斑丘疹是指斑疹与丘疹同时存在，可见于麻疹、登革热、风疹、伤寒、猩红热及科萨奇病毒感染等传染病。

⑤出血疹：亦称瘀点，多见于血液系统疾病、肾综合征出血热、登革热和流行性脑脊髓膜炎等传染病。出血疹可相互融合形成瘀斑。

⑥疱疹：可见于感染性疾病（水痘、带状疱疹、肠道病毒等），严重的过敏等。病毒性感染引起的水疱通常在水疱中央可见“脐凹”；带状疱疹水疱成簇，不超过人体中线。

⑦荨麻疹（urticaria）可见于过敏、病毒性肝炎、蠕虫蚴移行症和丝虫病等。身体处于高敏状态时，可出现皮肤划痕征阳性，也就是局部皮肤划痕处出现红肿。

⑧焦痂发生于昆虫传播媒介叮咬处，可见于恙虫病、立克次体病等。

⑨有些疾病，如登革热、流行性脑脊髓膜炎等，可同时出现斑丘疹和出血疹；梅毒疹可表现为多种皮疹形态，包括斑疹、丘疹、结节、脓疱、皮肤色素沉着等等。

⑩蜘蛛痣：皮肤下一根中央小动脉，向外延伸出细小血管，形态像蜘蛛的脚，最常见于肝硬化等慢性肝病。（如彩图二所示）

（2）伴随症状

①伴发热，可见于感染性疾病、过敏、免疫性疾病、血液系统疾病、川崎病等。

②伴有咽痛，可见于 EB 病毒感染、猩红热、手足口病等。

③伴有瘙痒，可见于湿疹、感染性疾病（水痘、猩红热）、过敏等。

④面部蝶形红斑，伴有低热，可见于系统性红斑狼疮、过敏等。

⑤伴有血细胞明显减少，可见于血液系统疾病。

⑥伴有游走性关节痛,可见于风湿病;

(3)幼儿急疹可以表现为"热退疹出",皮疹由颜面部逐步延伸至四肢;麻疹、手足口等疾病可在口腔粘膜出现皮疹。

3. 预防与治疗

(1)及时就诊,针对病因治疗。

(2)注意个人皮肤卫生,勤洗手,勤通风,不任用刺激性止痒药物。

(3)对于过敏性皮疹,首先需要避免和过敏原再次接触,脱离过敏的环境;其次需要避免鱼虾、牛奶等易于致敏食物,注意观察饮食与发病的关系。

(4)劳逸结合,避免过度疲劳和精神过度紧张。

第二节 传染病

一、传染病概论

传染病是指由病原微生物,如朊粒、病毒、衣原体、立克次体、支原体、细菌、真菌、螺旋体和寄生虫,如原虫、蠕虫、医学昆虫感染人体后产生的有传染性、在一定条件下可造成流行的疾病。

感染性疾病是指由病原体感染所致的疾病,包括传染病和非传染性感染性疾病。

在人类历史长河中,传染病不仅威胁着人类的健康和生命,而且影响着人类文明的进程。人类通过研究各种传染病的发病机制、临床表现、诊断、治疗方法疗和预防规律,推动了多学科包括括病原生物学、分子生物学、免疫学、人体寄生虫学、流行病学、病理学、药理学和诊断学的发展。传染病研究一直是国家重大科研项目和药物开发的重点领域,是当前国家重大科技需求。

(一)流行过程的基本条件

传染病的流行过程就是传染病在人群中发生、发展和转归的过程。流行过程的发生需要三个基本条件,包括传染源、传播途径和人群易感性。这三个环节必须同时存在,若切断任何一个环节,流行过程即终止。

1. 传染源

传染源(source of infection)是指体内有病原体生存、繁殖并能将病原体排出体外的人和动物。传染源包括下列四个方面:

(1)患者。患者是大多数传染病重要的传染源。不同病期的患者其传染强度可有不同。一般情况下,以发病早期的传染性最大。慢性感染患者可长期排出病原体,可成为长期传染源。

(2)隐性感染者。仅感染引起免疫反应,不引起组织损伤。

(3)病原携带者。病原携带者指没有任何临床症状而能排出病原体的人。在某些传染病中,如伤寒、细菌性痢疾等,有重要的流行病学意义。

（4）受感染动物。以啮齿动物最为常见，其次是家畜、家禽。这些以动物为传染源传播的疾病，称为动物源性传染病。有些动物本身发病，如鼠疫、狂犬病、布鲁杆菌病等；有些动物不发病，表现为病原携带状态，如地方性斑疹伤寒、恙虫病、流行性乙型脑炎等。以野生动物为传染源传播的疾病，称为自然疫源性传染病，如鼠疫、钩端螺旋体病、肾综合征出血热、森林脑炎等。

2. 传播途径

病原体离开传染源到达另一个易感者的途径称为传播途径。同一种传染病可以有多种传播途径。

（1）呼吸道传播。病原体存在于空气中的飞沫或气溶胶中，易感者吸入时被感染，如麻疹、白喉、结核病、禽流感和严重急性呼吸道综合征等。

（2）消化道传播。病原体污染食物、水源或餐具，易感者于进食时被感染，如伤寒、细菌性痢疾和霍乱等。

（3）接触传播。易感者与被病原体污染的水或土壤接触时被感染，如钩端螺旋体病、血吸虫病和钩虫病等。伤口被污染，有可能患破伤风。日常生活中的密切接触也有可能被感染，如麻疹、白喉、流行性感冒等。不洁性接触（包括同性恋、多个性伴侣的异性恋及商业性行为）可传播 HIV、HBV、HCV、梅毒螺旋体、淋病奈瑟菌等。

（4）虫媒传播。被病原体感染的吸血节肢动物，如蚊、人虱、鼠蚤、白蛉、硬蜱和恙螨等，于叮咬时把病原体传给易感者，可分别引起疟疾、流行性斑疹伤寒、地方性斑疹伤寒、黑热病、莱姆病和恙虫病等。根据节肢动物的生活习性，虫媒传播往往有严格的季节性。

（5）血液、体液传播。病原体存在于携带者或患者的血液或体液中，通过应用血制品、分娩或性交等传播，如疟疾、乙型病毒性肝炎、丙型病毒性肝炎和艾滋病等。

（6）医源性感染。指在医疗工作中人为造成的某些传染病的传播。一类是指易感者在接受治疗、预防、检验措施时，由于所用器械受医护人员或其他工作人员的手污染而引起的传播；另一类是药品或生物制品受污染而引起的传播。

3. 人群易感性

对某一种传染病缺乏特异性免疫力的人称为易感者。易感者在某一特定人群中的比例决定了该人群的易感性。

（二）传染病的常见症状和体征

1. 发热。大多数传染病都可引起发热，如流行性感冒、恙虫病、结核病和疟疾等。

2. 发疹。多传染病在发热的同时伴有发疹，称为发疹性传染病。皮疹的形态可分为四大类：斑丘疹、出血疹、疱疹、荨麻疹。

3. 毒血症状。原体的各种代谢产物，包括细菌毒素在内，可引起除发热以外的多种症状，如疲乏，全身不适，厌食，头痛，肌肉、关节和骨骼疼痛等。严重者可有意识障碍、谵妄、脑膜刺激征、中毒性脑病、呼吸衰竭及休克等表现，有时还可引起肝、肾损害，表现为肝、肾功能的改变。

4. 单核 - 吞噬细胞系统反应。在病原体及其代谢产物的作用下，单核 - 吞噬细胞系统可出现充血、增生等反应，临床上表现为肝、脾和淋巴结肿大。

（三）传染病的预防

传染病的预防应当针对构成传染病流行过程的3个基本环节采取综合性措施，并且根据各种传染病的特点，针对传播的主导环节，采取适当的措施，防止传染病继续传播。

1. 管理传染源

（1）传染病报告制度是早期发现、控制传染病的重要措施，可使防疫部门及时掌握疫情，采取必要的流行病学调查和防疫措施。

（2）对传染病的接触者，应根据该种疾病的潜伏期，分别按具体情况采取检疫措施，密切观察，并适当做药物预防或预防接种。

（3）应尽可能地在人群中检出病原携带者，进行治疗、教育、调整工作岗位和随访观察。

（4）对被传染病病原体污染的场所、物品及医疗废弃物，必须按照法律法规相关规定，实施消毒和无害化处理。

（5）对动物传染源，如属有经济价值的家禽、家畜，应尽可能加以治疗，必要时宰杀后加以消毒处理；如属无经济价值的野生动物则予以捕杀。

2. 切断传播途径

对于各种传染病，尤其是消化道传染病、虫媒传染病和寄生虫病，切断传播途径通常是起主导作用的预防措施。其主要措施包括隔离和消毒。

1）隔离

隔离是指将患者或病原携带者妥善地安排在指定的隔离单位，暂时与人群隔离，积极进行治疗、护理，并对具有传染性的分泌物、排泄物、用具等进行必要的消毒处理，防止病原体向外扩散的医疗措施。要特别重视医院内的标准预防。隔离的种类有以下几种。

（1）严密隔离。对传染性强、病死率高的传染病，如霍乱、鼠疫、狂犬病等，应住单人房，严密隔离。

（2）呼吸道隔离。对由患者的飞沫和鼻咽分泌物经呼吸道传播的疾病，如传染性非典型肺炎、流感、流脑、麻疹、白喉、百日咳、肺结核等，应作呼吸道隔离。

（3）消化道隔离。对由患者的排泄物直接或间接污染食物、食具而传播的传染病，如伤寒、菌痢、甲型肝炎、戊型肝炎、阿米巴病等，最好能在一个病房中只收治一个病种，否则，应特别注意加强床边隔离。

（4）血液－体液隔离。对于直接或间接接触感染的血及体液而发生的传染病，如乙型肝炎、丙型肝炎、艾滋病、钩端螺旋体病等，在一个病房中只住由同种病原体感染的患者。

（5）接触隔离。对病原体经体表或感染部位排出，他人直接或间接与破损皮肤或黏膜接触感染引起的传染病，如破伤风、炭疽、梅毒、淋病和皮肤的真菌感染等，应作接触隔离。

（6）昆虫隔离。对以昆虫作为媒介传播的传染病，如乙脑、疟疾、斑疹伤寒、回归热、丝虫病等，应作昆虫隔离。病室应有纱窗、纱门，做到防蚊、防蝇、防螨、防虱和防蚤等。

（7）保护性隔离。对抵抗力特别低的易感者，如长期大量应用免疫抑制剂者、严重烧伤患者、早产婴儿和器官移植患者等，应作保护性隔离。在诊断、治疗和护理工作中，尤其应注意避免医源性感染。

2）消毒

消毒是切断传播途径的重要措施。狭义的消毒是指消灭污染环境的病原体而言。广义的消毒则包括消灭传播媒介在内。消毒有疫源地消毒（包括随时消毒与终末消毒）及预防性消毒两大类。消毒方法包括物理消毒法和化学消毒法等，可根据不同的传染病选择采用。

3. 保护易感人群

（1）非特异性保护易感人群的措施包括改善营养、锻炼身体和提高生活水平等，可提高机体的非特异性免疫力。在传染病流行期间，应保护好易感人群，避免与患者接触。对有职业性感染可能的高危人群，及时给予预防性措施，一旦发生职业性接触，立即进行有效的预防接种或服药。

（2）特异性保护易感人群的措施是指采取有重点有计划的预防接种，提高人群的特异性免疫水平。

二、大学生常见传染病的防治

（一）病毒性肝炎

病毒性肝炎是由多种肝炎病毒引起的，以肝脏损害为主的一组全身性传染病。

1. 病毒性肝炎的分类

目前按病原学明确分类的有甲型、乙型、丙型、丁型、戊型五型肝炎病毒。各型病毒性肝炎临床表现相似，以疲乏、食欲减退、厌油、肝功能异常为主，部分病例出现黄疸。甲型和戊型主要表现为急性感染，经粪 - 口途径传播；乙型、丙型、丁型多呈慢性感染，少数病例可发展为肝硬化或肝细胞癌，主要经血液、体液等胃肠外途径传播。

2. 流行病学特征

我国是病毒性肝炎的高发区。甲型肝炎人群流行率（抗 -HAV 阳性）约 80%，全球约 20 亿人曾感染乙型肝炎病毒（HBV），其中 2.4 亿人为慢性 HBV 感染者，我国 1~59 岁一般人群乙型肝炎表面抗原（HbsAg）携带率为 7.18%，约 9 300 万，其中慢性 HBV 感染患者约 2 000 万，每年约有 65 万人死于 HBV 感染所致肝硬化、肝衰竭和肝细胞癌。

1）甲型肝炎

（1）传染源。

甲型肝炎无病毒携带状态，传染源为急性期患者和隐性感染者，后者数量远较前者多。

（2）传播途径

甲型肝炎病毒主要由粪 - 口途径传播。粪便污染饮用水源、食物、蔬菜、玩具等可引起流行。水源或食物污染可致暴发流行，如 1988 年上海暴发甲型肝炎流行， 4 个月内发生 31 万例，是由食用受粪便污染的未煮熟毛蚶引起。日常生活接触多为散发性发病，输血后甲型肝炎极罕见。

（3）人群易感性

抗 -HAV 阴性者均为易感人群。在我国，大多在幼儿、儿童、青少年时期获得感染，以隐性感染为主。甲型肝炎的流行率与居住条件、卫生习惯及教育程度有密切关系，农村高于城市，发展中国家高于发达国家。随着社会发展和卫生条件改善，感染年龄有后移的趋向。感染后可产生持久免疫。

2）乙型肝炎

（1）传染源主要是急、慢性乙型肝炎患者和病毒携带者。

（2）传播途径

①母婴传播：包括宫内感染、围生期传播、分娩后传播。在我国，母婴传播显得特别重要，人群中 HBsAg 阳性的 HBV 携带者中 30% 以上是由其传播积累而成。

②血液、体液传播：血液中 HBV 含量很高，微量的污染血进入人体即可造成感染，如输血及血制品、注射、手术、针刺、共用剃刀和牙刷、血液透析、器官移植等均可传播。随着一次性注射用品的普及，医源性传播已明显下降。虽然对供血员进行严格筛选，但不能筛除 HBsAg 阴性的 HBV 携带者。

③性传播：与 HBV 阳性者发生无防护的性接触，特别是有多个性伴侣者，其感染 HBV 的危险性增高。

（3）人群易感性

抗 -HBs 阴性者均为易感人群。婴幼儿是获得 HBV 感染的最危险时期。

3. 治疗

病毒性肝炎的治疗应根据不同病原、不同临床类型及组织学损害区别对待。各型肝炎的治疗原则均以足够的休息、合理饮食，辅以适当药物，避免饮酒、过劳和损害肝脏药物

4. 预防

1）管理传染源

肝炎患者和病毒携带者是本病的传染源。急性患者应隔离治疗至病毒消失。慢性患者和携带者可根据病毒复制指标评估传染性大小。符合抗病毒治疗情况的尽可能予抗病毒治疗。凡现症感染者不能从事食品加工，饮食服务，托幼保育等工作。对献血员进行严格筛选，不合格者不得献血。加强对 HBV 感染育龄期及妊娠母亲的管理。

2）切断传播途径

（1）甲型和戊型肝炎

搞好环境卫生和个人卫生，加强粪便、水源管理，做好食品卫生、食具消毒等工作，防止“病从口入”。

（2）乙、丙、丁型肝炎

加强托幼保育单位及其他服务行业的监督管理，严格执行餐具、食具消毒制度。理发、美容、洗浴等用具应按规定进行消毒处理。养成良好的个人卫生习惯，接触患者后用肥皂和流动水洗手。提倡使用一次性注射用具，各种医疗器械及用具实行一用一消毒措施。对带血及体液污染物应严格消毒处理。加强血制品管理。采取主动和被动免疫阻断母婴传播。

3）保护易感人群

（1）甲肝、乙肝和戊肝可通过接种疫苗有效预防。

（2）目前对丙、丁型肝炎尚缺乏特异性免疫预防措施。

（二）肺结核

结核病是结核分枝杆菌引起的慢性感染性疾病，可累及全身多个脏器，以肺结核最为常见，是最主要的结核病类型。

1. 流行病学特征

1）传染源：开放性肺结核患者的排菌是结核传播的主要来源。

2）传播途径

（1）主要为患者与健康人之间经空气传播。患者咳嗽排出的结核分枝杆菌悬浮在飞沫核中，当被人吸入后即可引起感染。

（2）其他途径如饮用带菌牛奶经消化道感染，患病孕妇经胎盘引起母婴间传播，经皮肤伤口感染和上呼吸道直接接种均极罕见。

3）易感人群

生活贫困、居住拥挤、营养不良等因素是社会经济落后地区人群结核病高发的原因。免疫抑制状态患者尤其好发结核病。

2. 临床表现

1）全身症状

发热为肺结核最常见的全身毒性症状，多数为长期低热，每于午后或傍晚开始，次晨降至正常，可伴有倦怠、乏力、夜间盗汗，或无明显自觉不适。有的患者表现为体温不稳定，于轻微劳动后体温略见升高，虽经休息半小时以上仍难平复；妇女于月经期前体温增高，月经后亦不能迅速恢复正常。当病灶急剧进展扩散时则出现高热，呈稽留热或弛张热热型，可以有畏寒，但很少寒战。

2）呼吸系统症状

（1）咳嗽咳痰。浸润性病灶咳嗽轻微，干咳或仅有少量黏液痰。有空洞形成时痰量增加，若伴继发感染，痰呈脓性。合并支气管结核则咳嗽加剧，可出现刺激性呛咳，伴局限性哮鸣或喘鸣。

（2）咯血。1/3~1/2 患者在不同病期有咯血。

（3）并发症。重度毒血症状和高热可引起气急，广泛肺组织破坏、胸膜增厚和肺气肿时也常发生气急，严重者可并发肺心病和心肺功能不全。

3. 诊断依据

1）凡遇下列情况者应高度警惕结核病的可能性：

（1）反复发作或迁延不愈的咳嗽咳痰，或呼吸道感染经抗炎治疗 3-4 周仍无改善；

（2）痰中带血或咯血；

（3）长期低热或所谓“发热待查”；

（4）体检肩胛间区有湿啰音或局限性哮鸣音；

（5）有结核病诱因或好发因素尤其是糖尿病、免疫功能低下疾病或接受糖激素和免疫抑制剂治疗者；

（6）关节疼痛和皮肤结节性红斑等变态反应性表现；

（7）有渗出性胸膜炎、肛瘘、长期淋巴结肿大既往史以及有家庭开放性肺结核密切接触史者。

2）常用检查方法

（1）痰结核分枝杆菌检查。确诊肺结核最特异性的方法，抗酸杆菌阳性肺结核诊断即基本成立。

（2）结核分枝杆菌素（简称结素）试验（tuberculin skin test，TST）目前我国推广的方法系国际通用的结核分枝杆菌素纯蛋白衍化物（purified protein derivative，PPD）皮内注射法。

（3）影像学检查。X 线影像取决于病变类型和性质。胸部 CT 有助于发现隐蔽区病灶和孤立性结节的鉴别诊断。

4. 治疗

1）化学治疗是现代结核病最主要的基础治疗，简称化疗。化疗的目标不仅是杀菌和防止耐药性的产生，而且在于最终灭菌，防止和杜绝复发。当前国际公认的化疗原则是：早期、联合、适量、规律、全程。

2）辅助治疗，包括对症治疗、手术治疗等。

5. 预防

根据我国结核病疫情，建立完善的防治系统至关重要。各级防治系统着眼于早期发现和彻底治疗患者。查出必治，治必彻底，只有及时正确治疗，防止耐药慢性病例的形成和积累，不仅是临床治疗的目标，亦是预防工作的中心环节。

1）管理传染源

早期发现和彻底治疗患者。从当地疫情实际出发，对服务性行业、学校、托幼机构及儿童玩具工作人员等定期健康检查。门诊因症就诊病例的及时发现和诊断，避免漏诊和误诊。

2）切断传播途径

出现肺结核可疑症状或被诊断为肺结核后，应当主动向学校报告，不隐瞒病情、不带病上课；不随地吐痰，咳嗽、打喷嚏时掩口鼻，戴口罩可以减少肺结核的传播；养成勤开窗通风的习惯。

3）保护易感人群

结核是慢性感染性疾病，化学治疗很难治愈而不复发，因此采用疫苗预防是最好的策略。我国规定新生儿出生时即接种卡介苗，可以显著降低儿童发病。儿童、青少年等免疫力低下的人群要保证充足的睡眠，合理膳食，加强体育锻炼，提高抵御疾病的能力。

（三）细菌性痢疾

细菌性痢疾简称菌痢，是由志贺菌引起的肠道传染病。菌痢主要通过消化道传播，终年散发，夏秋季可引起流行。其主要表现为腹痛、腹泻、排黏液脓血便以及里急后重等，可伴有发热及全身毒血症状，严重者可出现感染性休克和（或）中毒性脑病。一般为急性，少数迁延成慢性。

1. 流行病学特征

1）传染源

包括急、慢性菌痢患者和带菌者。非典型患者、慢性菌痢患者及无症状带菌者由于症状不典型而容易误诊或漏诊，在流行病学中具有重要意义。

2）传播途径

本病主要经粪 - 口途径传播。志贺菌随患者粪便排出后，通过手、苍蝇、食物和水，经口感染。另外，还可通过生活接触传播，即接触患者或带菌者的生活用具而感染。

3）易感人群

人群普遍易感。病后可获得一定的免疫力，但持续时间短，不同菌群及血清型间无交叉保护性免疫，易反复感染。

2. 临床表现

1）急性菌痢

（1）普通型（典型）：急起畏寒高热，伴头痛、乏力、食欲减退，并出现腹痛腹泻，多数病人先为稀水样便，1-2 天后转为脓血便，每日 10-20 次或以上，里急后重明显。常伴肠鸣音亢进，左下腹压痛。急性菌痢自然病程为 1-2 周，多数病例可以自行恢复。

（2）轻型（非典型）：无明显发热。急性腹泻，每日大便 10 次以内，稀便有粘液但无脓血。病程 3-7 天而痊愈。

（3）中毒性菌痢：2-7 岁儿童多见。起病急骤，突然高热，病势凶险，主要表现为严重毒血症、休克和（或）中毒性脑病，而局部肠道症状很轻甚至缺如。

2）慢性菌痢

菌痢病程反复发作或迁延不愈达 2 个月以上，即为慢性菌痢。

3. 治疗

1）急性菌痢

（1）一般治疗：注意休息，消毒隔离。

（2）对症治疗：保持水、电解质平衡，高热适当予以退热药及物理降温。

（3）抗菌治疗：轻型菌痢患者可不用抗菌药物，严重病例则需应用抗生素。

2）慢性菌痢

（1）一般治疗：饮食应营养丰富，容易消化。

（2）抗菌治疗：据病原菌药敏结果选用有效抗菌药物。

（3）调整肠道菌群：肠道功能紊乱者可采用镇静或解痉药物。

3）中毒性菌痢

（1）抗菌治疗：药物选择基本与急性菌痢相同，病情好转后改为口服，剂量和疗程同急性菌痢。

（2）对症治疗：包括降温止惊、抗休克治疗、解除血管痉挛、防治脑病等。

4. 预防

1)管理传染源

急、慢性患者和带菌者应隔离或定期进行访视管理,并给予彻底治疗,直至粪便培养阴性。

2)切断传播途径

养成良好的卫生习惯,特别注意饮食和饮水卫生。

3)保护易感人群

根据世界卫生组织报告,目前尚无获准生产的可有效预防志贺菌感染的疫苗。我国主要采用口服活菌苗。

(四)流行性感冒

流行性感冒简称流感,是由流感病毒引起的急性呼吸道传染病。流感病毒的传染性强,主要是通过呼吸道传播,流感病毒人群普遍易感。临床特点为上呼吸道卡他症状较轻,而高热、头痛、乏力等全身中毒症状较重。

1. 流行病学特征

1)传染源

主要为流感患者,其次为隐性感染者。症状出现前2天到症状出现后大约1周均可传播流感病毒,儿童达10天或更长时间。以病初2~3天的传染性最强。患者以儿童和青少年多见。

2)传播途径

主要经飞沫传播。也可通过接触被污染的手、日常用具等间接传播。

3)人群易感性

人群对流感普遍易感,感染后对同一亚型会获得一定程度的免疫力,但不同亚型间无交叉免疫,故人体可反复患病。

2. 临床表现

1)潜伏期为1~3天,最短为数小时,最长可达4日。流感的症状通常较普通感冒重。

2)要表现为起病急,高热、寒战、头痛、乏力、食欲减退、全身肌肉酸痛等全身中毒症状,上呼吸道卡他症状相对较轻或不明显,少数病例可有咳嗽、鼻塞、流涕、咽干痛、声嘶等上呼吸道症状。

3)大多体温1~2天达高峰,3~4天后逐渐下降,热退后全身症状好转,乏力可持续1~2周,上呼吸道症状持续数日后消失。但部分因出现肺炎等并发症可发展至重症流感,少数重症病例病情进展快,可因急性呼吸窘迫综合征(ARDS)和/或多脏器衰竭而死亡。

3. 治疗

1)一般治疗

患者应卧床休息,多饮水。高热与中毒症状重者应给予吸氧和补充液体。

2)对症治疗

包括解热、镇痛、止咳、祛痰及支持治疗。

3）抗病毒治疗

4. 预防

1）管理传染源

隔离患者，可在病后 1 周或退热后 2 日解除隔离，疑似患者进行适当隔离与治疗，减少大型集会与集体活动。

2）切断传播途径

流行期在公共场所及室内应加强通风与环境消毒，可选用漂白粉或其他消毒液喷洒消毒。

3）保护易感人群

（1）接近患者时应当戴口罩，避免密切接触，注意个人卫生。

（2）对易感人群及尚未发病者，可给予疫苗及药物预防，但是药物预防不能代替疫苗接种。

（3）预防人类流感致病和流行的最有效方法仍是疫苗接种，也是预防流感的基本措施。

（五）新型冠状病毒肺炎

新型冠状病毒肺炎（Corona Virus Disease 2019，COVID-19），简称“新冠肺炎”，世界卫生组织命名为“2019 冠状病毒病”，是指 2019 新型冠状病毒感染导致的肺炎。传染源主要是新冠病毒感染者；主要传播途径为经呼吸道飞沫和密切接触传播，在相对封闭的环境中经气溶胶传播，接触被病毒污染的物品后也可能造成感染。人群普遍易感。

1. 流行病学特征

2023 年 1 月 8 日起，对新型冠状病毒感染实施“乙类乙管”。依据传染病防治法，对新冠病毒感染者不再实行隔离措施，不再判定密切接触者；不再划定高低风险区；对新冠病毒感染者实施分级分类收治并适时调整医疗保障政策；检测策略调整为“愿检尽检”；调整疫情信息发布频次和内容。

1）传染源

传染源主要是新冠病毒感染者，在潜伏期即有传染性，发病后 3 天内传染性最强。

2）传播途径

（1）经呼吸道飞沫和密切接触传播是主要的传播途径。

（2）在相对封闭的环境中经气溶胶传播。

接触被病毒污染的物品后也可造成感染。

3）高危人群

人群普遍易感。感染后或接种新冠病毒疫苗后可获得一定的免疫力。老年人及伴有严重基础疾病患者感染后重症率、病死率高于一般人群，接种疫苗后可降低重症及死亡风险。

2. 临床表现

1）潜伏期多为 2~4 天。

主要表现为咽干、咽痛、咳嗽、发热等，发热多为中低热，部分病例亦可表现为高热，热程多不超过 3 天；部分患者可伴有肌肉酸痛、嗅觉味觉减退或丧失、鼻塞、流涕、腹泻、结膜炎等。少数患者病情继续发展，发热持续，并出现肺炎相关表现。重症患者多在发病 5-7 天后出现呼吸困难和（或）低氧血症。严重者可快速进展为急性呼吸窘迫综合征、脓毒症休克、难以纠正的代谢性酸中毒和出凝血功能障碍及多器官功能衰竭等。极少数患者还可有中枢神经系统受累等表现。

2）儿童感染后临床表现与成人相似，高热相对多见；部分病例症状可表现为呕吐、腹泻等消化道症状，声音嘶哑等急性喉炎或喉气管炎表现；少数出现热性惊厥等神经系统并发症。

3）大多数患者预后良好，病情危重者多见于老年人、有慢性基础疾病者、晚期妊娠和围产期女性、肥胖人群等

3. 治疗

1）一般治疗。

（1）按呼吸道传染病要求隔离治疗。保证充分能量和营养摄入，注意水、电解质平衡，维持内环境稳定。高热者可进行物理降温、应用解热药物。咳嗽咳痰严重者给予止咳祛痰药物。

（2）对重症高危人群应进行生命体征监测，特别是静息和活动后的指氧饱和度等。同时对基础疾病相关指标进行监测。

（3）根据病情进行必要的检查，如血常规、尿常规、CRP、生化指标（肝酶、心肌酶、肾功能等）、凝血功能、动脉血气分析、胸部影像学等。

（4）可在医生的指导下采用俯卧位呼吸；根据病情给予规范有效氧疗措施，包括鼻导管、面罩给氧和经鼻高流量氧疗。

（5）抗菌药物治疗：避免盲目或不恰当使用抗菌药物，尤其是联合使用广谱抗菌药物。

（6）有基础疾病者给予相应治疗。

2）抗病毒治疗。

3）对症治疗。

4. 预防

1）管理传染源

（1）新型冠状病毒感染者不再实行隔离措施，实施分级分类收治；不再判定密切接触者，不再划定高低风险区。

（2）未合并严重基础疾病的无症状感染者、轻型病例可采取居家自我照护，其他病例应及时到医疗机构就诊。

（3）感染者居家期间，尽可能待在通风较好、相对独立的房间，减少与同住人员近距离接触。感染者非必要不外出，避免前往人群密集的公共场所，不参加聚集性活动；如需外出，应全程佩戴 N95 或 KN95 口罩。

（4）感染者要做好居室台面、门把手、电灯开关等接触频繁部位及浴室、卫生间等共用区域的清洁和消毒；自觉收集、消毒、包装、封存和投放生活垃圾。社区应针对感染者产生的生活垃圾，采取科学收运管理。

2)切断传播途径

(1)新型冠状病毒对紫外线和热敏感,乙醚、75%乙醇、含氯消毒剂、过氧乙酸和氯仿等脂溶剂均可有效灭活病毒。

(2)保持良好的个人及环境卫生,均衡营养、适量运动、充足休息,避免过度疲劳。

(3)提高健康素养,养成勤洗手、戴口罩等卫生习惯和生活方式,打喷嚏或咳嗽时应掩住口鼻。

(4)保持室内通风良好,做好个人防护。

3)保护易感人群

新冠病毒疫苗接种。接种新冠病毒疫苗可以减少新冠病毒感染和发病,是降低重症和死亡发生率的有效手段,符合接种条件者均应接种。符合加强免疫条件的接种对象,应及时进行加强免疫接种。

(六)猴痘

猴痘是由猴痘病毒引起的一种人和动物都可感染的疾病,属于人畜共患传染病。猴痘病毒为痘病毒科正痘病毒属,分为西非分支和刚果盆地分支两类。猴痘首次被发现于1958年,人类首次受感染报道于1970年。根据《中华人民共和国传染病防治法》相关规定,自2023年9月20日起将猴痘纳入乙类传染病进行管理,采取乙类传染病的预防、控制措施。

1.流行病学特征

1)传染源

(1)感染猴痘病毒的啮齿类动物是主要传染源。猴痘病毒的主要宿主为非洲啮齿类动物(包括非洲松鼠、树松鼠、冈比亚袋鼠、睡鼠等)。

(2)猴和猩猩等灵长类动物是人猴痘的重要传染源。

(3)其他动物中,大颊鼠、沙鼠、兔、犬、猫等也可成为传染源。新兴宠物如草原土拨鼠、松鼠等动物成为非猴痘流行区的传染源。

(4)受感染的人也可成为传染源。

2)传播途径

(1)动物传染至人:被感染动物咬伤可导致人感染,人直接接触患病动物的受损皮肤、体液等也可感染。

(2)人与人之间传染:可经呼吸道飞沫、直接接触患者体液、被污染的物品(如衣服、被褥等)传播,也存在母婴垂直传播,尚不能排除性接触传播。

3)易感人群

人群普遍易感。既往接种过天花疫苗者对猴痘病毒存在一定程度的交叉保护力。以下为高风险人群:

(1)与猴痘患者生活在一起或与之有密切接触(包括性接触)的人,包括男男性行为人群;

(2)接触猴痘患者或猴痘病毒的卫生工作者;

(3)儿童、孕妇以及免疫力低下的人群。

2. 临床表现

猴痘潜伏期通常为 6~13 天，发病后主要表现为高热、局部淋巴结肿大及全身水疱脓疱，伴有出血倾向。典型症状如下：

（1）猴痘潜伏期 5~21 天，通常为 6~13 天。

（2）发病后，可出现发热、畏寒或寒战、乏力、头痛、肌肉痛、淋巴结肿大等表现。

（3）大部分病例在出疹前 1~2 天出现全身淋巴结肿大，如下颌、颈部、耳后、腋窝、腹股沟等。

（4）皮肤损害一般在发热出现后 1~3 天出现，有的时间更长。常从头面部开始，扩散至躯干、四肢；最常见的是面部，其次为手掌和脚掌，数量从数个至遍布全身，从水疱疹发展为脓疱疹；疱疹和脓疱疹多为球形，直径约 0.5-1 厘米，质地较硬，可伴明显痒感和疼痛。最后干燥结痂，结痂脱落后可遗留红斑或色素沉着，甚至瘢痕，瘢痕持续时间可长达数年。整个病程约 2~4 周。除皮肤外，口腔黏膜、生殖器、结膜、角膜等也可出疹，表现为红色丘疹，然后转为轻至重度的溃疡灶。

（5）少数病例由于出血性疱疹或其它并发症导致病情加重，甚至死亡。

3. 治疗

目前还没有专门针对猴痘病毒的抗病毒药物，可以试用针对 DNA 病毒的药物。猴痘的治疗原则是加强一般及药物治疗，以减轻症状、控制并发症和预防长期后遗症。

1）急性期治疗

猴痘发病后会出现发热、乏力、头痛、肌肉痛等症状，应注意休息，可遵医嘱使用药物退热。

2）一般治疗

（1）根据发热、水疱的情况，适当补充热量及水分。

（2）按要求做好隔离防护并注意休息，减少体力消耗。

（3）保护水疱、脓疱部位皮肤，避免搔抓，以防继发细菌感染。

（4）有发热者，采取物理降温措施，超过 38.5℃遵医嘱用药。

（5）保持皮肤、口腔、眼及鼻等部位清洁及湿润。

3）药物治疗

（1）解热镇痛药：体温超过 38.5 ℃，可遵医嘱使用布洛芬等药物进行退热。

（2）镇痛药：皮疹部位疼痛严重时可遵医嘱使用镇痛药物。

（3）抗菌药物：水疱等发生破裂后容易发生感染，要在医生指导下使用合适的抗菌药物预防和控制感染。

（4）抗病毒药物：可以试用阿昔洛韦或伐昔洛韦等针对 DNA 病毒的药物。

4）中医治疗

4. 预防

2023 年 7 月 26 日，国家疾控局会同国家卫生健康委制定了《猴痘防控方案》，并对外发布。

1）降低人的感染风险

发生猴痘疫情时，猴痘病毒感染的最重要危险因素是与其他患者进行密切接触。在没有特效治疗和疫苗的情况下，减少人感染疾病的惟一方式就是提高对危险因素的认识，并且开展宣传教育，使人们了解到减少病毒接触可能需要采取的措施。

2）病毒检测盒，可以快速鉴别出猴痘病毒。

3）预防性疫苗

（1）天花疫苗：据 WHO 报道，观察性研究表明接种天花疫苗在预防猴痘方面的有效性约为 85%，之前接种过天花疫苗可能会降低猴痘病毒感染导致的病情严重程度。

（2）JYNNEOS 疫苗：2019 年，一种改良减毒非复制型牛痘病毒（安卡拉毒株）疫苗 JYNNEOS（又名 Imvamune 或 Imvanex）被批准用于预防猴痘。

第三节　内科疾病

一、急性上呼吸道感染

急性上呼吸道感染是由各种病毒和 / 或细菌引起的主要侵犯鼻、咽或喉部急性炎症的总称。全年皆可发病，冬春季节多发，气温骤降时易引起流行，有一定的传染性，主要通过含有病毒的飞沫经空气传播，还可经污染的手和用具接触传播。由于引起上感的病毒类型较多，机体对各种病毒感染后产生的免疫力较弱且短暂，病毒之间无交叉免疫，同时在健康人群亦可携带，故可反复发病。通常病情轻、病程短、5-10 天可自愈，预后好。但部分病人可产生较严重的并发症，故须及早防治。

1. 病因

本病 70%~80% 由病毒感染引起，主要有鼻病毒、冠状病毒、腺病毒及呼吸道合胞病毒等。少数由细菌感染引起，可单纯发生或继病毒感染之后发生。有一定的传染性，主要通过患者喷嚏和含有病毒的飞沫经空气传播，其次经污染的手和用具接触传播。当受凉、淋雨、气候突变、过度疲劳时，人体免疫力降低，致使原存在于呼吸道的病毒或细菌迅速繁殖，或者直接接触携带病原体的患者，经空气飞沫及污染的手和用具，使人体发病。

2. 临床表现据病因和病变范围的不同，有以下类型：

1）普通感冒

起病较急，俗称“伤风”，又称急性鼻炎，以鼻部炎症为主要表现。如喷嚏、鼻塞、流清水样鼻涕，也可表现为咳嗽、咽干、咽痒或灼热感，甚至鼻后滴漏感。2~3 天后鼻涕变稠，常伴咽痛、流泪、味觉减退、呼吸不畅、声嘶等。一般无发热及全身症状，或仅有低热、不适、轻度畏寒、头痛。体格检查可见鼻腔黏膜充血、水肿、有分泌物，咽部轻度充血。一般 5~7 天可痊愈。

2）以咽炎为主要表现的上呼吸道感染包括以下几种类型

急性病毒性咽炎；急性病毒性喉炎；疱疹性咽峡炎；咽结膜热；细菌性咽 - 扁桃体炎；急

性病毒性咽炎和喉炎；不同类型可伴随有咽喉部、结膜或扁桃体症状。

3）少数患者可并发鼻窦炎、中耳炎、急性气管—支气管炎、病毒性心肌炎等。

3. 鉴别诊断

1）过敏性鼻炎：过敏性鼻炎临床症状与上呼吸道感染相似，但过敏性鼻炎通常：①起病急骤（可在数分钟内突然发生，亦可在数分钟至 2 h 内症状消失）、鼻腔发痒、喷嚏频繁、鼻涕呈清水样，无发热，咳嗽较少。②多由诱发因素诱发，如螨虫、灰尘、动物皮毛、低温等刺激引起。③如脱离过敏源，数分钟至 2 h 内症状消失。④体检可见鼻黏膜苍白、水肿。⑤鼻分泌物涂片可见嗜酸粒细胞增多。

2）流行性感冒：流行性感冒为流感病毒所致的急性呼吸道传染性疾病，全身症状重、局部症状轻，传染性强，常为明显的流行性发病。临床特点：①起病急，全身症状重，畏寒、高热、全身酸痛、眼结膜炎症明显，部分患者有恶心、呕吐、腹泻等消化道症状。②鼻咽部症状较轻。③病毒为流感病毒，必要时可通过病毒分离或血清学明确诊断。④早期应用抗流感病毒药物如金刚烷胺、奥司他韦疗效显著。⑤可通过注射流感疫苗进行预防。

3）急性传染病前驱症状：某些急性传染病（如麻疹、流行性出血热、流行性脑脊髓膜炎、脊髓灰质炎、伤寒、斑疹伤寒）在患病初期常有上呼吸道症状，但这些疾病常常有流行季节和地区，并具有一些特异性的症状和体征。必要时实验室检查亦有助于鉴别。

4）新型冠状病毒感染：常见临床表现与流行性感冒相似，重症患者多在发病 5~ 7 d 后出现呼吸困难和 / 或低氧血症。严重者可快速进展为急性呼吸窘迫综合征、休克、多器官功能衰竭等。极少数患者还可有中枢神经系统受累等表现。新型冠状病毒核酸检测或抗原检测呈阳性。

5）其他上呼吸道感染，如支原体感染等。

4. 诊断

根据患者受凉、疲劳等诱因，鼻咽部症状及体征，结合外周血常规检查结果等可作出本病的临床诊断。鉴别其他病原体感染时需行相关抗原或抗体检查，例如甲流抗体等；鉴别肺炎时需行胸部 X 线检查。一般情况下无需进行病因诊断。

5. 治疗与预防

1）治疗

大多数“上感”都是由病毒引起的，目前尚无特效抗病毒药，因此轻症病人只要做到多喝开水、注意休息、戒烟，一般可在 5~7 天内自行痊愈。只有症状较明显者才需要药物治疗，而且以对症治疗和中成药治疗为主，切勿滥用抗生素。

（1）一般治疗：发热、病情较重或年老体弱者应卧床休息，多饮水，保持室内空气流通，防止受凉。

（2）对症治疗。①有头痛、发热、全身肌肉酸痛等症状者，可酌情使用解热镇痛药，如对乙酰氨基酚、布洛芬等；②如有鼻塞、频繁喷嚏、多量流涕等症状，可酌情选用马来酸氯苯那敏、氯雷他定或含有抗过敏药物的复方制剂，如复方伪麻黄碱缓释胶囊等；③咽痛可用淡盐水含漱或含服喉片；④咳嗽咳痰者可用镇咳祛痰药，如复方甘草片、右美沙芬等。临床常用于缓解感冒症状的复方非处方药（OTC）制剂，可有头晕、嗜睡等不良反应，故宜在睡前服用，驾驶员和高空作业者避免使用。

（3）病因及治疗。①抗病毒药物治疗：一般无需积极抗病毒治疗。免疫缺陷患者可早期使用。广谱抗病毒药物利巴韦林和奥司他韦对呼吸道合胞病毒等有较强的抑制作用，可缩短病程。②抗菌药物治疗：只有细菌性扁桃体炎或合并细菌感染者（如白细胞增高、咽部脓苔、咯黄痰）才使用敏感抗生素，如青霉素、红霉素等。

（4）中成药治疗

（5）识别并发症并及时就诊

药物治疗后症状不缓解；或出现耳鸣、耳痛、外耳道流脓等中耳炎症状；或恢复期出现胸闷、心悸，眼睑浮肿、腰酸或关节疼痛者，及时就诊。

2）预防

（1）坚持适度有规律的运动以提高机体自身抗病能力；生活规律，劳逸结合，避免受凉、淋雨、过度疲劳；根据气温和运动强度变化及时增减衣服。

（2）集体宿舍勤开窗，保持空气流通。"上感"流行期间尽量不去通风不良的公共场所，避免参加大型集会。

（3）戒烟。

二、急性心肌炎

急性心肌炎是突发的心脏炎症性损伤，最常见的病因为病毒感染，部分患者会出现流感、呼吸道和胃肠道等前驱症状。发病年龄段主要为青少年和青壮年；多数病程为良性，完全康复；不良预后的危险因素包括晕厥病史，束支传导阻滞，左心室射血分数 LEF<40%，NYHA 心功能Ⅲ～Ⅳ级及肺动脉高压等；约 3-9% 的患者在入院时或入院后早期（<48 小时）出现心源性休克，称为暴发性心肌炎（FM）。

1. 病因

急性心肌炎的病因包括感染性因素和非感染性因素，其中病毒感染是最为重要病因，以柯萨奇病毒和细小病毒 B19 感染最为常见；近期发现新型冠状病毒奥密克戎变异株似有更强的嗜心肌性，部分患者病程中会并发心肌炎。除了病毒感染之外，真菌、螺旋体感染也可能导致心肌炎。另外，其病因还包括系统性自身免疫性疾病（如系统性红斑狼疮）、药物（如免疫检查点抑制剂）以及疫苗（包括天花和 mRNA COVID-19 疫苗）。

2. 临床表现

由于心肌病变程度不同，临床轻重差异很大，可完全没有自觉不适，也可猝死。

①感染等全身症状：多数患者在发病前 1~3 周有病毒感染的前驱症状，如发热、咽痛、全身酸痛、倦怠、恶心、呕吐、腹泻等；②在感染症状基础上：随后可以出现胸痛、胸闷、心悸、气短、运动性呼吸困难、乏力、头晕等症状、心律失常等心肌类症状。极少数患者可发生心力衰竭或心源性休克；约 8.6%~12% 的爆发性心肌炎患者以猝死为首发症状。

3. 临床诊断

心肌炎的诊断通常是排他性诊断。心肌炎的临床症状几乎与冠心病(急性冠状动脉综合征)、心肌病、瓣膜病及心包炎难以区分。因此医生在了解病史、症状、体格检查的基础上可能需要完成以下检查:

(1)心肌损伤标志物:可出现心肌肌钙蛋白及肌酸激酶水平的升高;

(2)心电图:最近一项心肌炎的观察性研究显示约92.6%患者伴有心电图异常,包括ST-T段的压低或抬高,T波倒置及病理性Q波形成等;

(3)超声心动图:轻型的心肌炎可以没有明显超声学发现,超声心动图往往在鉴别爆发性心肌炎与急性心肌炎时有意义,前者多表现为左心室壁明显增厚而左心室内径正常,而后者多表现为左心室舒张末期内径增加。鉴于炎症反应可以为局灶性,故节段性室壁运动异常不能用于区分心肌炎与急性冠脉综合征。

(4)部分患者根据病情需要行心脏磁共振、冠状动脉造影、心肌内膜活检(EMB)等。心肌内膜活检(EMB)是诊断心肌炎的金标准,因为是有创检查,有条件的适用于部分患者。

4. 治疗和预防

1)治疗

目前尚无特异性治疗。

(1)一般治疗:疾病早期应加强休息,休息的原则是"尽早"和"充分"。目的在于减轻心脏负荷,减少心肌耗氧量,缩小心肌受损范围,避免严重并发症的发生。

(2)药物治疗及对症治疗:可根据病情选用改善心肌细胞营养与代谢药物,病情较重者需充分评估病情,住院治疗,给予针对心力衰竭、心律失常、休克等进行相应处理。

(3)康复治疗:在心肌炎的康复期, 6个月内建议患者避免有氧运动和竞技运动。6个月后建议复查超声心动图、心电图等检查,评估左心室功能和左心室内径。当患者左心室功能正常,左心室内径正常,且无相关的心律失常时在医生指导下开始运动。若患者为稳定的心力衰竭状态,应该做相关运动量调整,避免过度运动。

2)预防

(1)坚持适度有规律的运动锻炼,提高机体免疫力。感冒期间避免体力活动和剧烈运动。

(2)积极防治上呼吸道感染、肠道感染。

(3)生活规律,劳逸结合,注意餐饮卫生。在流感高发季节尽量少去公共场所。

三、急性胃肠炎

急性胃肠炎是一种常见的胃肠道疾病,是由理化因素或感染引起的胃肠黏膜的急性炎症。该病发病率在发展中国家相对较高;在集体居住、饮食不洁或卫生条件差的地方,感染的传播更容易发生;常于夏秋季流行。临床主要表现为恶心、呕吐、腹痛、腹泻、发热等。该病通常具有自限性,适当的自我护理和医疗干预能够加速康复;如果症状持续或加重,务必及时就医,以获得更专业的治疗建议。

1. 病因

急性胃肠炎的病因有理化因素和生物因素，前者多数为进食不当，如暴饮暴食，吃生冷、辛辣刺激性食物；后者由进食被致病微生物或其毒素所污染的不洁食物以及腐败变质食物等所导致。致病微生物以沙门氏菌属和嗜盐菌（副溶血弧菌）最常见，其次有大肠埃希菌、金黄色葡萄球菌、产生的毒素以及肠道病毒等；常见的肠道病毒有诺如病毒、轮状病毒；寄生虫感染通常由原虫引起。常有集体发病或家庭多发的情况。

感染途径主要包括进食受污染的食物、水源以及直接接触患者或其排泄物。

2. 临床症状

患者可在接触感染源后（如不洁饮食后）数小时或数日内出现以下症状：

（1）腹泻：是急性胃肠炎最常见的症状，一日数次到数十次不等，多为黄色稀便和水样便。伴随着大量水分和电解质的丢失。

（2）腹痛：可能是胀气感、绞痛或刺痛，位置多在脐周或下腹部。

（3）恶心和呕吐：可伴随腹泻，使脱水风险增加。

（4）发热：有时会伴随轻度至中度的发热，取决于感染的病原体。

3. 诊断

医生通常会根据患者的症状、病史以及实验室检查来进行诊断。实验室检查主要包括便常规、便培养等以确定病原体的种类。有时，医生可能还会进行血液检查、尿液检查、腹部超声等以全面了解患者的健康状况。

4. 治疗

大多数急性胃肠炎患者的症状在数天内会自行缓解，如果症状持续或加重，应及时就医。

（1）休息：给予身体充分的休息是康复的重要一步。避免剧烈运动，帮助身体更好地应对感染。

（2）饮食调整：避免刺激性食物，选择清淡易消化的食物，如稀饭、面条、面包等；逐渐增加饮食量，避免大量进食。呕吐、腹泻严重者应暂禁食。

（3）预防脱水：大量腹泻和呕吐可能导致失水。尝试少量多次地喝水，或者考虑使用口服补液盐。

（4）脱水严重者医生会给予静脉补液，纠正水、电解质紊乱及酸碱失衡。根据病情选用具有解痉止痛、保护胃黏膜和抗感染作用药物，如颠茄片、阿托品、胶体铋、黄连素、诺氟沙星等。但不是所有情况都需要使用抗生素。

5. 预防

预防急性胃肠炎的关键在于个人卫生和饮食卫生。通过良好的卫生习惯和健康饮食，我们可以减少感染的风险，创造更健康的生活环境。

（1）个人卫生：勤洗手是预防急性胃肠炎传播的有效手段。特别是在进食前、使用卫生间后，务必用肥皂和流动水洗手。

（2）健康饮食：避免暴饮暴食，避免生食，确保食物煮熟烹饪。购买食品时选择有信誉的商家,注意食品的保存和处理,不吃可疑被污染或腐败变质的食物。注意食具的卫生消毒,蔬菜瓜果生吃前要认真清晰清洗。

(3)避免接触患者:如果你患有急性胃肠炎,尽量避免直接接触他人,并做好周围环境和卫生间的消毒。

(4)大力消灭苍蝇和蟑螂。

四、慢性胃炎

慢性胃炎是我国人群最常见的消化系统疾病;是由多种原因引起的胃黏膜慢性炎症,按照病理诊断可分为萎缩性和非萎缩性两大类,其中萎缩性胃炎的患病率与胃癌发病率呈正相关,我国慢性萎缩性胃炎的患病率较高。慢性胃炎的患病率一般随年龄增长而上升。

1. 病因

幽门螺杆菌(HP)感染是慢性胃炎最主要的原因。其次,进食过冷、过热以及粗糙、刺激性食物等不良饮食习惯可致胃黏膜损伤,流行病学研究显示,饮食中高盐和缺乏新鲜蔬菜水果与胃黏膜萎缩、肠化生以及胃癌的发生密切相关;胆汁反流、长期服用非甾体抗炎药和(或)阿司匹林等药物和酒精摄入是慢性胃炎相对常见的病因;自身免疫因素在自身免疫性胃炎发病中起主要作用,该类型胃炎在我国较少见。心力衰竭、慢性肾功能衰竭、门静脉高压症和糖尿病等也可引起慢性胃炎。

伴有消化不良症状的慢性胃炎患者可能与心理应激、睡眠障碍、焦虑抑郁情绪等有关,需重视慢性胃炎与消化心身疾病共病情况。

2. 临床表现

慢性胃炎无特异性临床表现,多数无明显症状,有症状者主要表现为上腹痛、腹胀、早饱感、嗳气等消化不良表现,部分还伴焦虑、抑郁等精神心理症状。心理因素往往加重患者的临床症状。症状的严重程度与内镜所见及病理组织学分级并不完全一致。自身免疫性胃炎可长时间缺乏典型临床症状,首诊症状常以贫血和维生素 B12 缺乏引起神经系统症状为主。

3. 诊断

结合患者不典型临床症状及反复发作病程,需要进行以下检查:

(1)进行上消化道内镜检查是诊断慢性胃炎的最主要方法,对评估慢性胃炎的严重程度及排除其他疾病具有重要价值。

(2)推荐内镜下初步评估幽门螺杆菌(HP)感染状态,必要时应根据病变情况和需要进行组织学病理活检。

(3)非侵入性 HP 感染检测方法以 13C 或 14C- 尿素呼气试验为首选。

(4)血清学检测胃蛋白酶原Ⅰ、Ⅱ以及胃泌素 -17 等有助于慢性萎缩性胃炎的诊断。

(5)肝胆胰超声、腹部 CT 或磁共振、血液生化检查、肿瘤标志物等可帮助鉴别诊断。

4. 治疗

饮食习惯的改变和生活方式的调整是慢性胃炎治疗的重要部分,建议患者清淡饮食,避免刺激、粗糙食物，避免过多饮用咖啡、大量饮酒和长期吸烟。对于需要服用抗血小板药物、NSAIDs 的患者，是否停药应请医生权衡获益和风险，酌情选择。

（1）证实 HP 阳性的慢性胃炎，无论有无症状和并发症，均应进行 HP 根除治疗，除非有抗衡因素存在。目前推荐根除治疗方案为含有铋剂的四联方案，推荐疗程为 14 天。清除治疗完成后至少间隔 4 周进行 HP 复查。

（2）有胃黏膜糜烂和（或）以上腹痛和上腹部烧灼感等症状为主者，可根据病情或症状严重程度选用胃黏膜保护剂、抗酸剂、抑酸药物，如：胶体果胶铋、铝碳酸镁、西米替丁、雷贝拉唑等。

（3）以上腹饱胀、恶心、与进食相关的腹胀、纳差等为主要症状者，可考虑使用胃肠促动药和（或）消化酶制剂，如：西沙比利、多潘立酮、复方消化酶胶囊等

（4）伴胆汁反流的慢性胃炎可应用具有结合胆酸作用的胃黏膜保护剂，如铝碳酸镁，以及胃肠促动药和（或）抑酸药物。

（5）伴明显精神心理因素的患者可用神经递质调节药物。

（6）中国传统医药可用于慢性胃炎的治疗。

（7）涉及胃体的萎缩性胃炎，每 1-3 年进行 1 次内镜检查；当伴随其他胃癌危险因素时，则需更密切地进行内镜随访。

5. 预防

（1）建立良好的生活和饮食习惯，避免暴饮暴食，避免辛辣刺激食物，少吃熏制、腌制、富含亚硝酸盐和硝酸盐的食物，避免长期大量饮酒、吸烟，避免浓茶、咖啡、烟酒，多食用新鲜水果、蔬菜。

（2）保持心身健康：要保持积极乐观的心理状态，生活规律，保证充足的睡眠；服用抗焦虑 / 抑郁药物者要遵医嘱规律服药，坚持随诊。

（3）Hp 主要通过人与人密切接触的口 - 口或粪 - 口传播，应提倡公筷及分餐制，减少感染 Hp 的机会。

五、尿路感染

泌尿系统感染又称为尿路感染，是肾脏、输尿管、膀胱和尿道等泌尿系统各个部位感染的总称，由各种病原微生物感染引起，以细菌最为常见，复发率高，好发于女性及老年人。根据感染的部位不同，划分为上尿路感染（指输尿管开口以上部位感染，以肾盂肾炎最为多见）和下尿路感染（主要是膀胱炎）。按照患者是否合并宿主因素，如糖尿病或免疫抑制或尿路解剖异常或功能异常，分为复杂性尿路感染和非复杂性尿路感染。不同分类方法影响着治疗方案的制订。

泌尿系统结构图如图 5-1 所示。

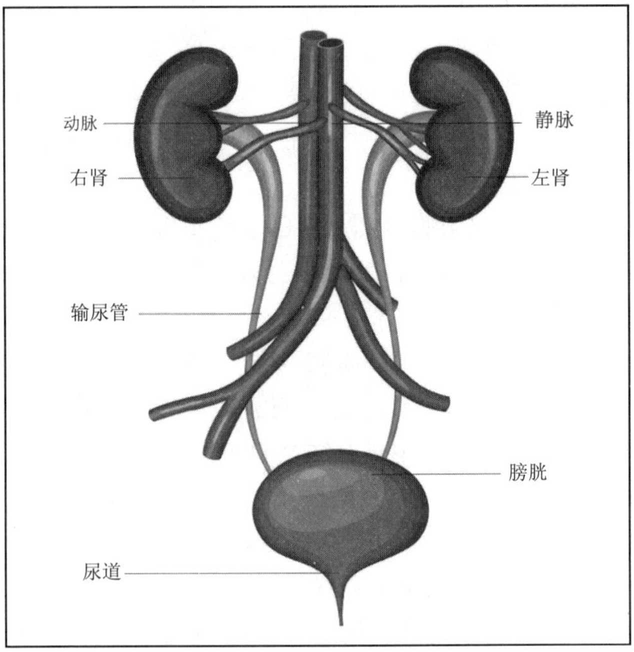

图 5-1 泌尿系统结构图

1. 病因

尿路感染病原菌包括常见细菌、性传播疾病（如淋病、衣原体、支原体）、结核、病毒、真菌、寄生虫等，但绝大多数为革兰阴性杆菌（如大肠埃希菌）引起。

输尿管中尿液的湍流；尿液反流；会阴部、肠道周围细菌扩散均可导致尿路感染。女性尿道短直宽，细菌更加容易上行而造成尿路感染。此外尿路梗阻（结石、肿瘤、前列腺肥大等）、尿路畸形或功能缺陷、尿路器械检查及机体抵抗力下降等也是常见易感因素。

长时间憋尿会导致膀胱肌肉松弛，造成致病菌逆行及滋生，从而引起尿路感染。糖尿病患者血糖大于 10 mmol/L 时，尿液中含有糖分，更宜于细菌的生长繁殖，泌尿系感染的机会增加。

2. 临床表现

（1）主要症状：尿痛、尿频、血尿、背部疼痛和肋脊角压痛等。

（2）下尿路感染 95% 为急性膀胱炎，以尿痛、尿急、尿频为主要症状，可出现肉眼血尿、耻骨上区不适和腰骶部疼痛。

（3）上尿路感染主要是肾盂肾炎，多以全身症状为主，包括寒战、发热、腰痛、恶心、呕吐等。约 1/3 仅有膀胱炎症状的患者经进一步检查发现同时存在上尿路病变。

3. 诊断

医生根据患者症状进行尿常规检测，尿检中出现白细胞、红细胞或者亚硝酸盐阳性往往提示泌尿系感染；可进一步行尿培养、血常规等相关检查，必要时需完成泌尿系超声、血液感染指标、尿路逆行照影、膀胱镜等相关检查明确病原菌及是否存在复杂情况。合并糖尿病等原发疾病时还需要对原发疾病进行相关检查。

4. 治疗

（1）一般治疗：急性期卧床休息，适当多饮水、勤排尿以达冲洗尿路目的。

（2）要排除其他疾病诱发因素，如糖尿病、肾结石、泌尿系肿瘤、尿路畸形等，针对病因治疗，消除诱发因素。

（3）抗菌药物治疗：应给以足量，足疗程的敏感抗生素治疗，常用药物有喹诺酮类（如左氧氟沙星、环丙沙星、莫西沙星等等）、头孢菌素类（如头孢呋辛等）。对于下尿路感染（包括膀胱炎、尿道炎），首选口服给药，疗程为7天；上尿路感染（指肾盂肾炎），可考虑静脉输注抗菌素，治疗周期通常为两周，对于病情反复发作，或病情较重时，抗菌治疗时间应适当延长。治疗之后要注意复查，否则容易复发。

5. 预防

（1）多饮水、勤排尿、不憋尿，每2~3小时排尿1次，以冲洗膀胱和尿道，避免细菌在尿路繁殖。

（2）卫生习惯：养成良好的卫生习惯，女性更要注意；避免感冒、过度疲劳及不洁性生活。但不要过度清洁。女性清洗外阴时应遵循从前向后的顺序，即先尿道，阴道，最后肛门。清洗外阴的盆和毛巾应专人专用，清洗的水以开水凉温为好。尤其是月经期，妊娠期，和产褥期的卫生更为重要。洗澡时尽量用淋浴，避免盆浴。男性如包皮过长应注意清洗，包茎应矫治。

（3）勤换内衣裤；避免过度疲劳，受凉及不洁性生活。性生活后及时排尿。

（4）积极锻炼身体，增强体质。

（5）尽量避免使用尿路器械等。

六、缺铁性贫血

贫血是指人体外周血红细胞数量或血红蛋白容量减少，临床上常以血常规中血红蛋白浓度来判断，成年男性低于120克/升，成年女性（非妊娠）低于110克/升，孕妇低于100克/升，即可诊断为贫血。引起贫血的原因很多，其中缺铁性贫血最常见。

铁是生成红细胞中血色素的原料，人体内有一定的铁储备量，人体需要的铁大部分来自衰老红细胞中铁的再利用，少部分来自食物摄入铁。当体内贮存铁消耗殆尽，不能满足正常红细胞生成的需要时，生成的红细胞体积小，血色素低，出现缺铁性贫血，常多见于婴幼儿和育龄妇女。

1. 病因

（1）对铁的需求量增加：婴幼儿辅食添加不足，青少年偏食、不合理节食、妊娠和减肥、哺乳期妇女需铁量增加等。

（2）铁的吸收障碍：见于胃大部切除术后、慢性萎缩性胃炎和不明原因的慢性腹泻等。

（3）铁的丢失过多：见于消化性溃疡、胃肠道肿瘤、痔疮、钩虫病、月经过多等引起的慢性失血。

2. 临床表现

(1)贫血表现:乏力、易倦、头晕、头痛、眼花、耳鸣、心悸、气短、纳差、面色苍白、心率增快、活动耐力下降、注意力不集中等。

(2)缺铁原发病表现:如消化性溃疡、肿瘤或痔疮导致的黑便、血便或腹部不适;肠道寄生虫感染导致的腹痛或大便性状改变;妇女月经过多;肿瘤性疾病的消瘦;血管内溶血的血红蛋白尿等。

(3)组织缺铁表现:精神行为异常,如出现烦躁、易怒、注意力不集中、易食癖;体力、耐力下降;易感染;儿童生长发育迟缓、智力低下;口腔炎、舌炎、舌乳头萎缩、口角皲裂、吞咽困难;毛发干枯、脱落;皮肤干燥、皱缩;指(趾)甲缺乏光泽、脆薄易裂,重者指(趾)甲变平,甚至凹下呈勺状(匙状甲)。部分患者因为神经系统症状被误诊为抑郁症、焦虑症。

(4)部分长期贫血患者,身体耐受,自觉无不适症状。

3. 诊断

(1)缺铁性贫血的诊断:血常规检查提示血红蛋白、平均红细胞体积、平均红细胞血红蛋白浓度均低于正常值,提示小细胞低色素性贫血;进一步完善贫血四项、血清铁四项等相关检查,结果显示为血清铁降低,总铁结合力增高,血清铁蛋白降低提示缺铁性贫血。部分患者需要完善骨髓穿刺鉴别诊断。

(2)病因诊断:对于缺铁性贫血的患者,还应积极寻找原发病因,完成尿常规、便常规等查看是否有血尿、便血等失血情况;对于便血患者必要时需进一步完善胃肠镜等相关检查;对于月经过多的患者需要进一步明确是否存在子宫肌瘤等病理因素。

4. 治疗

治疗原则是:根除病因,补足贮铁。

(1)祛除病因:纠正贫血、防止复发的关键是尽可能去除导致缺铁的病因,如治疗痔疮、消化性溃疡、胃肠道肿瘤、钩虫病、月经过多等。

(2)补充铁剂。首选口服铁剂,如琥珀酸亚铁、硫酸亚铁等铁剂于进餐时或餐后服用,以减少药物对胃肠道的刺激,推荐同时服用维生素 C 促进铁的吸收。浓茶中的鞣酸、牛奶中较高的钙镁盐均容易与铁剂结合形成复合物,影响铁剂吸收因此服用铁剂期间不建议食用。

铁剂治疗应在血红蛋白恢复正常后至少持续 4~6 个月,待血清铁蛋白正常后方可停药。口服铁剂治疗期间,因铁与大肠内硫化氢反应生成硫化铁,使大便颜色变为褐黑色,类似消化道出血,对此不必紧张,停铁剂后即恢复正常。

静脉补铁适用于口服铁剂不能耐受、胃肠道正常解剖部位发生改变、吸收不良、炎症性肠病等情况。

(3)输血:根据贫血严重程度、Hb 下降速度、基础疾病以及患者的年龄等,严格把握输血指征。

5. 预防

(1)合理膳食:对于需求量增加的青少年、孕妇、产妇保障充足和多样的食物供应,以满足微量营养素需求。对婴幼儿提倡母乳喂养（母乳中的铁最容易被吸收）和及时添加辅食。

猪肝、黑木耳、芝麻、瘦肉、海带、紫菜、香菇、豆类、蛋类等含铁丰富，同时搭配富含维生素 C 的水果和蔬菜。其中，动物来源的铁为血红素铁，吸收率可达到 10% 以上，植物性膳食为主的食物铁吸收率通常 <5%。多种食物含铁量如表 5-1 所示。

表 5-1 多种食物含铁量

食物	铁含量	食物	铁含量	食物	铁含量
大米	0.7	菠菜	2.9	瘦猪肉	3.0
小米	5.1	海带	4.7	猪肝	22.6
玉米面	3.2	芹菜（茎）	1.2	猪血	8.7
绿豆	6.5	油菜	1.2	瘦牛肉	2.8
红小豆	7.4	葡萄干	9.1	鸡肉	1.4
芝麻酱	58.0	红枣（干）	2.3	鸡血	25.0
海米	11.0	黑木耳	97.4	鸡蛋	2.3

（2）纠正儿童青少年的偏食、挑食习惯，定期查、治寄生虫感染。

七、高血压病

在未用降压药的情况下，非同日 3 次测量收缩压 ≥140 mmHg 和（或）舒张压 ≥90 mmHg，可诊断为高血压。2024 年我国及欧洲仍采用这一诊断标准。高血压会引起多种并发症，也就是靶器官的损害：心脏并发症如心脏肥大、冠心病、心肌梗死、心律失常、心力衰竭等；脑并发症如颈动脉硬化、中风（脑出血、脑梗塞）、脑萎缩、老年痴呆等；肾脏并发症如肾动脉硬化、蛋白尿、肾功能损害甚至尿毒症等；眼部并发症如眼底动脉出血、失明等。有数据显示，中国每年新发脑卒中患者 250 万人，超过 60% 的脑卒中与高血压有关。因此，即使没有临床症状，高血压病也应该治疗，目的就是减少和预防心脑肾等这些器官的损害，从而改善生活质量、延长寿命。

高血压病分为原发性和继发性两大类，前者约占 90%，后者指某些明确而独立的疾病引起的血压升高，如阻塞性睡眠呼吸暂停综合征、原发性醛固酮增多症、肾性高血压、肾血管性高血压等，约占 10%。人们通常讲的高血压即指原发性高血压。

我国是高血压大国，推算目前高血压患病人数已超过 2.5 亿，且目前我国青中年高血压患病率明显增高，因此提高对高血压病的认识，对早期预防、及时治疗有极其重要的意义。

1. 病因

高钠低钾膳食、吸烟、社会心理因素、超重和肥胖、过量饮酒、高龄是我国人群高血压发病重要的危险因素

（1）高钠低钾膳食：2012 年我国 18 岁及以上居民的平均烹调盐摄入量为 10.5 g，较推

荐的盐摄入量水平高 75.0%，且中国人群普遍对钠敏感。

（2）吸烟：是心血管病和癌症的主要危险因素之一。被动吸烟显著增加心血管疾病风险。

（3）社会心理因素：长期精神紧张是高血压患病的危险因素，主要原因包括过度的工作和生活压力以及病态心理。精神紧张可激活交感神经从而使血压升高。

（4）超重和肥胖：超重和肥胖显著增加全球人群全因死亡的风险，同时也是高血压患病的重要危险因素。

（5）过量饮酒：显著增加高血压的发病风险，且其风险随着饮酒量的增加而增加。

与高血压发生相关的不良生活方式如图 5-2 所示。

图 5-2 与高血压发生相关的不良生活方式

2. 临床表现

起病隐匿，进展缓慢，初期仅于紧张或劳累后血压升高，呈波动性可恢复。以后血压渐渐持续升高，且出现头晕、头痛、头胀、耳鸣、注意力不集中、烦躁、易怒、失眠等症状，但症状轻重与血压升高程度未必一致。也有不少患者无症状，仅在体检时被发现血压高。

随着病程进展，血压明显而持续升高，引起脑、心、肾等器官受损，并出现相应的临床表现，如并发脑出血、脑梗死时，可突然出现肢体瘫痪、口角歪斜、失语、呕吐、昏迷等。心脏受累则可出现心悸、胸闷、活动后气急，严重者表现为心力衰竭。肾脏受累时，可有蛋白尿、多尿、水肿等。上述并发症是高血压病致死、致残的主要原因。高血压诊断分级表如表 5-2 所示。

表 5-2 高血压诊断及分级表

类别	收缩压(mmHg)	舒张压(mmHg)
正常血压	<120	<80
正常高值	120~139	80~89
高血压	≥140	≥90
1 级高血压(轻度)	140~159	90~99
2 级高血压(中度)	160~179	100-109
3 级高血压(重度)	≥180	≥110
单纯收缩期高血压	≥140	<90

注:当收缩压与舒张压分属不同级别时,以较高的级别作为标准。

3. 诊断

(1)常规诊室血压是我国目前诊断高血压、进行血压水平分级以及观察降压疗效的常用方法。但家庭血压测量可去除白大衣高血压、发现隐蔽性高血压。动态血压监测可 24 小时内多次进行血压检测,可评估血压昼夜节律、夜间血压、清晨血压等。因此提倡家庭血压测量和动态血压监测。

(2)在诊断高血压时,应同时对心、脑、肾、眼、大血管进行评估。

(3)测量血压注意事项:

①测量前应安静休息至少 5 分钟,后开始测量坐位或仰卧位上臂血压,上臂应置于心脏水平;

②推荐使用经过验证的上臂式医用电子血压计;使用标准规格的袖带(气囊长 22~26 cm、宽 12 cm),肥胖者或臂围大者(>32 cm)应使用大规格气囊袖带;

③首诊时应测量两上臂血压,以血压读数较高的一侧作为测量的上臂;

④测量血压时,应相隔 1-2 分钟重复测量,取 2 次读数的平均值记录。如果收缩压或舒张压的 2 次读数相差 5 mmHg 以上,应再次测量,取 3 次读数的平均值记录;

4. 治疗

(1)生活方式干预。①减少钠盐摄入、增加钾摄入:目前 WHO 推荐每人每日食盐摄入量降至 < 6 g。②合理膳食:控制总热量,限制脂肪摄入,适量摄入蛋白及新鲜蔬菜水果。③控制体重:推荐高血压患者将体重维持在健康范围内(BMI:18.5~23.9 kg/m^2,男性腰围 <90 cm,女性 <85 cm);④不吸烟:戒烟虽不能降低血压,但可降低心血管疾病风险;⑤高血压患者应戒酒;限制饮酒可使血压降低。即使对少量饮酒的人而言,减少酒精摄入量也能够改善心血管健康。如饮酒,则选择低度酒,每日酒精摄入量男性不超过 25 g,女性不超过 15 g;每日白酒、葡萄酒、啤酒摄入量分别少于 50 mL、100 mL、300 mL。每周酒精摄入量男性不超过 140 g,女性不超过 80 g;⑥加强运动:每周 3 天或以上、每次 30 分钟及以上中等强度运动,包括快走、骑车、跑步、游泳等。靠墙静蹲、平板支撑、扎马步、太极拳、八段锦也有助降低血压。⑦保持心态平衡,必要情况下可采取心理治疗联合药物治疗缓解焦虑和精神压力。⑧管理睡眠。

（2）药物治疗。平稳、达标降压能预防或逆转靶器官损害，减少心、脑、肾并发症，降低病残率和病死率，因此绝大多数高血压患者需要终身服药。①目前常用降压药物有六类：包括利尿剂，如氢氯噻嗪；β受体阻滞剂，如美托洛尔；血管紧张素转换酶抑制剂，如贝那普利；血管紧张素Ⅱ受体阻滞剂，如氯沙坦；钙拮抗剂如氨氯地平；血管紧张素受体脑啡肽酶抑制剂如沙库巴曲缬沙坦钠，以及由上述药物组成的单片复方制剂。②降压药物的启动：>130~139/85~89 mmHg 正常高值人群，心血管风险为高危和很高危者应立即启动降压药物治疗；低危和中危者，目前没有证据显示可以从药物降压治疗中获益，建议继续进行生活方式干预。对于血压水平 140-159/90-99 mmHg 的高血压患者，如果心血管风险为低危 / 中危，可进行 4-12 周的生活方式改善，如血压仍不达标，应尽早启动降压药物治疗；如果心血管风险为高危 / 很高危，应立即启动降压药物治疗。对于血压水平≥160/100 mmHg 的高血压患者，应立即启动降压药物治疗。③降压目标：高血压患者应降至 <140/90 mmHg；能耐受者和心血管高危 / 很高危以及有合并症的患者可进一步降至 <130/80 mmHg。对于 >79 岁老年患者，建议血压初步控制目标为 150/90 mmHg，如果可以耐受再进一步降低。

平稳降压至关重要。长期坚持生活方式干预和药物治疗，保持血压长期平稳至关重要；此外，长效制剂有利于每日血压的平稳控制，对减少心血管并发症有益，推荐使用。

（3）对并发症综合管理。

应综合考虑高血压患者伴随合并症情况选择降压药物种类，调整降压目标值以外，同时对于心脑血管并发症给予抗血小板、降脂、控制血糖等治疗，以降低病残率及死亡风险。

5. 预防

高血压病的预防同高血压患者的生活方式干预，主要是健康生活方式，包括减少钠盐摄入、增加钾摄入；合理膳食；控制体重；不吸烟；限制饮酒；加强运动；保持心态平衡和管理睡眠。

八、糖尿病

糖尿病是由于胰岛素分泌缺陷和 / 或胰岛素作用缺陷引起人体糖、蛋白质、脂肪代谢异常，表现以高血糖为特征的全身性代谢性疾病。久病可引起眼、肾、心血管及神经系统等多种并发症，是患者日后致残、致死、生活质量下降的主要原因。

近 30 多年来，我国糖尿病患病率显著增加。2015 至 2017 年流行病学调查显示，我国 18 岁及以上人群糖尿病患病率为 11.2%。城市化的加快、老龄化、超重和肥胖率的增加都导致了我国糖尿病患病的增加。

1. 病因

按病因将糖尿病分为 1 型糖尿病、2 型糖尿病、其他特殊类型糖尿病和妊娠期糖尿病。其中 90% 为 2 型糖尿病。

（1）1 型糖尿病是指胰岛素依赖型糖尿病，约占糖尿病病人总数的 10%，多见于儿童和青少年，主要是由于胰岛 β 细胞受到自身免疫性破坏而导致胰岛素绝对不足，患者“三多一少”（即多饮、多食、多尿、体重下降）症状明显，常以糖尿病酮症或糖尿病酮症酸中毒起病，患者多为非肥胖体型，化验胰岛自身免疫标记物抗体阳性。

（2）2 型糖尿病：约占糖尿病病人总数的 90%，发病年龄多数在 35 岁以后，但目前因人们生活方式改变，发病年龄提前，各个年龄段均可发病；起病缓慢、隐匿，部分病人是在体检或检查其他疾病时发现。发病机制主要是胰岛素分泌不足或胰岛素抵抗。2 型糖尿病病人中约 60% 是存在超重或肥胖，无明显自发性糖尿病酮症倾向，多数病人在饮食控制及口服降糖药治疗后可稳定控制血糖，但仍有一些病人因各种原因需要外源胰岛素控制血糖。此外，2 型糖尿病有明显的家族遗传性。

（3）特殊类型糖尿病：包括胰岛 β 细胞功能基因缺陷、胰岛素作用的基因异常、非常见的免疫介导的糖尿病等，临床上少见；以及胰腺外分泌疾病（如胰腺炎）、胰腺内分泌疾病（甲亢、库欣综合征等）、药物或化学制剂所致的糖尿病（类固醇药物）。

（4）妊娠糖尿病：妊娠妇女在妊娠前血糖正常，妊娠后发现的血糖异常，称之为妊娠糖尿病。为及早检发现妊娠糖尿病，一般在妊娠 24-28 周时行“糖筛”，每个正常妊娠妇女应该都做过此项检查。对于妊娠糖尿病，应积极控制血糖，以避免高血糖对胎儿造成的不良影响。

（5）糖尿病发病的高危因素：①年龄≥40 岁；②有糖尿病前期（空腹血糖受损和 / 或糖耐量异常）；③超重或肥胖或中心型肥胖（男性腰围≥90 cm，女性腰围≥85 cm）；④静坐生活方式；⑤一级亲属中有 2 型糖尿病家族史；⑥有妊娠期糖尿病史的妇女；⑦高血压；⑧血脂异常；⑨动脉粥样硬化性心脑血管疾病患者；⑩有一过性类固醇糖尿病病史者；⑪多囊卵巢综合征患者或伴有与胰岛素抵抗相关的临床状态（如黑棘皮征等）；⑫长期接受抗精神病药物和 / 或抗抑郁药物治疗和他汀类药物治疗的患者。以上被称为糖尿病高危人群。

2. 临床表现

糖尿病早期多无自觉症状，典型表现为“三多一少”症状，即多尿（每日尿量可达 3 000 毫升以上）、多饮、多食和体重减轻。此外，高血糖刺激常使皮肤和外阴瘙痒，可伴腹泻、四肢酸痛或麻木、性欲减退、月经失调等。

糖尿病的主要危害在于所引起的各种并发症，如感染，酮症酸中毒，肾病（蛋白尿、肾功能衰竭），眼病变（白内障、青光眼、视网膜病变、失明），足部病变（麻木、溃疡、截足），心脑血管病变（心绞痛、心肌梗死及脑梗死）等等，其中肾病和心脑血管病变分别是 1、2 型糖尿病人的主要死因。糖尿病诊断标准如表 5-3 所示。

表 5-3 糖尿病诊断标准

诊断标准	静脉血浆葡萄糖或 HbA_{1c} 水平
典型糖尿病症状（三多一少）	
加上随机血糖	≥11.1 mmol/L
或加上空腹血糖	≥7.0 mmol/L
或加上口服葡萄糖耐量试验（OGTT）2 h 血糖	≥11.1 mmol/L
或加上糖化血红蛋白（HbA_{1c}）	≥6.5%
无糖尿病典型症状者，需改日复查确认	

注：随机血糖指不考虑上次用餐时间，一天中任意时间的血糖；空腹状态指至少 8h 没有进食热量

4. 治疗

（1）治疗措施

糖尿病治疗应遵循饮食控制、运动疗法、血糖监测、药物治疗和接受糖尿病健康教育5个方面的现代治疗措施。

1）饮食治疗。是各型糖尿病重要的基础治疗，应长期执行，一部分轻型糖尿病患者单用饮食治疗就可控制病情。做到食物多样、主食定量、蔬果奶豆丰富、少油、少盐、少糖；总能量比分别为：蛋白质15%-20%、碳水化合物45%-60%、脂肪20%-35%。

2）运动疗法。坚持安全、科学的有氧运动，超重或肥胖患者减轻体重，提高胰岛素敏感性。运动的强度和时间长短应根据病人的年龄、病情和全身状况确定，以免盲目锻炼带来危害。

3）糖尿病健康教育。充分了解糖尿病有关知识，并树立治疗的信心。

4）血糖监测。定期监测血糖，尽量使血糖控制在理想范围，但也不能降得太低，以免发生低血糖。

5）药物治疗。目前常用的糖尿病药物有以下八类，应在医生的指导下使用：①双胍类：减少肝脏葡萄糖的输出如二甲双胍；②磺脲类/格列奈类：促进胰岛素分泌如瑞格列奈；③TZDs：改善胰岛素抵抗如罗格列酮；④α-糖苷酶抑制剂：延缓碳水化合物在肠道的消化吸收如阿卡波糖；⑤DPP-4i：抑制体内GLP-1失活，增加胰岛素分泌 如西格列汀；⑥SGLT-2i：抑制肾脏葡萄糖吸收，降低肾糖阀，促进尿糖排出如达格列净；⑦GLP-1RA：刺激胰岛素分泌，抑制胰高血糖素分泌，抑制肝脏葡萄糖生成，延缓胃排空，抑制食欲如利拉鲁肽；⑧胰岛素。

（2）控制目标：糖尿病治疗遵循综合管理原则：应该控制高血糖、高血压、血脂异常、超重肥胖、高凝状态等心血管多重危险因素。

表5-4　2型糖尿病治疗综合控制目标

血糖	空腹 4.4-7.0 mmol/L
	非空腹 <10.0 mmol/L
	HbA1c（糖化血红蛋白）<7.0%
血压	<130/80 mmHg
总胆固醇	<4.5 mmol/L
甘油三酯	<1.7 mmol/L
HDL-C	男性 >1.0 mmol/L
	女性 >1.3 mmol/L
LDL-C	未合并动脉粥样硬化性心血管疾病 <2.6mmol/L
	合并动脉粥样硬化性心血管疾病 <1.8 mmol/L
体重指数	<24.0kg/m²

5. 预防

（1）针对高危人群至少每年检测血糖一次，有助于早期发现糖尿病。

（2）如果空腹血糖≥6.1 mmol/L 或随机血糖≥7.8 mmol/L，建议进一步检查。

（3）健康生活方式：包括减少钠盐摄入、增加钾摄入；合理膳食；控制体重；不吸烟：限制饮酒；加强运动；保持心态平衡和管理睡眠。

九、非酒精性脂肪性肝病

非酒精性脂肪性肝病（NAFLD）是指除外酒精和其他明确的损肝因素所致的肝细胞内脂肪过度沉淀为主要特征的临床病理综合征，即各种原因引起肝脏代谢脂肪的能力减弱，致使摄入的脂类物质难以正常代谢，最终肝脏有过多的脂肪堆积。疾病谱包括单纯性脂肪肝、非酒精性脂肪性肝炎、肝硬化和肝细胞癌。非酒精性脂肪性肝病病程发展如彩图三所示。

NAFLD 还与代谢综合征（MetS）、2 型糖尿病、动脉硬化性心血管疾病以及结直肠肿瘤等的高发密切相关。

伴随着肥胖和其他一些代谢综合征在全球的流行，非酒精性肝病已成为欧美包括我国富裕的地区重要肝病重要的诱因，普通成年人的患病率大约在 10% 到 30% 左右，发病人群中尤以中年男性最为突出；NAFLD 患者如果不经过干预 10~20 年后可能会发展为肝硬化，发病率为 0.6%~3%，极少数患者进展为肝细胞癌。

1. 病因

不合理的饮食结构如摄入过多高脂肪及高热量的食物；不良的饮食习惯如吃的太饱、太快，喜食甜食及零食；不良的生活方式如久坐、少动；遗传易感性如高血压、冠心病、糖尿病、高脂血症、肥胖症及脂肪家族史者。

2. 临床表现

NAFLD 常常起病隐匿，无症状，进展缓慢。少数病人有右上腹轻度不适、肝区隐痛或上腹胀痛及乏力等非特异性症状；部分病人可有肝大。随着疾病进展可能出现恶心、呕吐、食欲缺乏、黄疸、腹水等症状。

3. 诊断

非酒精性脂肪性肝病的诊断需具备以下 3 个条件

（1）无饮酒史或饮酒含乙醇量每周小于 140 g，女性 <70 g。

（2）弥漫性肝细胞脂肪变的影像学检查，包括超声、CT 或 MRI；根据超声检查结果，可分为轻度脂肪肝、中度脂肪肝和重度脂肪肝。

（3）肝活检组织学改变符合脂肪性肝病的病理学诊断标准。

4. 治疗

（1）改变不良生活方式：减少体重和腰围是预防和治疗 NAFLD 及其合并症最为重要的治疗措施，通过健康饮食和加强锻炼纠正不良行为。

（2）针对代谢综合征的治疗：有效治疗肥胖症、高血压病、2 型糖尿病、血脂紊乱、痛风等疾病。

（3）针对肝脏损伤的药物治疗：必要时应用保肝药物如水飞蓟宾、双环醇、多烯磷脂酰胆碱、甘草酸二胺、还原型谷胱甘肽、熊去氧胆酸等。

（4）减少肝脏损伤：应避免极低热卡饮食减肥；避免使用可能有肝毒性的中西药物和保健品；避免过量饮酒。

（5）必要时请医生评估减肥手术。

（6）肝脏移植：脂肪肝终末期出现失代偿期肝硬化、肝癌等需进行肝脏移植治疗。

5. 预防

（1）积极了解 NAFLD 的危险因素和危害，加深对 NAFLD 和多种代谢性疾病密切相关的认识。

（2）改变不良的生活方式：减少体重和腰围是预防和治疗 NAFLD 重要的措施。养成健康饮食和加强锻炼的生活方式。糖尿病患者控制好血糖，高脂血症控制好血脂。

（3）定期体检：NAFLD 绝佳的管理预防就是定期体检，早期发现，早干预，早治疗。

（4）适量多饮咖啡和饮茶可能有助于 NAFLD 患者康复。

十、高尿酸血症与痛风

尿酸是人体内嘌呤核苷酸的分解代谢产物，嘌呤核苷酸 80% 由人体细胞代谢产生，20% 从食物中获得；嘌呤经肝脏氧化代谢变成尿酸，然后由肾脏和肠道排出。当血清尿酸水平 >420 μmol/L 时，称为高尿酸血症。高尿酸血症患者出现尿酸盐结晶沉淀在关节等处，引起疼痛症状被称之为痛风。

随着生活水平的提高，高尿酸血症和痛风已经成为我国仅次于糖尿病的第二大代谢性疾病，高尿酸血症患者已占总人口 13.3%。

尿酸钠晶体还可沉积于皮下，引起“痛风石”；沉积并损伤肾组织，出现夜尿增多等症状，出现慢性尿酸盐肾病或出现尿酸性肾结石；短时间内出现大量尿酸释放入血（如肿瘤溶解）导致尿酸盐晶体析出并阻塞肾小管，引起少尿或无尿性急性肾损伤。持续高尿酸血症最终可引起肾脏功能衰竭。高尿酸血症与肥胖、糖代谢紊乱、血脂异常、非酒精性脂肪肝病（NAFLD）等多种代谢性疾病存在密切联系。

1. 病因

高尿酸血症与高嘌呤饮食、酒精过多摄入、高糖饮食相关，常合并代谢综合征相关的疾病，如高血压、糖尿病、超重等，与人体代谢相关。由于有雌激素的保护，女性痛风的患病率较低，男性痛风患者占 95%，其中 50% 有家族史。

此外血液系统肿瘤、某些药物、各种肾脏的疾病等因素也可引起继发性血尿酸水平升高。

2. 临床表现

（1）无症状高尿酸血症：该病起病隐匿，可无任何不适症状。

（2）急性痛风性关节炎：好发于下肢单关节，起病急骤，数小时内症状发展至高峰，局部出现明显的红肿热痛，尤其疼痛剧烈，被称为“痛风”。严重时可伴发头痛、发热、白细胞计数增高等全身症状。半数以上患者首发于足第一跖趾关节,其他关节亦可发病。关节局部损伤(如外伤)、穿鞋过紧、走路过多、外科手术、饱餐、饮酒、脱水、过度疲劳、受冷、受潮和感染等都可能是诱发因素。自然病程常小于2周,治疗及时者症状可于数小时内缓解。

(3)痛风石:持续高尿酸血症患者常在发病10年后出现痛风石,常见于第一跖趾、耳廓、前臂伸面、指关节等部位,挤压破溃会有白色豆腐渣样排出物。

(4)肾脏相关症状和肾结石。

(5)常合并代谢性疾病的表现,如肥胖等。

3. 诊断

常规检查血尿酸水平即可诊断,关节镜检查是诊断痛风的金标准,关节超声检查或双能CT检查有助于痛风诊断。

必要时应结合患者情况完成尿常规、肝肾功能、血脂、血糖等代谢病相关检查。有条件者则进行尿酸排泄分数、HLA-B*5801基因检查等以帮助指导用药。

4. 治疗

(1)生活方式干预:低嘌呤饮食,避免摄入动物内脏、肉汤、甲壳类;足量饮水;限酒;减少添加果糖食物的摄入;鼓励新鲜蔬菜的摄入。适量运动,控制体重。

(2)降尿酸药物主要包括抑制尿酸合成(别嘌醇和非布司他)和促进尿酸排泄(苯溴马隆)两类。

(3)碱化尿液治疗:服用碳酸氢钠片将尿pH值维持在6.2-6.9,以增加尿中尿酸溶解度。

(4)痛风急性期治疗:应卧床休息,抬高患肢、局部冷敷。尽早给予药物控制急性发作,越早治疗效果越佳。秋水仙碱、非甾体类抗炎药(NSAIDs)、糖皮质激素是急性关节炎发作的一线治疗药物。不推荐在痛风急性发作期添加降尿酸药,需在抗炎、镇痛治疗2周后再酌情使用。

(5)痛风石治疗:血尿酸降至<300 μmol/L,维持6个月以上,痛风石可逐渐溶解、缩小。对于痛风石较大、压迫神经或痛风石破溃、经久不愈者可考虑手术治疗。

(6)高尿酸血症治疗的目标值:血尿酸<360 umol/L,并长期维持;若患者出现痛风石、慢性痛风性关节炎或关节炎频繁发作,降尿酸目标为<300 umol/L,并长期维持。同时,尿酸不能低于180umol/L,否则可能会增加阿尔茨海默病、帕金森病等神经退行性疾病的风险。

5. 预防

(1)积极了解高尿酸血症的危险因素和危害,加深对HUA和多种代谢性疾病密切相关的认识。

(2)改变不良的生活方式:尤其是有代谢性疾病家族史的高危人群,保持健康饮食、运动、情绪管理等。

(3)定期体检:早期发现,早干预,早治疗。

第四节　外科疾病

一、皮肤感染

1. 病因

由于致病微生物的入侵、繁殖，在机体内发生的一种炎症反应叫感染。不同的病原菌可以引起同一种疾病，如金黄色葡萄球菌、链球菌和大肠杆菌都能引起软组织化脓性感染。

2. 临床症状

常见的皮肤感染有毛囊炎、疖、痈、各种脓肿，会出现红、肿、热、痛和功能障碍。

3. 治疗

全身支持疗法：卧床休息、补充水分和营养、退热降温、抗菌止痛。

局部处理方法如下。

1）固定，局部休息

能明显减轻疼痛。如面部和口腔部感染时应少说话，进流质食物，避免咀嚼；四肢感染时，可抬高患肢，固定于功能位。

2）药物

早期感染，局部可外敷鱼石脂软膏，75% 酒精溶液湿敷，以促进局部消肿拔脓，消退炎症。

3）物理疗法

多用热敷或理疗。若感染已形成脓肿，应采用手术切开引流治疗。

4）预防

避免外伤，发生创伤应及时做好清创手术。严格处理感染的用具、敷料等。

二、急性阑尾炎

1. 病因

急性阑尾炎是外科急腹症中最常见的疾患。由于解剖特点，阑尾极易被粪石、异物等梗阻。阑尾是胃肠道的组成部分，当胃肠道功能紊乱时（如受寒、饮食不节、神经刺激、便秘、腹泻等情况的影响），阑尾壁的基层发生反射性痉挛，加重了阻塞和血运障碍，分泌物在阑尾腔内聚集，细菌侵入阑尾壁内形成阑尾炎。

2. 临床症状

急性阑尾炎的症状主要表现在腹痛、胃肠道症状和全身反应 3 个方面。

1）腹痛

转移性右下腹疼痛是急性阑尾炎的特点。70%~80% 的人发病开始时自觉上腹部或脐周疼痛，几小时至几十小时后疼痛转移到右下腹。疼痛的性质和程度与病理类型有一定关系，单纯性阑尾炎多呈隐痛和钝痛，程度较轻；有梗阻的化脓性阑尾炎多呈阵发性剧痛或胀痛；坏疽性阑尾炎开始多呈持续性跳痛，后两者皆属于程度较重情况；当阑尾全层坏疽时可变成持续性疼痛。虽然腹痛的程度与病变有一定关系，但是单纯的腹痛减轻并不一定是病情好转的表现，这是因为有时阑尾腔内压力过大或组织缺血坏死，神经末梢失去感受和传导能力，而使腹痛减轻。有时阑尾穿孔以后，由于阑尾腔内压力随之减低，腹痛也可减轻。

2）胃肠道症状

病变的早期多有轻度的恶心、呕吐，吐出物多为食物，常伴有便秘、腹泻等症状。阑尾发炎时刺激直肠可引起里急后重感。炎症严重时可并发肠麻痹而出现腹胀。偶尔有个别病例在病程晚期出现恶心、呕吐，多是由腹膜炎所致。

3）全身反应

发病初期一般无明显全身症状，发热，通常在 37.5~38 ℃之间，很少高过 38.5 ℃。体温高于 38.5 ℃者表示已有腹膜炎或门静脉炎等并发症。

3. 治疗

治疗阑尾炎需手术切除病变阑尾。对于阑尾已被包裹形成包块者，或已形成局限性脓肿者，则需保守治疗。保守治疗主要采取中西医结合的方法，中药以清热解毒、消肿化淤为主，西药以抗生素治疗为主。

三、泌尿系结石

1. 病因

结石在肾中生成即为肾结石，较小的肾结石一经掉入输尿管则称输尿管结石，再向下排入膀胱或尿道，便称之为膀胱结石或尿道结石，真正原发于输尿管、膀胱或尿道的结石较少见。

全身代谢、泌尿系局部感染环境和饮食因素有密切关系。结石形成时，一般先有一个核心，然后尿中晶体和胶体围绕这一核心沉积增大而成。细胞碎屑、血块、坏死组织、细菌以及体外异物均可作为核心而形成结石。

2. 临床症状

肾结石、输尿管结石统称为上尿路结石。血尿是常见症状之一，一般为显微镜下血尿。当结石在上尿路移动时，可引起尿路黏膜创伤而出现“洗肉水样”血尿（即肉眼血尿）。疼痛是另一常见症状，可有肾区胀痛、隐痛、钝痛和绞痛等。

肾绞痛是突然发生的刀割样剧痛，患者呻吟不止，辗转不安，面色苍白，冷汗淋漓。出现肾绞痛时常伴有恶心、呕吐等胃肠道症状。也有少数人无明显自觉症状，因而未能及时检查和治疗，待到结石引起肾功能严重损害时，甚至出现少尿或无尿、浮肿、恶心、呕吐、食欲不振、乏力、尿毒症等症状才就诊，从而延误治疗。

膀胱结石也称下尿路结石，有尿频、尿急、尿痛、血尿和排尿困难等症状。疼痛在排尿终末时加重，并可放射至龟头和阴囊；运动后血尿加重；排尿时尿流突然中断，并有阴茎头疼痛，改变体位后又可排尿，是典型的膀胱结石症状。

3. 治疗

（1）保守治疗。A. 适应征：结石直径 <0.6 cm 者（90% 可自行排出）；小结石无继发感染、无明显症状者；一般情况极差或合并有其他严重疾病不能耐受手术治疗者。B. 方法：适当增加饮水量，保持每天尿量在 2 500 mL 以上，增加运动量，改变体位，促进结石自然排出。药物 654-2、黄体酮、葡萄糖酸钙、泌尿灵等可松弛平滑肌而止痛。理疗和局部热敷可缓解症状。

（2）体外冲击波碎石（ESWL）。该方式的治疗效果受多种因素影响，如肾功能的好坏、结石的大小、部位等。一般肾结石的疗效高于输尿管结石，输尿管结石的疗效与其在原位停留时间及输尿管局部病变有密切关系。目前 ESWL 治疗尿路结石的适应征已放宽，几乎全尿路结石均可采取 ESWL 治疗。

（3）预防上尿路结石的发生应消除尿路梗阻因素；彻底治疗尿路感染；增加运动，长期卧床者应常翻身；养成多饮水习惯，保持每天尿量不少于 2 000~2 500 mL。

（4）必须消除下尿路梗死和感染。如手术治疗前列腺增生症和尿道狭窄；根治尿路感染，避免膀胱异物，减少结石发生。

四、前列腺炎

1. 病因

前列腺炎是青年男性常见的疾病。急性细菌性前列腺炎多见于尿道上行感染，也可由血行感染或由急性膀胱炎或急性尿潴留后细菌播散引起；慢性细菌性前列腺炎感染途径主要为经尿道的逆行感染；对慢性非细菌性前列腺炎的致病原因未有一致意见。急性细菌性前列腺炎起病突然，有高热寒战、排尿痛、会阴部疼痛等症状。随即尿道有炎性分泌物排出，有时出现排尿困难或急性尿潴留，往往同时伴随膀胱发炎；慢性细菌性前列腺炎可有排尿刺激症状，可有会阴部疼痛、腰痛、神经官能症、尿道口滴白、性功能障碍、会阴及睾丸放射痛、尿痛、尿频、尿急、排尿困难，有时可表现为变态反应如虹膜炎、关节炎等；慢性非细菌性前列腺炎症状与慢性细菌性前列腺炎相同，明显不同的是没有反复的尿路感染发作，有时有前列腺液自尿道溢出。

2. 临床症状

1）急性细菌性前列腺炎

多数患者可出现高热、寒战、肌肉关节疼痛和全身不适。体温多在 38 ℃以上，有明显的尿急、尿频、尿痛和下腹部及会阴部疼痛，有时剧烈疼痛是急性前列腺炎最常见的主要症状。直肠指诊前列腺肿胀，有明显触压痛，局部温度升高，质地可稍变硬。急性期禁止按摩。

2）慢性前列腺炎

排尿异常是慢性前列腺炎最常见的症状，主要表现为时轻时重或反复发作的尿道灼热或疼痛、排尿不适、尿频、尿急、尿痛、尿等待、尿不尽、尿滴沥、大小便后出现“滴白”现象。

疼痛是慢性前列腺炎另一个主要症状，患者可能感受到阴部或前列腺区域（肛周、耻骨上下区、下腹部、腰骶部、腹股沟区、大腿内侧、阴囊、睾丸及阴茎头）有坠胀痛、酸胀痛或刺痛。B超诊断前列腺炎，显示组织结构混乱，界限不清。直肠指诊前列腺按摩液白细胞磷脂小体减少。

3. 治疗

以药物疗法为主，同时配合体育疗法和饮食疗法，以提高和巩固疗效。

（1）确诊为慢性细菌性前列腺炎应进行4~8周抗生素治疗。

（2）温水坐浴、可以改善前列腺及其周围的血液循环，对慢性前列腺炎症状的缓解也会起到明显的作用。

（3）前列腺按摩，即通过对前列腺的直接挤压刺激达到治疗慢性前列腺炎的目的。有条件的患者应每周一次，由医生来完成。前列腺按摩不仅可以改善前列腺的血液循环，还可以使淤积在前列腺内的液体、脓液等引流出来，起到治疗的作用。但须指出，前列腺按摩只适用于慢性前列腺炎患者的治疗，如对急性前列腺炎的患者进行前列腺按摩，则有可能导致感染扩散，甚至引起菌血症，加重病情。

（4）急慢性前列腺炎的微波治疗均可以减轻局部炎症，促进吸收，从而改善患者的生活质量。

（5）平时加强体育锻炼，增强体质，提高机体抗病能力。应尽可能避免长时间骑自行车。饮食宜清淡，少食或不食辛辣煎制制品，不饮酒，保持大便通畅。每晚临睡前用温水坐浴5~10分钟，有较好的预防治疗作用。

（6）男性的阴囊伸缩性大，分泌汗液较多，加之阴部通风差，容易藏污纳垢，局部细菌常会乘虚而入。这样就会导致前列腺炎。坚持清洗会阴部是预防前列腺炎的一个重要环节。

五、包皮疾病

1. 病因

包皮过长、包茎是指包皮遮盖于全部阴茎头与尿道外口。包皮能向上翻转而露出阴茎头者称为包皮过长，如能经常进行包皮上翻与清洗，日久过长的包皮自会缩短，通常不必行包皮环切术。

包茎是指包皮外口狭小，使包皮不能翻转露出全部阴茎头。

2. 临床症状

包茎在不同年龄组是不同的。1岁之内的婴幼儿，包皮相对比阴茎长，并且包皮与阴茎头存在上皮粘连，属于生理性包茎，以后随着年龄增长，包皮逐渐发育，并与阴茎头分开，大多数包茎消失。

嵌顿性包茎：由于包皮口紧小，强行向上翻转未及时完全复位，造成包皮口紧勒在冠状沟处，使远端包皮和阴茎头的血液、淋巴回流障碍，环状绞窄更加重局部淤血、水肿和疼痛，如不及时处理，包皮和阴茎头可发生溃烂甚至广泛坏死。嵌顿性包茎在早期容易手法复位成功。

3. 治疗

(1)包皮龟头炎急性期给予抗生素。局部将包皮翻转清洁。包茎者给予背侧切开引流。用 1∶5 000 高锰酸钾溶液浸泡。炎症消退后应做包皮环切术。若尿道外口狭窄,给予扩张或行尿道外口整形术。

(2)包茎就必须行包皮环切手术。

由于局部不能清洗而可能伴发炎症,亦可导致包皮与阴茎头粘连,影响发育,故主张及早行包皮环切术。否则随着年龄增长,包茎内的皮脂腺分泌物和上皮脱屑堆积,成为包皮垢,甚至包皮下结石形成,容易招致细菌感染、炎症粘连从而影响包皮松动,形成粘连性包茎与尿道口狭窄。长期包茎内存在慢性刺激,常成为阴茎癌发病的重要因素。包茎尽早行包皮环切术,对预防阴茎癌有一定意义。包茎严重者可形成包皮口狭小如同针孔样,这可能造成排尿时包皮鼓起如球状,发生排尿困难,尿流梗阻,甚至引起上尿路扩张、感染和肾功能不全等严重伴发症。

第五节　肛门直肠疾病

一、肛裂

1. 病因

肛裂是肛管皮肤因反复损伤、感染引起的慢性溃疡,临床常见,主要诱因为便秘,多发生在肛管后正中线上。

2. 临床症状

便秘、剧痛、出血为主要症状。干硬粪块初露肛门即感剧痛,便后粪染创面,肛门括约肌反射性痉挛可致肛门烧灼样剧痛,剧痛可持续至便后若干小时。出血在硬粪初排之后,有鲜血覆盖粪便表面,或滴鲜血。

3. 治疗

(1)一般经通便、温水坐浴、止痛及适当休息多可治愈。经久不愈的慢性重度肛裂可手术切除治疗。

(2)进食多纤维食物,保持排便通畅,忌刺激性食物。便后温水坐浴,保持局部清洁。

(3)肛裂病人不宜作指检及肛门镜检查,以免引起剧痛。

二、肛瘘

1. 病因

肛瘘是肛门周围与直肠间的病理性通道,具有位于皮肤的外口、瘘管及位于齿状线以上的内口。此外,还有瘘口不通到体外的内瘘。肛瘘多源于肛门直肠周围脓肿,少数为结核、外伤、癌所致。若只有一个瘘管称单纯性肛瘘,有多个瘘口和瘘管的称复杂性肛瘘。瘘管位于肛门直肠环平面以下的称低位瘘，在此平面以上者称高位瘘。

2. 临床症状

肛周或臀部瘘口经久不愈，或时愈时溃，溢出淡或混浊的脓液，刺激局部皮肤痒痛不适。当外口封闭或瘘管不畅时，局部疼痛明显，排便时加重。复杂的或长期不愈的肛瘘常伴贫血、消瘦、排便困难等。检查可见，瘘口在肛周或臀部，有的可见局部皮肤变硬、不平滑、色紫、脱皮等。

3. 治疗

（1）非手术治疗，通便、温水坐浴。局部有急性炎症时可用抗菌药物，或中药清热利湿，无急性炎症可清热养阴。非手术治疗仅可减轻症状、控制发展，但不能彻底治愈。

（2）手术治疗，其方法可依据肛瘘的部位、类型、内外口选择适宜的手术方法。

（3）术后 2~3 日起，每日 2 次换药，温水坐浴，保持引流通畅。进一些清淡饮食，保持排便通畅，便后再坐浴。

三、痔

1. 概述

痔是肛垫的滑动。在肛管和直肠下端，有一由静脉窦、结缔组织及平滑肌组成的组织垫，称肛管血管垫，简称肛垫。结缔组织和平滑肌构成静脉窦的支持组织，排便时血窦充盈，肛垫状如海绵，能减少粪便对肛管的损伤。当某种原因致此平滑肌和结缔组织过度伸展或断裂时，则肛垫松弛滑动，其滑动膨出部分即为痔。位于齿状线以上的痔称内痔，齿状线以下者为外痔（见图 5-3）。

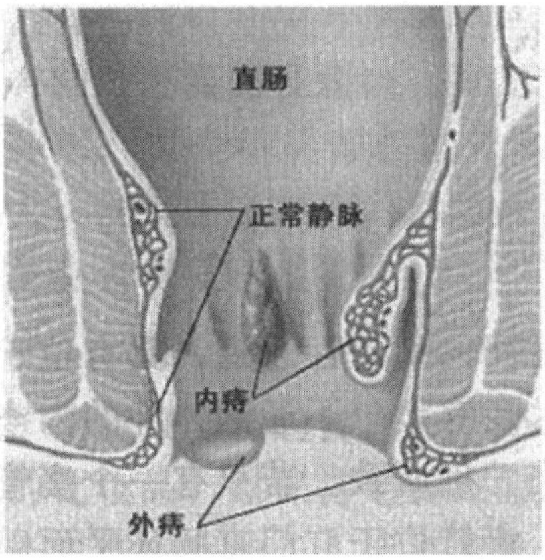

图 5-3　内痔、外痔与肛门齿状线位置关系

2. 临床症状

内痔，排便时出血，呈滴注或喷射状，一般无疼痛，久之可伴贫血。较重者在排便或腹压增加时有痔块脱出肛门外，如若嵌顿常伴肿胀疼痛、痔块糜烂甚至局部坏死。内痔分为三期。第一期痔块不脱出肛门外；第二期排便时痔块脱出肛门外，便后自行回复；第三期排便时痔块脱出肛门外，不能自行回复而需用手托回。

外痔在齿状线下方常伴胀痛，在腹压增加时常可增大。血栓性外痔由于排便用力过猛或剧烈的活动引起，血液溢至皮下结缔组织内，先为血肿，以后形成血栓，患者行坐不适，疼痛剧烈，坠胀难忍。检查肛门齿状线下方可见圆形或卵圆形肿块，呈暗红色，初发时触之软而有弹性感，后变硬，触痛明显。结缔组织性外痔，为肛门皮赘样或结缔组织性赘生结节，前后正中位多见，常为肛门炎症消退之后形成的皮肤皱襞，或为肛裂、肛门手术后残留的皮皱。排便后粪便常积存皱襞间，加之局部分泌物刺激肛周致痛痒不适，局部炎症可反复发作甚至引起湿疹，导致行走困难。检查可见肛门单个或多个大小不等、形状不规的皮赘样结节，质软，有的牵扯黏膜同时突出肛外。混合痔指内外痔兼有（见图 5-3）。

3. 治疗

（1）非手术治疗，可通过局部外用药及口服药治疗，通便、坐浴、痔栓等。目的在于促进肛垫组织纤维化，固定松弛的肛垫。

（2）手术治疗，主要适用于保守治疗后无效的内痔、外痔、混合痔。

（3）多食用粗纤维食物，少食辛辣刺激性食物，养成定时排便的习惯，保持肛门清洁。

第六节　甲状腺疾病

一、单纯性甲状腺肿

1. 病因

缺碘是引起单纯性甲状腺肿的主要因素。我国一些离海较远，海拔较高的山区，因土壤中的碘盐含量不足，而造成这些地方居民患此病的较多，故又称“地方性甲状腺肿”。随着缺碘时间的延长，病变继续发展，腺体内逐渐形成大小不等的结节，形成结节性甲状腺肿。有些青春发育期、妊娠期或绝经期的女性，由于对甲状腺素的需要量暂时性增高，也可发生轻度弥漫性甲状腺肿，叫作生理性甲状腺肿。还有如先天性缺乏合成甲状腺素的酶而引起的甲状腺肿大。

2. 临床症状

病程早期，甲状腺呈弥漫性肿大，腺体表面光滑，质地柔软，随吞咽上下移动，之后继续发展，逐渐形成结节，可为单个或多个结节。甲状腺功能多数正常或有轻度减低。结节巨大者可有压迫症状，压迫气管出现呼吸困难，压迫食管可致吞咽困难，压迫喉返神经引起声嘶，压迫上腔静脉则出现上腔静脉综合征而出现面部及上肢水肿。甲状腺解剖位置与单纯甲状腺肿如图 5-4 所示。

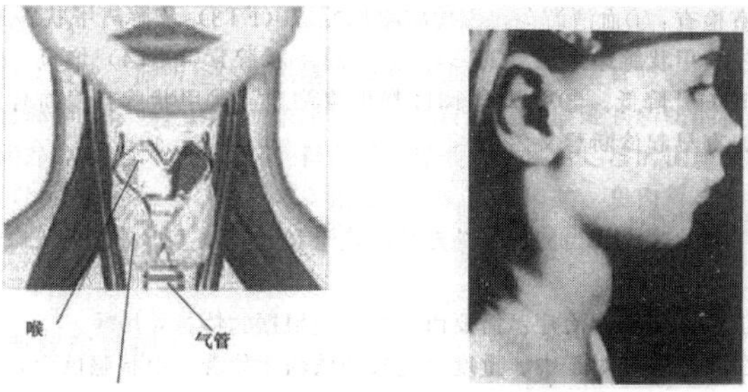

图 5-4　甲状腺解剖位置与单纯甲状腺肿

单纯性甲状腺肿的诊断：

1)地方性甲状腺肿的诊断要点

地方性及缺碘饮食史;甲状腺肿大及其引起的压迫症状;实验室检查甲状腺功能。

2)青春期甲状腺肿诊断要点

一般为轻度弥漫性肿大,与生长发育期间甲状腺激素需要增加而相对摄人碘量不足有关。

3. 预防和治疗

(1)主要是病因治疗。对于地方性甲状腺肿患者,预防是关键,一般补充加碘盐。对于缺碘患者应用碘剂进行治疗。对于生理性甲状腺肿患者,应多食含碘丰富的海带、紫菜等,这种甲状腺肿大常在成年或妊娠以后自行缩小。对于年轻患者的弥漫性单纯性甲状腺肿,为了减少甲状腺肿大,应用小量甲状腺素治疗。对于巨大甲状腺肿或有局部压迫症状者;结节性甲状腺肿继发功能亢进或疑有恶变者应施行甲状腺大部切除术。

(2)甲状腺肿的预防极为重要,在地方性甲状腺流行地区,可采用碘盐防治。宜多食海带、紫菜。

二、甲状腺功能亢进症

1. 病因

甲状腺功能亢进症(简称甲亢),是指由多种病因引起甲状腺功能增强、分泌甲状腺激素过多的临床综合征。病因多认为是在遗传易感因素的基础上,由环境因素参与的器官特异性自身免疫病。

2. 临床症状

甲亢的症状主要包括甲状腺肿大、性情急躁、容易激动、不安多虑、紧张失眠、两手和眼睑震颤、怕热多汗、皮肤潮湿、食欲亢进但却消瘦、心悸、气短、脉快有力、脉压增大、内分泌紊乱、易疲劳、肢体近端肌萎缩、空腹抽血化验甲状腺功能。

实验室检查有早期诊断意义。化验甲状腺功能,甲状腺超声。

3. 治疗

(1)一般治疗:适当休息,补充足够热量和B族维生素。焦虑失眠较重者可用镇静剂。

(2)抗甲状腺药物治疗:需要由专科大夫根据病情指导用药。

（3）手术治疗或放射治疗：对于中、重度甲亢长期服药无效者；甲状腺巨大，出现压迫者；结节性甲状腺肿伴甲亢者可考虑手术治疗或采用放射治疗。

（4）坚持在医生指导下服药。保持开朗乐观情绪，避免劳累和紧张。在高代谢状态未控制前，必须进高热量、高蛋白、B族维生素饮食。禁忌含碘食物及浓茶、咖啡、烟酒。定期门诊随访，及时了解病情变化。

三、甲状腺功能减退症

1. 病因

甲状腺功能减退症（简称甲减），是由于多种原因引起的甲状腺激素缺乏或不足所致的内分泌疾病。女性较多见。

2. 临床症状

全身代谢减低，表现有：易疲劳、畏寒少汗、体温偏低、皮肤干燥、体重增加、厌食、腹胀及便秘、胃粘膜萎缩、心动过缓、贫血、表情淡漠、嗜睡、精神抑郁、性欲下降、妇女月经紊乱等。

3. 治疗

（1）甲状腺素长期治疗。

（2）限制脂肪摄人。供给足够的蛋白质。多食用蛋类、乳类、肉类、鱼肉。

（3）伴贫血的病人，可补充铁剂、叶酸、维生素B等。

四、甲状腺腺瘤

1. 病因

甲状腺腺瘤是最常见的甲状腺良性肿瘤，起源于甲状腺滤泡细胞。临床病理上分为滤泡状和乳头状腺瘤两种。甲状腺腺瘤可以发生在各个年龄段，以15~40岁最多见，女性多于男性。中青年以乳头状腺瘤多见，中老年常以滤泡性腺瘤多见。甲状腺瘤的病因未明，可能与性别、遗传因素、射线照射、促甲状腺激素（TSH）过度刺激以及地方性甲状腺肿疾病有关。

2. 临床症状

多数无自觉症状，偶尔或体检时发现颈部圆形或椭圆形结节，多为单发，无疼痛。质稍硬，表面光滑，随吞咽上下移动。肿瘤增长缓慢，如果腺瘤有内出血，体积可突然增大，且伴有局部胀痛和压痛。

3. 预防和治疗

（1）甲状腺腺瘤应择期手术切除。

（2）保持心情愉快，保证充足睡眠，避免过度劳累。

第七节　乳腺疾病

一、乳腺增生

1. 病因

乳腺增生是指临床上以乳房痛、乳腺组织局部增厚或有大小不等的结节为主要症状的乳腺疾病。目前,多认为与内分泌失调及精神、环境因素等有关。

(1)内分泌失调。黄体素分泌减少、雌激素相对增多是乳腺增生发病的主要原因。在雌激素刺激下,乳腺上皮细胞及间质细胞增生,增加结缔组织的水、钠潴留,使乳腺小叶间水肿,而导致乳腺增生。

(2)精神因素。精神紧张、情绪激动等不良精神因素容易导致乳腺增生。

(3)不良生活习惯。如女性生育后不哺乳、人工流产、高龄不育、性生活失调等原因,佩戴过紧的胸罩或穿过紧的内衣等。

(4)饮食不合理。如高脂、高能量饮食导致脂肪摄入过多,饮酒和吸烟等不良生活习惯会诱发乳腺增生。

(5)长期服用含雌激素的药物及保健品,如避孕药等。

2. 临床症状

1)乳房疼痛

有 60% 以上的病人有乳房疼痛,常为胀痛或刺痛,可累及一侧或两侧乳房,以一侧偏重多见,疼痛严重者不可触碰,甚至影响日常生活及工作。疼痛可向同侧肩部及上肢放射;部分可表现为乳头疼痛或痒。乳房疼痛常于月经来潮前 7~10 天出现或加重,月经来潮后疼痛明显减轻或消失;疼痛亦可随情绪变化、劳累、天气变化而波动。

2)乳房肿块

肿块是乳腺增生的常见体征,可发于单侧或双侧乳房内,单个或多个,一般好发于乳房外上象限。肿块表现为大小不一的片状、结节状、条索状等,其中以片状为多见。边界不明显,质地中等或稍硬,与周围组织无粘连,常有触痛。大部分乳房肿块也有随月经周期而变化的特点,月经前肿块增大变硬,月经来潮后肿块缩小变软。

3)乳头溢液

少数患者可出现乳头溢液,其发生率为约 10%。10% 左右多为淡黄色或淡乳白色,也有少者经挤压乳头可见溢出液体。如果出现血性或咖啡色溢液需进一步检查。

3. 预防和治疗

(1)主要是对症治疗,可用中药或中成药调理。

(2)对于局部肿块有可疑恶变时应予切除送病理检查。

(3)解除各种不良的心理刺激。保持情绪稳定,促进乳腺增生缓解或消退。

(4)保持舒畅的心情、乐观的情绪及规律的生活,适时缓解压力可调节内分泌,对预防乳腺增生起着一定的作用。

(5)改变饮食习惯,防止肥胖,少吃油炸食品、动物脂肪等,低脂饮食可以降低雌激素水平,从而减少乳腺增生。

(6)禁止滥用避孕药及含雌激素美容用品或食品。

(7)避免人工流产。

(8)保持适量的运动。运动不仅有助于乳房健美,还能降低乳腺疾病的发病率。

(9)自我检查和定期医院复查。

二、乳腺纤维腺瘤

1. 病因

乳腺纤维腺瘤是乳腺疾病中最常见的良性肿瘤,可发生于青春期后的任何年龄,多在20~30岁之间。乳腺纤维腺瘤为良性肿瘤,极少数可发生恶变。多为单发,但有15%~20%的病例可以多发。乳房单侧或双侧均可发生,一般为圆形、卵圆形,大的可呈分叶状。乳腺纤维腺瘤初期如黄豆大小,生长比较缓慢,可以数年无变化,因为无明显不适,因此很少引起患者的注意。亦有少数生长较快,或在妊娠、哺乳期突然明显增大。乳腺纤维腺瘤的病因与雌激素有关。不同女性的乳腺组织对雌激素刺激的敏感性不同,对雌激素刺激敏感的女性得病概率明显增加。由于发病与雌激素有关系,所以乳腺纤维腺瘤常发生于卵巢的功能期,很少发生在月经初潮前或绝经期后的女性。

2. 临床症状

乳腺纤维腺瘤最主要的临床表现就是乳房肿块,病人常无明显的自觉症状。肿块增大缓慢,多呈卵圆形,实质有弹性且较硬,表面光滑,易推动。乳腺纤维腺瘤多为患者无意间摸到或体检查出,一般不伴有疼痛感,亦不随月经周期而发生变化。少部分病例乳腺纤维腺瘤同时伴有乳腺增生,此时则可有经前乳房胀痛不适等症状。

3. 治疗

(1)乳腺纤维腺瘤为良性肿瘤,约有2%的恶变率,并且不会自行消退,服药无效。应早期手术切除,送病理检查。

(2)由于妊娠可使乳腺纤维腺瘤增大,所以在妊娠前或妊娠后发现的纤维腺瘤一般都应手术切除,送病理检查。

(3)肿块必须做常规病理检查。

三、乳腺癌

1. 病因

乳腺癌是女性最常见的恶性肿瘤之一,近年来发病率呈上升趋势。乳腺是多种内分泌激素的靶器官,如雌激素、孕激素及泌乳素等,其中雌酮及雌二醇与乳腺癌的发病有直接关系。20岁前本病少见,20岁以后发病率迅速上升,45~50岁较高。绝经后发病率继续上升,可能与年老者雌酮含量提高相关。亲属中有乳腺癌病史者,发病危险性是普通人群的

2~3 倍。

2. 临床症状

早期 80% 的乳腺癌患者以乳腺肿块首诊。患者常无意中发现乳腺肿块，多为单发、质硬、边缘不规则、表面欠光滑。大多数乳腺癌患者为无痛性肿块，仅少数患者伴有不同程度的隐痛或刺痛。随着肿块的增大可引起乳房局部隆起，累及 Cooper 韧带（库柏韧带或乳房悬韧带），可使乳房表面皮肤凹陷，出现“酒窝征”，甚至出现“橘皮样”改变。乳腺癌晚期，癌细胞沿淋巴管、腺管或纤维组织浸润到皮内并生长，在主癌灶周围的皮肤形成散在分布的质硬结节，即所谓“皮肤卫星结节”。

3. 治疗

（1）手术治疗是乳腺癌的主要治疗方法之一，还有辅助化学药物、内分泌、放射治疗及生物治疗等。

（2）建立良好的生活方式，调整好生活节奏，保持心情舒畅。

（3）坚持体育锻炼，积极参加社交活动，避免和减少精神、心理紧张因素，保持心态平和。

（4）养成良好的饮食习惯。婴幼儿时期注意营养均衡，提倡母乳喂养；儿童发育期减少摄入过量的高蛋白和低纤维饮食；青春期不要大量摄入脂肪和动物蛋白，加强身体锻炼；绝经后控制总热量的摄入，避免肥胖。平时养成不过量摄入肉类、煎蛋、黄油、奶酪、甜食等饮食习惯，少食腌、熏、炸、烤食品，增加食用新鲜蔬菜、水果、维生素、胡萝卜素、橄榄油、鱼、豆类制品等。

四、男性乳房肥大症

1. 病因

男性乳房肥大症又称为男性乳腺增生，好发于青春期前后及老年期。其发病原因主要为雌激素过多或雄激素不足。如由于内分泌腺（睾丸、垂体、肾上腺）疾病使雄激素下降，雌激素相对增多；肝病病人因肝功能减退，对雌激素的灭活的能力减弱，雌激素在体内的含量相对增多；因前列腺疾病服用雌激素类药物者。

2. 临床症状

主要症状是乳房肥大和轻度胀痛。多为单侧，也有双侧，乳房肿大的程度不等。小者只是乳晕下有一盘状肿块，直径为 1~2 cm；大者可大至如女性乳房，但一般都在 10 cm 以内。质地较柔软、界限清楚、有弹性感、轻压痛。

3. 治疗

主要是针对病因治疗，青春期男性乳房肥大症，一般不需治疗，多数病人于发病 1~2 年内自行消失。如因服用雌激素类药物而发病，停药后即逐渐消退。对于有疼痛等症状的可适量口服雄激素类药物，如明显肥大而影响美观，可手术切除，但应保留乳头。

第八节 肿瘤

一、病因

肿瘤是指在某些致瘤因素作用下，机体对部分细胞正常生长的控制功能发生障碍，细胞出现异常增生，形成肿物。

二、临床症状

肿瘤是一种全身性疾病的局部表现。肿瘤转移的途径有直接蔓延，种植，通过血液、淋巴转移等。

肿瘤按其性质分为良性肿瘤和恶性肿瘤两大类。二者的区别见表 5-5。

表 5-5 良性肿瘤和恶性肿瘤的区别

项目	良性肿瘤	恶性肿瘤
生长方式	膨胀性生长，常有包膜，边界清楚，移动性大	浸润性生长，常无包膜，边界不清楚，移动性差
生长速度	缓慢	较快
组织结构	分化好，与原组织相差不大	分化差，与原组织相差较大
转移	不转移	有转移
复发	很少复发	易复发
对机体影响	影响小，主要为压迫和阻塞作用	影响大，破坏组织，出血感染或恶病质，死亡较多

1. 恶性肿瘤

恶性肿瘤依据组织来源不同可划分为以下 3 种。

（1）癌。从上皮组织发生的恶性肿瘤，如胃癌、宫颈癌、乳腺癌等。

（2）肉瘤。从纤维组织、骨、肌、脉管或淋巴组织发生的恶性肿瘤称为肉瘤，如骨肉瘤等。

（3）其他恶性肿瘤。如神经母细胞瘤、恶性畸胎瘤、白血病、黑色素瘤等。

2. 皮下肿瘤

这是最易被发现而又最易被忽视的肿瘤。包括皮样囊肿、皮脂囊肿和表皮囊肿、脂肪瘤、神经纤维瘤、血管瘤、色素瘤等。

1）皮样囊肿、皮脂囊肿与表皮囊肿

皮样囊肿位于皮下层、位置较深、单个圆形状，好发于眼睑、眉外侧、鼻根等处。发展缓慢，无痛，出生即有。皮脂囊肿又称粉瘤，圆形，多发性，多见于成年人的头部、面部和臀部。覆盖的皮肤与皮脂囊肿顶部紧密相连，不能掀起，可推动。表皮囊肿是后天性的，外伤时，由于少量表皮碎块植入皮下层生长而成，仅豌豆大小、表面光滑、无痛，多见于手指部。治疗宜手术切除。

2）纤维瘤

纤维瘤是位于皮下的良性肿瘤，见于全身各部，大小不等、生长缓慢、光滑、活动。纤维瘤引起疼痛或出现恶性病变征象时应迅速手术切除。

3）神经纤维瘤

神经纤维瘤的特点是多发性，沿神经干分布，皮肤出现色素沉着，肿瘤大小不一，遍及全身，多突出体表，也有位于皮下层的。皮肤色素沉着是本病的重要诊断依据，如发于青春期，应切除那些引起疼痛、功能障碍和趋向恶性病变的肿瘤群。

4）脂肪瘤

脂肪瘤是一种由脂肪组织形成的良性肿瘤，多见于皮下、腹膜后等部位，呈单发性，大小不一，发展缓慢，往往长得很大，活动，宜手术切除。

5）血管瘤

血管瘤80%属先天性，为良性肿瘤，分毛细血管瘤、海绵状血管瘤和蜿蜒状血管瘤。较大且局限者应切除。

6）淋巴管瘤

淋巴管瘤多为先天性，是一种无色无痛的软绵囊性肿瘤，好发于四肢、头颈部，位于舌部则出现巨舌症，应手术切除。

7）色素瘤

黑色素瘤是极度恶性的，是由能制造黑色素的细胞所组成的肿瘤。黑色素瘤可以由黑痣恶变而来，黑痣恶性病变征象是迅速长大、颜色加深，出现疼痛、感染、溃疡或出血，四周出现星状小瘤或色素环、局部淋巴结肿大。成年后出现经常易摩擦的足底跟部的黑痣应视为黑色素瘤的前兆，应尽早切除。

三、预防

了解恶性肿瘤的10个警戒信号是早期发现恶性肿瘤的重要依据。

（1）肿块。身体任何部位的肿块，特别是生长速度较快的肿块。

（2）溃疡。身体任何部位无外伤而发生的一个月以上不愈的溃疡。

（3）阴道流血，有白带、味臭，特别是中年以上女性出现不规则的阴道出血或带血的白带。性交时出血是宫颈癌的信号。

（4）胸骨后不适，进行性吞咽困难。

（5）咳嗽血痰。久治不愈的干咳、痰中带血，持续性声音嘶哑。

（6）食欲减退，上腹不适。长期消化不良，进行性食欲减退，消瘦、贫血而无明显原因者。

（7）便血和排便习惯的改变。

（8）鼻出血、头痛、鼻塞。鼻出血特别是单侧出血，进行性头痛加重伴恶心呕吐、视觉障碍（复视者）。

（9）黑痣。生长速度加快、破溃、出血、颜色改变，原有的毛发脱落等突然变化。

（10）血尿，特别是无痛性血尿。

第九节　颈椎病

一、病因

（1）颈椎病又称颈椎综合征，是一种以退行性病理改变为基础的疾患。

（2）颈椎病由慢性劳损、骨质增生、先天性畸形、过劳损伤、不良的睡眠体位、不当的工作姿势和不适当的体育锻炼等原因造成。

二、临床症状

颈椎病的临床症状较为复杂，主要有颈背疼痛、上肢无力、手指发麻、下肢乏力、行走困难、头晕、恶心、呕吐，甚至视物模糊、心动过速及吞咽困难等。

颈椎病可分为：颈型颈椎病、神经根型颈椎病、脊髓型颈椎病、椎动脉型颈椎病、交感神经型颈椎病、食管压迫型颈椎病。

（1）颈型颈椎病

最常见的一型，实际上是各型颈椎病的早期阶段，也称局部型颈椎病，是以头、颈肩、背部酸、痛、胀等不适感觉为主，可伴有颈部僵硬、头晕。x 线片上没有椎间隙狭窄等明显的退行性改变，但可以有颈椎生理曲线的改变，椎体间不稳定及轻度骨质增生等变化。

（2）神经根型颈椎病

是指由于颈椎间盘、椎间关节退行性改变，累及相应节段颈神经根而出现根性压迫或刺激的相应症状和体征，主要表现为肩背部疼痛、上肢及手指的放射性疼痛、麻木、无力等。

（3）脊髓型颈椎病

是危害最严重的一类颈椎病。由于颈椎椎骨间连接结构退变，如椎间盘突出、椎体后缘骨刺、钩椎关节增生，后纵韧带骨化、黄韧带肥厚或钙化导致脊髓受压或脊髓缺血，继而出现脊髓的功能障碍。因此脊髓型颈椎病是脊髓压迫症之一，可严重致残，占全部颈椎病的10%~15%。本型颈椎病多有急性外伤史或长期低头伏案工作史，也有相当一部分患者查不出明确原因。

（4）椎动脉型颈椎病

由于颈部交感神经受激惹致椎动脉受累而引起头痛眩晕视力模糊等综合症状，称之为椎动脉型颈椎病、椎动脉压迫综合征、颈性眩晕、椎动脉缺血综合征、椎基底动脉供血不足等。椎动脉型颈椎病较之脊髓型颈椎病略为多见，因其中大多系由于椎节不稳所致，易经非手术疗法治愈或好转，故住院及需手术者较少。

（5）交感神经型颈椎病

由于椎间盘退变和节段性不稳定等因素，从而对颈椎周围的交感神经末梢造成刺激，产生交感神经功能紊乱。临床表现为头晕、眼花、耳鸣、手麻、心动过速、心前区疼痛等一系列交感神经症状。

（6）食管压迫型颈椎病

颈椎椎体前鸟嘴样增生压迫食管引起吞咽困难（经食管钡剂检查证实）等。

三、治疗

（1）药物治疗

可选择性应用止痛剂、镇静剂、维生素（如维生素 B_1、B_2），对症状的缓解有一定的效果。另有一些中药也有一定的治疗作用。

（2）物理治疗

在颈椎病的治疗中，理疗可起到多种作用。根据病情的不同可以选择牵引、中频（干扰电）、红外线、超声波药离子透入和超短波等物理治疗方式，达到缓解颈肩肌群疼痛，改善神经压迫、眩晕等症状。

（3）针灸按摩中医疗法

针灸按摩中医疗法是颈椎病较为有效的治疗措施。它的治疗作用是能缓解颈肩肌群的紧张及痉挛，恢复颈椎活动，松解神经根及软组织粘连，以及舒筋活络缓解部分症状。

（4）手术治疗

有神经根或脊髓压迫的严重颈椎病患者，必要时可手术治疗。

（5）颈椎的保健

睡眠占人生的三分之一时间，所以睡觉本身的姿势对颈椎起很大作用。睡觉姿势以平躺仰面向上为好，枕头的高度比床高 5 cm 以内为宜，颈部在睡眠时也要垫起，必要时可适当高于头部，使其得到充分的支撑放松，还有一定的保暖作用。

（6）自觉地预防颈椎病，张弛有度，在紧张的学习工作 1 小时后，休息 10 分钟，做工间操或简单的身体活动，每天保证睡 6~8 个小时。坐姿要端正，不要弯腰驼背。

第十节　腰肌劳损

腰肌劳损，又称功能性腰痛、慢性下腰损伤、腰背肌筋膜炎等，实为腰部肌肉及其附着点筋膜或骨膜的慢性损伤性炎症，是腰痛的常见原因之一，为临床常见病、多发病。主要症状是腰或腰骶部胀痛、酸痛，反复发作，疼痛可随气候变化或劳累程度而变化，如日间劳累加重，休息后可减轻，或者时轻时重。

一、病因

（1）慢性劳损

慢性腰肌劳损是一种积累性损伤，主要是因为腰部肌肉疲劳过度，致使腰部肌肉、筋膜及韧带持续性牵拉，肌肉内压增加，供血受阻，引起肌纤维在收缩时消耗的能源不能及时补充，局部产生积聚过多的乳酸，抑制腰部正常的代谢，这些产物不能及时清除，引发炎症、粘连，如此反复，导致组织变性，引起慢性腰痛。

（2）急性腰扭伤治疗不当

腰部肌肉急性损伤后，未得到及时正确的治疗，或治疗不够彻底，或反复损伤，致使损伤后的腰肌筋膜不能完全修复，血肿吸收不好，渗出物纤维化，局部存在慢性无菌性炎症，微循环障碍，乳酸等代谢产物的堆积，刺激神经末梢而引起症状。

（3）先天畸形

先天隐性骶椎裂使部分肌肉、韧带失去附着点，从而减弱了腰骶关节的稳定性。一侧腰椎骶化或骶椎腰化，两侧腰椎间小关节不对称，使两侧腰骶肌运动不一致，造成部分腰背肌代偿性劳损。

（4）小关节功能紊乱

腰椎小关节功能紊乱，引起腰部肌力平衡失调，肌肉紧张、痉挛，导致疼痛及腰部功能活动障碍。

（5）骨折损伤

腰椎骨折损伤后，长期卧床不起，腰背肌肉长时间疲劳，致使部分肌纤维长期处于紧张状态，时间久了会引发部分腰部肌肉会出现劳损。

（6）理化因素的刺激

如寒冷刺激，致使腰骶部肌肉、筋膜及韧带紧张而痉挛，引发损伤。

二、临床症状

腰肌劳损的症状主要表现为反复发作性的广泛的腰部疼痛，有的患者可伴有活动不便。

（1）慢性疼痛

①疼痛性质：酸痛或胀痛。

②疼痛频率：呈间歇性，反复发作，如病情严重则变为持续性。

③疼痛范围：腰背部疼痛范围可能会较广泛，可向臀部放射。

④影响因素：站立或扭转时疼痛加剧，休息或改变体位后疼痛通常得到一定程度的缓解。劳累、受风寒后可导致症状的加重。

（2）腰部按压痛

用手按压可出现压痛，压痛点常在肌肉起、止点附近或神经肌肉结合点，如一侧或两侧骶棘肌轻度压痛。在压痛点进行叩击，疼痛反可减轻。

（3）活动受限

腰腿活动一般无明显障碍，严重者可稍有受限。由于患侧腰肌痉挛收缩，骨盆可以倾斜，腰部显得僵硬，起卧床比较费力。

三、治疗

腰肌劳损主要采取综合性的保守治疗方案，如药物治疗、腰背肌的肌肉训练及中医治疗等。

（1）药物治疗

①非甾体类抗炎药：有抗炎、止痛的功能，是腰肌劳损常用药物，可用双氯芬酸二乙胺乳胶剂、氟比洛芬巴布膏等外用于腰背部疼痛处，可有效减轻炎症反应。亦可遵医嘱口服布洛芬、依托考昔、塞来昔布等药物。

②肌肉松弛药：可以缓解腰部肌肉的痉挛状态，改善患者症状，常用药物有盐酸乙哌立松等。

③封闭治疗：对于疼痛严重者，通常可采用封闭疗法，即将止痛药物注射在腰骶部特定的疼痛点或部位，常用药物为利多卡因、曲安奈德等。

（2）中医治疗

①中药：透过中药外敷和内用，进行综合调理诊治。常用的中医外擦药，如红花油、正骨水等，或外贴伤湿止痛膏、宝珍膏、温经通络膏等伤科膏药。

②针灸：是采用针刺或火灸人体穴位来治疗腰肌劳损。

③拔罐：达到通经活络、行气活血和消肿止痛等作用。

④推拿按摩：可以促进血液循环、舒筋通络、活血散淤、解筋止痛。

（3）其他治疗

①物理疗法：主要为热疗，热疗可解除痉挛，促进血液循环。常用的有热水袋、热敷、电热和红外线。也可用蜡疗、超短波、氦氖激光等疗法。

②运动疗法：是国内外普遍认为治疗肌肉损伤慢性期的安全、有效的方法。适当的伸展练习、稳定性练习和力量练习相结合可以在短期内达到较好的治疗效果。

四、预防

（1）科学锻炼

尤其是常年久坐的人，腰背肌肉比较薄弱，容易损伤，应有目的地加强腰背肌肉的锻炼。体育运动或剧烈活动时，要做好准备活动。

（2）防止寒冷潮湿

不要随意睡在潮湿的地方。根据气候的变化，随时增添衣服，出汗及雨淋之后，要及时更换湿衣或擦干身体。天冷时可用电热毯或睡热炕头。

（3）劳逸结合

避免长期固定在一个动作上和强制的弯腰动作。如久坐久站后应经常改变一下体位或在一定时间后做简单的体操。

（4）纠正不良姿势

纠正不良的工作姿势，如弯腰过久，或伏案过低等。从地上取重物时，应屈膝下蹲，避免弯腰加重负担，向高处取放东西时，够不着不宜勉强，休息应睡比较硬的床，以保持脊柱的正常生理弯曲等。

（5）控制体重

以减轻腰部的负担，特别是中老年人和妇女产后，都是容易发胖的时期，节制饮食、加强锻炼是非常必要的。

(6)积极治疗腰部损伤或疾病

当腰部出现损伤或疾病时,应积极配合医生治疗,确保腰部的完全康复后再恢复劳作。

(7)节制性生活

中医认为腰为肾之腑,房事过频必然有损于肾,肾亏则腰痛。

第十一节 腰椎间盘突出症

一、概述

腰椎间盘突出症是脊柱外科常见病和多发病,是引起下腰痛和腰腿痛的最常见原因。其主要是因为腰椎间盘各部分(髓核、纤维环及软骨板),尤其是髓核,有不同程度的退行性改变后,在外力因素的作用下,椎间盘的纤维环破裂,髓核组织从破裂之处突出(或脱出)于后方或椎管内,导致相邻脊神经根遭受刺激或压迫,从而产生腰部疼痛,并产生一侧下肢或双下肢麻木、疼痛等一系列临床症状。

二、病因

(1)腰椎退变

椎间盘组织是位于两个椎体之间的一种连接结构,由软骨板、纤维环、髓核三部分构成。椎间盘的髓核是一种含水量很高的弹性胶状物质,它的作用除了使脊柱有类似关节活动的作用外,还可以缓冲脊柱在活动中产生的压力、震荡。由于椎间盘组织承受人体躯干及上肢的重量,又因椎间盘纤维环仅有少量血液供应,营养依靠软骨终板渗透极为有限,因而极易退变。主要表现为髓核内部蛋白含量和含水量的降低,纤维环韧度降低。因为久坐、坐姿不正确、弯腰提取重物等原因,可导致退变的椎间盘向椎管内突出,压迫、刺激附近的脊神经根而产生腰腿疼痛的症状,即为腰椎间盘突出症。

(2)损伤

①慢性损伤积累:体力劳动、久坐久蹲、驾驶、体育运动等造成的积累性损伤是腰椎间盘突出症发生的重要因素。

②急性外伤:是椎间盘突出的重要因素之一,尤其与青少年腰椎间盘突出的发病关系密切。

(3)年龄

超过75%的腰椎间盘突出患者为20~40岁的人群。

(4)性别

腰椎间盘突出症多见于男性。这是由于男性在社会工作中从事体力劳动的比例大于女性,诱发腰椎间盘突出症的机会也多。

(5)职业

与腰椎间盘突(脱)出的关系十分密切,例如,汽车驾驶员长期处于坐位和颠簸状态,椎间盘内压力较高,容易造成腰椎间盘突出。从事重体力劳动和举重运动者因过度负荷更易造成椎间盘退变。近年来人们的体力劳动强度明显下降,体育运动减少,腰背部肌肉、韧带强度下降,更易发生椎间盘脱出。

(6)妊娠

妊娠期间整个韧带系统处于松弛状态,后纵韧带松弛易于使椎间盘膨出。加之妊娠后体重增加,孕妇腰背痛的发生率明显高于正常人。

(7)遗传易感因素

腰椎间盘突出症有家族性发病的报道,在国内资料较少。此外,统计数字表明,印第安人、非洲黑种人和因纽特人的发病率较其他民族的发病率明显为低,其原因有待进一步研究。

(8)腰骶先天异常

腰骶段畸形可使发病率增高,包括腰椎骶化、骶椎腰化、半椎体畸形、小关节畸形和关节突不对称等。上述因素可使下腰椎承受的应力发生改变,从而导致椎间盘内压升高和易发生退变、损伤。

(9)环境

长期工作或居住于潮湿及寒冷环境中的人,也比较容易发生腰椎间盘突出症。

三、临床分型

(1)腰椎间盘膨出型。

(2)腰椎间盘突出型。

(3)腰椎间盘脱出型。

(4)经骨突出型。

四、临床症状

(1)腰痛:是大多数患有本病的患者最早出现的症状,发生率极高。临床上以持续性腰背部钝痛为多见,平卧位减轻,站立则加剧。另一类疼痛为腰部痉挛样剧痛,不仅发病急骤突然,且多难以忍受,非卧床休息不可,此主要是由于缺血性神经根炎,即髓核突然突出压迫神经根所致。

(2)坐骨神经痛:多为逐渐发生。典型的坐骨神经痛是从下腰部放射至臀后部、大腿后外侧、小腿外侧至跟部或足背部。咳嗽、喷嚏和排便等一系列使脑脊液压力增高的动作,都可加重腰痛和放射痛。患者为了减轻坐骨神经受压所承受的张力而取弯腰、屈髋、屈膝位,以减轻疼痛。

(3)下腹部痛或大腿前侧痛:在高位腰椎间盘突出,L1~4 神经根受累,可刺激这些神经根与神经根之间的交通支及椎窦神经中的交感神经纤维出现下腹部、腹股沟区或大腿前内侧疼痛。

（4）肢体麻木：当椎间盘突出刺激了本体感觉和触觉纤维，引起肢体麻木而不出现下肢疼痛，麻木感觉区按受累神经区域皮节分布。

（5）间歇性跛行：病人行走时，随着距离的增多而出现腰背痛或患侧下肢放射痛或麻木加重，取蹲位或坐位休息一段时间症状可缓解，再行走症状又复出现，称为间歇性跛行。

（6）马尾综合征：少数情况下，椎间盘组织会压迫马尾神经，出现马尾综合征，主要表现为大小便障碍，会阴和肛周感觉异常。严重者可出现大小便失控及双下肢不完全性瘫痪等症状。男性出现阳痿，女性出现尿潴留和假性尿失禁。

（7）肌肉无力、萎缩、瘫痪：神经根严重受压时使神经麻痹、肌肉瘫痪。部分病情严重的患者，最终发展为瘫痪。

（8）腰椎侧凸：长期有腰椎间盘突出的患者，疼痛会导致站姿或坐姿不正确，导致出现腰椎侧凸。

（9）腰部活动受限：大部分腰椎间盘突出患者都有不同程度的腰部活动受限，急性期尤为明显，腰部前屈时疼痛最明显。

五、治疗

对于症状较轻、病程较短的患者，首选保守治疗，包括药物、牵引、理疗、休息等。如果正规保守治疗无效，则需要行手术治疗。

（1）非手术治疗

①药物治疗：此疾病多数情况下以炎性疼痛为主，在无禁忌证情况下，首先考虑非甾体类抗炎药物，有消炎、止痛功能。如布洛芬、双氯芬酸、美洛昔康、塞来昔布等。维生素 B、甲钴胺等营养神经药物的使用也有一定的效果。

②物理治疗：体外冲击波；中低频电疗；高能量激光治疗。

③牵引治疗：采用骨盆牵引，可以增加椎间隙宽度，减少椎间盘内压，使椎间盘突出部分回纳，减轻对神经根的刺激和压迫，该治疗需要在专业医生指导下进行。

④中医治疗：推拿、按摩可缓解肌肉痉挛，减轻椎间盘内压力。

（2）手术治疗

运用手术治疗的方法将压迫神经的椎间盘髓核组织等进行手术摘除，比较彻底，比如椎板减压椎间盘髓核摘除术。但是如果伴有脊柱不稳，就需要植入内固定。手术治疗的缺点是创伤比较大，恢复比较慢。

六、预防

（1）保持正确的坐姿、站姿。

（2）避免久坐、久站或保持一个姿势很久，应该及时起身放松一下身体，舒展一下身体，从而缓解腰背的不适。

（3）避免长期弯腰负重动作，学会正确的弯腰和搬动重物的技巧。搬动重物时，应下蹲，膝关节屈曲，将物体尽量靠近身体，并使腹肌维持紧张以保护腰部较弱的肌肉，防止其拉伤。

（4）睡硬板床。

（5）注意保暖，防止腰部受凉。

（6）适当锻炼增强腰背肌强度，如经常做一些腰背部锻炼操。

第十二节　强直性脊柱炎

一、病因

（1）强直性脊柱炎（AS）是一个以中轴关节慢性炎症为主，也可累及其他组织和器官的慢性自身免疫性疾病。我国的患病率约为0.3%。该疾病是造成残疾的重要原因。AS累及中轴关节，少数脊柱强直、骶髂关节炎是该病标志。

（2）起病隐匿、缓慢。好发年龄为15~30岁，40岁后发病少。发病比例：男：女=5：1。

二、临床症状

（1）静息性腰痛是其临床关节疼痛特点，主要累及骶髂关节处或臀部。下肢周围关节炎，呈对称性，多见于女性，反复发作和缓解。

（2）关节外症状：疲乏，体重下降，低热。虹膜炎占10%~20%，肺间质纤维化占10%，动脉瓣关闭不全占5%~10%。

（3）肾脏：IgA肾病和肾淀粉样变，即使出现肾病理改变，肾小球功能一般不损伤。

三、治疗

1）一般治疗

理疗：如温泉浴，热水浴，紫外线脊柱照射，淋巴结或关节局部照射，短波、超短波透治疗等，对缓解症状、改善病情有很大帮助。

2）药物治疗

非甾体类抗炎药能有效地缓解症状，但长期服用该类药物易刺激肠道，引起肾间质病变，应引起重视。目前常用药有：①非甾体类抗炎药，如：双氯芬酸、布洛芬；②肾上腺皮质激素；③免疫抑制剂；④生物制剂，如：益赛普、阿达术单抗等。是目前治疗AS的最佳选择。

四、预防

平时注意保持功能位，睡硬板床，多做功能锻炼，如深呼吸、游泳、颈部和腰部活动。

第十三节　皮肤科疾病

一、湿疹

（一）病因

1. 内部因素

（1）慢性感染病灶：如慢性胆囊炎、扁桃体炎、肠寄生虫病等。

（2）内分泌及代谢改变：如月经紊乱、妊娠等。

（3）血液循环障碍：如小腿静脉曲张等。

（4）神经精神因素：精神紧张、失眠、过度疲劳、情绪波动等。

（5）免疫功能异常：如免疫失衡、免疫缺陷等。

（6）其他系统性疾病：如营养不良、肿瘤等。

（7）遗传性或获得性皮肤屏障功能障碍。

2. 外部因素

（1）环境气候条件：如处于日光暴晒、紫外线、寒冷、炎热、干燥、温度变化环境。

（2）家中饲养动物，接触各种动物皮毛；植物花粉；化学物质粉尘等。

（3）日常生活用品如香脂等化妆品、肥皂、人造纤维等均可诱发湿疹。

（4）食入刺激性食物也可诱发湿疹，如鱼虾、牛羊肉、酒精、咖啡、浓茶等。

（二）临床症状

根据病程及临床表现不同，湿疹分为急性、亚急性和慢性 3 种类型。

1. 急性湿疹

急性湿疹好发于面、耳、手、足、前臂、小腿等外露部位，严重者可弥漫全身，常对称分布。常表现为红斑基础上的针头至粟粒大小丘疹、丘疱疹，严重时可出现小水疱，常融合成片，境界不清楚，常因搔抓形成点状糜烂面，有明显浆液性渗出。自觉瘙痒剧烈，搔抓、热水洗烫可加重皮损。如继发感染则形成脓疱、脓痂、淋巴结肿大，可出现发热等；如合并单纯疱疹病毒感染，可形成严重的疱疹性湿疹。

2. 亚急性湿疹

因急性湿疹炎症减轻或不适当处理后病程较久发展而来。表现为红肿及渗出减轻，但仍可有丘疹及少量丘疱疹，皮损呈暗红色，可有少许鳞屑及轻度浸润。仍自觉有剧烈瘙痒。

3. 慢性湿疹

由急性及亚急性湿疹迁延而来，也可由于刺激轻微、持续而一开始就表现为慢性。好发于手、足、小腿、肘窝、大腿、乳房、外阴、肛门等处，多对称发病。表现为患部皮肤浸润性暗红斑上有丘疹、抓痕及鳞屑，局部皮肤肥厚、表面粗糙，有不同程度的苔癣样变、色素沉着或色素减退。自觉亦有明显瘙痒，常呈阵发性。病情时轻时重，延续数月或更久。

（三）治疗

1. 一般治疗

（1）积极寻找并去除可能的病因或过敏原。

（2）减少外界刺激因素，如热水烫洗、暴力搔抓、过度擦拭或其他对患者敏感的物质，如皮毛衣物等。

（3）避免食入刺激性性食物，如鱼虾、浓茶、酒类、咖啡等。

2. 药物治疗

1）外用药物治疗（局部治疗）

是湿疹治疗的主要手段。应根据皮损分期选择合适的药物剂型。

（1）急性期：无水疱、糜烂、渗出时，建议使用炉甘石洗剂、糖皮质激素乳膏或凝胶，渗出多者可用 3% 硼酸溶液、0.1% 依沙吖啶溶液等冷湿敷，有糜烂但渗出不多时可用氧化锌油剂。

（2）亚急性期：可选用氧化锌糊剂、糖皮质激素乳膏，为防止和控制继发性感染，可加用抗生素。

（3）慢性期：建议外用糖皮质激素软膏、硬膏、乳剂或酊剂等，可合用保湿剂及角质松解剂，如 20%~40% 尿素软膏、5%~10% 水杨酸软膏等。

外用糖皮质激素制剂依然是治疗湿疹的主要药物。初始治疗应该根据皮损的性质选择合适强度的糖皮质激素：轻度湿疹建议选弱效糖皮质激素如氢化可的松、地塞米松乳膏；重度肥厚性皮损建议选择强效糖皮质激素如卤米松乳膏；中度湿疹建议选择中效激素，如曲安奈德等。儿童患者、面部及皮肤皱褶部位皮损一般弱效或中效糖皮质激素即有效。强效糖皮质激素连续应用一般不超过 2 周。

2）系统药物治疗

目的在于抗炎、止痒。

（1）抗组胺药物：止痒抗炎作用，主要包括氯雷他定、西替利嗪等。

（2）抗过敏治疗：维生素 C、葡萄糖酸钙等有一定抗过敏作用，可以用于急性发作或瘙痒明显者。

（3）抗生素：在抗过敏治疗的同时使用敏感抗生素。对于伴有广泛感染者医生可能建议系统应用抗生素 7~10 d。

（4）糖皮质激素：能快能控制症状，抗炎、止痒，但停药易复发，故一般情况不主张使用。对急性严重、泛发性患者，采用其他治疗无效，无糖皮质激素应用禁忌证时可酌情使用，如泼尼松、地塞米松。

（5）免疫抑制剂：应当慎用，要严格掌握适应证。仅适用于病情严重而其他治疗无效的病例，如环孢素、硫唑嘌呤。

3）中药治疗

有多种治疗本病的中药方剂和中成药。

（四）预防复发

（1）去除可能的致病因素，并对相关性疾病进行及时治疗。

（2）使用温和无刺激的香皂或护肤品，洗衣使用温和洗涤剂，减轻对皮肤刺激。

（3）衣被不宜用丝、毛及化纤制品，冬季注意皮肤清洁剂润泽。

（4）沐浴后，用柔软的毛巾轻轻擦干皮肤，在皮肤仍然潮湿的同时涂抹保湿霜，以免皮肤过于干燥。

（5）注意日常锻炼，保持身心愉悦，保证充足睡眠。

（6）穿舒适柔软面料衣物。

（7）注意保持个人卫生，勤洗澡。

二、荨麻疹

荨麻疹俗称“风疹块”，是一种常见的过敏性皮肤病，其症状特征为全身泛发风团，瘙痒难忍，皮疹来去迅速，消退后不留痕迹。

（一）病因

荨麻疹的病因多而复杂，最常见的病因有：

（1）进食过敏性食物，尤其是鱼虾蟹蛋奶。

（2）药物过敏，以青霉素、阿司匹林、胰岛素等引起者居多。

（3）各种病原体感染，甚至连虫咬、蜂蜇也可导致。

（4）吸入花粉、粉尘、动物皮屑。

（5）理化因素，如日光暴晒、寒冷刺激、摩擦和压力、接触某些化学品。

（6）胃肠疾病、内分泌失调、精神紧张等也可引起。

（二）临床症状

（1）起病急，起初自觉皮肤剧烈瘙痒，继之迅速出现形状不一、大小不等的红色或苍白色风团，界限清楚，可孤立也可融合成片，常常骤起骤没，此起彼伏。消退较快，单个风团一般不超过 24 小时，消退后不留痕迹。

（2）少数人可因消化道、呼吸道黏膜水肿，出现呕吐、腹痛、腹泻、胸闷、呼吸困难等症状。

（3）急性发作者，数天内即可停发。若皮损反复发作超过 6 周、每周发作大于 2 次者，或病程迁延 2~3 个月以上者称为慢性荨麻疹。

（三）治疗

（1）积极寻找和祛除病因以及可能的诱因，尽量避免接触过敏源。

（2）主要采用抗组胺类药物，如氯雷他定、西替利嗪、氯苯那敏，配用钙剂、维生素 C 等。外用药可选用地塞米松、尤卓尔等各种皮质激素软膏。

（3）皮疹严重或者出现消化道、呼吸道等症状者应即刻就医。

（4）护理，通过避免搔抓、摩擦及热水烫洗来止痒；发病期间不喝酒、浓茶，忌吃辛辣食物。

（四）预防措施

（1）注意饮食，避免诱因。

（2）注意卫生，避免不良刺激。

（3）注意药物因素引起的过敏。

（4）积极治疗原有疾病。

（5）保持健康心态，提高身体抵抗力。

三、癣

（一）病因

（1）癣是由浅部真菌侵犯人的皮肤、毛发及甲板所引起的一种十分常见的感染性疾病。由于真菌容易在温热潮湿的环境中繁殖，故本病好发于夏季。

（2）主要通过与患者直接接触或共用生活用品而感染，如理发工具、枕巾、毛巾等。癣按发生部位不同分为头癣、手足癣、甲癣及股癣等。

（二）临床症状

1. 体癣

皮损表现为丘疹、水疱或者丘疱疹，针尖到绿豆大小，由中心向外扩展。由于皮损中央常自愈，故形成圆形或类圆形的边缘隆起的损害。瘙痒明显，因长期搔抓刺激，使局部皮肤肥厚浸润呈苔藓样变化，颜色暗红，有色素沉着。好发于颜面、颈部、躯干及四肢。

2. 手足癣

手足癣为最常见的类型，夏季多发，手足多汗、鞋不透气是发病的诱因。根据疱疹表现可分为

（1）浸渍型：主要发生在指（趾）间，表皮浸渍、发白，软易剥脱，剥脱后露出红色糜烂面；

（2）水疱型：常为针头大小的水疱，不易破溃，疱液清亮，剧痒，夏发冬愈；

（3）鳞屑型：以脱皮为主，间有水疱；

（4）增厚型：掌跖皮肤的角质层明显增厚，冬季伴有皲裂。以上各型可独立存在或并存，亦可相互转化。

3. 甲癣

甲癣俗称“灰指（趾）甲”，十分顽固，甚者可迁延终身。症状表现为甲板逐渐失去光泽、变色、变形、增厚变脆，呈灰白色或污秽色，最终引起全甲毁损。

（三）治疗

1. 体癣及手足癣

以外用抗真菌药物为主，应坚持及时彻底长期治疗的原则。多酌情选用达克宁、特比萘酚、克霉唑、孚琪乳膏等涂擦患部，皮损较重者可口服伊曲康唑胶囊。水疱型、鳞屑型患者也可用复方水杨酸酊或复方冰醋酸涂搽，但对皮肤有一定刺激性。

2. 甲癣

治疗方法包括手术拔除病甲、内服或外用抗真菌药物等措施。患甲癣后应到医院就诊。

（四）预防

（1）对患者的贴身衣服、被套、床单、脚巾、袜子等进行高温或暴晒消毒。

（2）做好理发店、浴室、游泳池、旅店等公共场所的卫生与消毒。

（3）不共用毛巾、浴巾、浴盆、脚盆，经常洗脚并保持足部干燥，鞋袜要勤洗勤换。

（4）穿宽松、透气的衣裤鞋袜。

（5）注意个人卫生，勤剪指甲勤洗手，杜绝搔抓足部，避免自身传染。

四、痤疮

痤疮俗称“青春痘”，是一种毛囊皮脂腺的慢性炎症性疾病，好发于青少年，临床表现为以面部为主的粉刺、丘疹、脓疱、结节，呈慢性迁延。青春期后往往能自然减轻或痊愈。

（一）病因

（1）雄激素水平异常，皮脂分泌增多

青春期后体内雄激素（尤其是睾酮）水平增高可使皮脂腺（皮肤的一个重要腺体）增大、皮脂（即我们通常所说的油脂）分泌增加。油脂和脱落的死皮细胞堵塞毛孔，从而形成痤疮。

（2）毛囊口堵塞，皮脂不能排出

周围细胞角化异常，可导致毛囊口变小、狭窄、堵塞，皮脂无法正常排出，可堆积在毛囊口形成粉刺。

（3）痤疮丙酸杆菌繁殖，炎症反应

又称痤疮杆菌，一般存在于皮肤的毛囊和皮脂腺中。随着青少年的发育成熟，皮脂腺的分泌功能明显增加，皮脂内的脂肪酸等成分适合痤疮丙酸杆菌的生长及繁殖，从而成为痤疮最主要的病因之一。此外，痤疮丙酸杆菌还可破坏毛囊周围的组织，导致炎症扩散，加重疾病的进展。

（4）遗传、饮食、药物、内分泌紊乱、化妆品、不良卫生习惯等亦可诱发本病。

（二）临床症状

痤疮经常出现在面部、额头、胸部、背部和肩部，多为对称分布。病变主要包括白头粉刺、黑头粉刺、小肿块（丘疹）、结节和囊肿。患者常伴有毛孔粗大和皮脂溢出。痤疮的病程通常为慢性，症状时轻时重。

（1）初起时为位于毛囊口的半球形白色小包，称白头粉刺，然后可逐渐演变成红色丘疹、结节、脓疱、小囊肿。毛囊内的脂肪栓子经空气氧化和灰尘的混入呈黑褐色，称黑头粉刺，挤压后遗留下小凹。若病情反复，经久不愈，会使面部形成凹陷性或肥厚性瘢痕，犹如橘皮，并有色素沉着。

（2）少数女性痤疮可发生于月经前，与月经周期有关。

（3）有时化妆品、防晒霜、发胶等也可引起皮脂腺导管堵塞，从而继发毛囊炎症，称为化妆品痤疮。

（三）治疗

1. 一般治疗

（1）应注意清洁，宜用温水及中性肥皂清洁面部以减少油脂附着于面部堵塞毛孔。

（2）忌用手挤压及搔抓粉刺。

（3）在泌油高峰尚未得到控制之前，原则上不应使用油性化妆品。

（4）尽可能避免辛辣刺激性食物，慎用溴、碘类药物。

（5）保持大便通畅，避免熬夜。

2. 药物治疗

（1）外用药物治疗

①维A酸类：外用维A酸类药物是轻度痤疮的单独一线用药，中度痤疮的联合用药以及痤疮维持治疗的首选药物。目前常用的第三代维A酸类药物如0.1%阿达帕林凝胶、他扎罗汀。建议低浓度或小范围使用。

②过氧化苯甲酰：建议敏感性皮肤从低浓度及小范围开始试用。本药可以单独使用，也可联合外用维A酸类药物或外用抗生素。

③抗生素：包括夫西地酸乳膏、红霉素软膏、和克林霉素以及氯霉素等外用制剂。

④壬二酸：对炎症及粉刺均有治疗作用，还可以减轻炎症后色素沉着。可配成15%~20%霜外用。其不良反应为局部轻度红斑和刺痛。

⑤二氧化硒：2.5%二硫化硒洗剂具有抑制真菌、寄生虫及细菌的作用。洁净皮肤后，将药液略加稀释均匀地涂布于皮脂溢出显著的部位，3~5分钟后用清水清洗。

⑥其他：5%~10%硫磺洗剂和5%~10%的水杨酸乳膏或凝胶，可用于痤疮的治疗。

（2）系统药物治疗

①抗生素：口服抗生素是治疗中、重度痤疮有效的方法之一。应首选四环素类，其次是大环内酯类，其他如甲硝唑也可酌情使用。

②异维A酸：口服异维A酸是治疗重度痤疮的标准方法，可作用于痤疮发病的所有病理生理环节，减少皮脂分泌，控制异常角化和黑头粉刺的形成，并抑制痤疮丙酸杆菌，对结节性、囊肿性和聚合性痤疮效果好。

③抗雄激素药物：适用于伴有高雄激素表现的痤疮（如重度痤疮伴有月经不规律和多毛），女性青春期后痤疮，月经前明显加重的痤疮，常用药物有避孕药、螺内酯等。

④糖皮质激素：常用复发倍他米松或曲安萘德悬混液。应避免长期大剂量使用糖皮质激素，以免发生不良反应，包括激素性痤疮或毛囊炎，使病情复杂化。

第十四节　耳鼻喉眼科疾病

一、急性结膜炎

（一）病因

急性结膜炎俗称“红眼病”，是一种传染性极强的眼科疾病。主要由于细菌或病毒感染引起。多见于春秋两季，常在学校、工厂等集体生活场所和家庭成员中流行，可通过接触带病菌的毛巾、脸盆、门把手、水龙头、游泳池水等感染致病。

（二）临床症状

潜伏期1~3天，患者表现为眼有异物感、畏光流泪、灼热、分泌物增多及眼痒。细菌感染时分泌物呈脓性，病毒感染时分泌物呈水样或浆液性，检查见结膜充血、水肿，重者结膜下出血，并可有耳前淋巴结肿大、压痛。一般在发病后4~5天症状达到高峰，以后逐渐减轻，2周内痊愈。

（三）治疗

先用生理盐水或3%硼酸溶液冲洗结膜囊，清除分泌物后，再酌情选用左氧氟沙星、阿奇霉素或病毒唑眼液滴眼，每1~2小时一次。可口服黄连上清片。

（四）预防

（1）注意个人卫生，勤洗手，宿舍成员不相互借用毛巾及脸盆。

（2）一旦发现校园内急性结膜炎流行时，要隔离患者，并对其毛巾、手帕、脸盆等消毒处理。

（3）加强游泳池管理，禁止患者进入。在游泳前后可滴抗感染眼药水。

二、沙眼

（一）病因

沙眼是由沙眼衣原体引起的一种慢性传染性结膜角膜炎。因患者眼睑结膜有乳头及滤泡增生，表面形成粗糙不平的外观，状似沙粒，故名沙眼。本病常通过接触沙眼患者的手，或接触被其眼分泌物污染的毛巾、脸盆、衣物、洗澡用品、游泳池水等被传染，故是否患沙眼，与个人的卫生习惯、生活条件和居住环境等关系较密切。

（二）临床症状

（1）主要症状为眼痒、异物感，严重患者在疾病后期可影响视力甚至造成失明。

（2）急性期症状为不同程度的怕光、流泪、眼发痒及异物感、分泌物增多，检查可见睑结膜充血、乳头增生、滤泡形成，严重者可发生角膜上皮炎。数周后急性症状消退而转入慢性期，患者可无任何不适，或仅有眼睛刺痒、异物感、干涩感及烧灼感。此期尚无明显瘢痕形成，若能积极治疗，预后较佳。否则病情进展引起角膜血管翳及瘢痕，导致上述症状进一步加重，严重影响视力甚至失明。

（三）治疗

（1）以局部治疗为主，采用抗沙眼衣原体的眼液或眼膏，如利福平、红霉素等，白天滴眼液，晚上涂眼膏。疗程 6~12 周。急性期或病情较重者，除了用眼药外，可口服红霉素等。

（2）对有后遗症、并发症者，可行手术治疗。如通过手术矫正沙眼的眼睑内翻和倒睫，防止其进一步摩擦角膜而损害视力。

（四）预防

（1）洗漱用具必须专人专用，不用手揉眼，毛巾、手帕要勤洗、晒干。

（2）宾馆、理发店、美容院的毛巾、盆子等在使用后要消毒，避免间接传染。

（3）对儿童及学生定期检查眼睛，发现沙眼应早期治疗。

三、中耳炎

中耳炎是指发生于中耳部位的炎症，病变可累及中耳全部或部分结构，患者可出现耳部疼痛、耳道分泌物、听力下降、耳鸣等症状。临床上中耳炎多是由于细菌或病毒感染所引起。该病好发于儿童，2 岁和 5 岁是发病的高发阶段。中耳炎的分类较多，其中以分泌性中耳炎和化脓性中耳炎较为典型，临床常见。

（一）病因

中耳炎主要是由于病毒或细菌感染所致，这种感染通常继发于感冒、流感等上呼吸道感染性疾病。当发生上呼吸道感染时，病毒和细菌可通过咽鼓管（咽鼓管可以调节中耳的气压、清新耳朵里的空气、排出中耳的正常分泌物）进入中耳，并且还可引起咽鼓管充血和肿胀。咽鼓管肿胀导致了中耳渗出物无法排出，使得细菌和病毒在渗出液中滋生，最终发生了中耳炎。

1. 分泌性中耳炎

分泌性中耳炎是以传导性聋及鼓室积液为主要特征的中耳非化脓性炎性疾病。冬春季多发，是儿童和成人常见的听力下降原因之一，多为上呼吸道感染所致。

2. 化脓性中耳炎

分为急性化脓性中耳炎和慢性化脓性中耳炎，发病的时间通常界定为 6 周。

（1）急性化脓性中耳炎：急性化脓性中耳炎是细菌感染引起的中耳黏膜的急性化脓性炎症。病变主要位于鼓室，中耳的其他各部，如乳突的黏膜也有较轻微的炎症。

（2）慢性化脓性中耳炎：慢性化脓性中耳炎是中耳黏膜、骨膜或深达骨质的慢性化脓性炎症。病变不仅位于鼓室，还常侵犯鼓窦，乳突和咽鼓管。患者可出现耳鸣、耳溢液、听力下降等症状。

（二）临床症状

中耳炎主要表现为耳部疼痛、耳道排出分泌物、听力下降、耳鸣等症状，但不同类型的中耳炎具体的症状也有所不同。如分泌性中耳炎患者主要表现为听力减退、耳痛、耳鸣、耳闷等症状；急性化脓性中耳炎主要表现为耳痛、听力减退、耳部流脓等症状；慢性化脓性中耳炎主要表现为耳部反复流脓、耳鸣、听力下降等症状。

（三）治疗

中耳炎的治疗以控制感染、改善中耳通气引流功能为主，治疗方式主要包括药物治疗以及手术治疗。医生还需及时评估是否有并发症的风险。

1. 药物治疗

1）全身用药

（1）主要是应用抗生素控制感染，常用药物包括红霉素、头孢呋辛、头孢唑肟等，通常根据患者的具体情况选择口服或者静脉滴注。急性化脓性中耳炎如早期用药及时，可防止鼓膜穿孔。

（2）非甾体类抗炎药：如对乙酰氨基酚或阿司匹林，可帮助缓解患者的耳痛以及发热症状。

2）局部用药

（1）糖皮质激素类药物：如地塞米松或泼尼松等药物，用于辅助治疗。

（2）稀化黏素类药物：有利于纤毛的排泄功能，降低咽鼓管黏膜的表面张力和咽鼓管开放的压力。

（3）血管收缩剂：用含有血管收缩剂的滴鼻液滴鼻，可帮助改善咽鼓管通畅度，减轻局部炎症。

（4）乙醇制剂：脓液减少、炎症逐渐消退时，可用3%硼酸乙醇甘油、3%硼酸乙醇、5%氯霉素甘油等滴耳。

（5）局部应用抗生素：应用抗生素滴耳，可帮助控制局部的感染，可用于急、慢性化脓性中耳炎。

（6）减充血喷鼻剂：可帮助患者减少咽鼓管的阻塞。

2. 手术治疗

目前中耳手术已由传统的病灶清除发展到现代的清除病灶后的听功能重建，由于中耳乳突解剖结构、手术理念复杂，故手术方式不一。

（四）预防

1. 加强体育锻炼，增强体质，注意清洁卫生。
2. 积极防治上呼吸道感染和呼吸道传染病。
3. 学习有关正确擤鼻涕的卫生知识，擤鼻涕时不要过分用力，以防鼻涕进入鼓室引起感染。
4. 保持外耳道的干爽，洗澡、游泳后，可以将一侧耳朵向下，空出里面的水，或用干布擦拭耳郭等容易清理的地方。
5. 禁用硬物掏耳，防止鼓膜损伤。
6. 戒烟、避免吸入二手烟。
7. 婴儿哺乳喂养时，应取半坐位，防止呛咳。

四、鼻窦炎

（一）病因

（1）急性鼻窦炎多继发于急性鼻炎（普通感冒），慢性鼻窦炎常因急性鼻窦炎未能得到合理治疗迁延而致。

（2）除感冒外，慢性鼻炎、鼻中隔偏曲、鼻息肉、鼻腔肿瘤等也可阻塞鼻窦开口，影响通气和引流，导致鼻窦炎的发生。

（3）有时扁桃体炎、牙根炎症可引起上颌窦炎。

（4）飞机飞行时迅速下降致鼻窦腔内气压改变可引起航空性鼻窦炎。

（5）过度疲劳、营养不良、受凉等引起机体抵抗力减弱，成为发病的诱因。

（二）临床症状

1. 急性鼻窦炎

表现为持续鼻塞、流较多脓鼻涕、鼻音重、头闷和胀痛，头痛多位于额、面或枕后部，随低头、打喷嚏和咳嗽而加重。头痛常有时间性和固定部位，一般白天重夜晚轻。嗅觉减退，呼出的气体常有臭味。部分患者可伴有畏寒、发热及全身不适。

2. 慢性鼻窦炎

以鼻塞和流脓鼻涕为主要症状，头痛不如急性期明显，主要表现为头沉重、压迫感。由于脓涕流入咽部和长期用口呼吸，常伴有慢性咽炎症状，如痰多、咽部异物感和咽痛。若病变影响咽鼓管，可出现耳鸣、耳聋。检查可见鼻甲肿大、鼻道积脓，可酌情选用鼻内镜、鼻窦X线、CT等检查帮助确诊。

（三）治疗

1. 急性鼻窦炎

（1）以抗感染为主，应及时选用敏感抗生素，疗程10~14天。

（2）配合使用麻黄碱等鼻黏膜血管收缩剂进行鼻腔内点滴，以改善鼻腔通气、利于鼻窦引流。但疗程不超过7天，以免形成药物性鼻炎。

（3）急性上颌窦炎在全身症状消退、局部急性炎症基本控制后可施行上颌窦穿刺冲洗术，每周1~2次，直至痊愈。

（4）理疗：如局部热敷、超短波透射、红外线照射等。

2. 慢性鼻窦炎

（1）药物治疗：鼻喷激素、黏液促排剂、抗组胺药等。

（2）中医治疗：中药、针灸等。

（3）根据病情，酌情采用穿刺冲洗、鼻内镜手术、理疗等方法。

（四）预防

（1）加强体育锻炼，增强体质。

（2）预防感冒及其他传染病；积极治疗鼻咽口腔疾病。

（3）采取正确擤涕的方法，不要用力擤鼻，否则在鼻涕黏稠时易引发化脓性中耳炎。

五、过敏性鼻炎

过敏性鼻炎又称变应性鼻炎，是一种鼻黏膜慢性反应性炎症。患者主要表现为鼻痒、阵发性连续喷嚏、大量水样鼻涕和鼻塞等症状。目前本病并不能完全治愈，但通过规范治疗可以控制症状。

（一）病因

1. 遗传

多种细胞因子、炎症介质等都参与了过敏性鼻炎的发病过程，该病常表现出家族易感性，是一种具有遗传倾向的疾病。目前已发现多个基因及相关转录因子与本病有关，如免疫球蛋白 E（lgE）相关候选基因、T 细胞表面抗原、重要的转录因子等。

2. 环境因素

（1）吸入性过敏原：如尘螨、屋尘、真菌、动物皮屑、各种树木和草类的风媒花粉等，这些过敏原的颗粒大都较大，能在鼻部被阻挡下来而在鼻腔内发生过敏反应。其中花粉和真菌孢子等室外过敏原是引起季节性过敏性鼻炎的主要原因；而尘螨、宠物皮毛、真菌、蟑螂等室内过敏原易导致常年性过敏性鼻炎。

（2）食入性过敏原：食物性过敏原不经可以引起消化道、皮肤等出现过敏反应，部分患者也可以出现鼻部的症状，常见的食物食物过敏原有花生、牛奶、鸡蛋、芒果等。另外，临床上的某些药物也可诱发过敏性鼻炎。

（二）临床症状

过敏性鼻炎的患者多以鼻痒、阵发性连续喷嚏、大量水样鼻涕和鼻塞等症状为主要的临床特点。季节性过敏性鼻炎患者的症状可持续数周左右，一般在换季后即可缓解；常年性过敏性鼻炎患者的症状发作的时间多不固定，多是在接触过敏原后发作，可反复出现。

（三）治疗

临床上一般根据过敏性鼻炎的分类和程度，采用阶梯式的治疗方法，即按照病情由轻到重，循序渐进依次采用抗组胺药物、糖皮质激素等进行治疗。主要的治疗方法包括避免接触过敏原、药物治疗、免疫治疗、手术治疗等。尽量避免暴露于过敏原是最有效的治疗方法。

1. 药物治疗

（1）抗组胺药物

此类药物具有抗过敏的作用，可以迅速缓解鼻痒、喷嚏和鼻分泌亢进等症状，但对缓解鼻塞的作用较弱。常用的药物包括盐酸左卡巴斯汀、西替利嗪、氯雷他定等。

（2）鼻用减充血药

此类药物通常作为辅助用药用于缓解鼻塞症状。常用羟甲唑啉等。需要注意的是上述药物不能连用 7 天以上，长期使用可能会引起药物性鼻炎。

（3）抗胆碱药

此类药物具有松弛支气管平滑肌的作用，应用后可以减少鼻分泌物。常用异丙托溴铵等药物。

（4）鼻用糖皮质激素

此类药物可以减轻鼻粘膜的炎症反应，且因糖皮质激素因在局部吸收，故全身生物利用度低，起效快，安全性好。常见的药物布地奈德、丙酸氟替卡松、糠酸莫米松等。但需注意药物的不良反应如鼻出血、支气管痉挛、咳嗽等不良反应。

（5）抗白三烯药

可用于治疗变应性鼻炎特别是合并哮喘的患者，如孟鲁司特钠等，具有预防和减少鼻粘膜炎症的作用。

（6）肥大细胞膜稳定剂

肥大细胞脱颗粒可以释放预合成和新合成的多种介质，在过敏性鼻炎的发病中起重要的作用。常用药物包括色甘酸钠、尼多可罗等。

（7）抗 IgE 抗体

如奥马珠单抗，该药是一种人工合成的单克隆抗 IgE 抗体，多用于其他药物治疗无效的重度过敏性鼻炎或哮喘患者。但是由于此类药物治疗周期长，经济成本高，所以未在临床上广泛应用。

2. 手术治疗

对于部分药物和免疫治疗效果不理想的患者，医生可能会建议进行手术治疗，主要是应用选择性神经切断术，如翼管神经切断等。手术会切断鼻部的副交感神经，从而使鼻腔、鼻窦的血管处于收缩状态，能够减少鼻腔分泌物，改善鼻腔流涕状态。

（四）预防

1. 本病目前并没有有效的预防措施，但是患者可以通过避免接触过敏原，来减少症状发作次数。

2. 尽量保持鼻腔湿润，呼吸温暖潮湿的空气，有助于缓解鼻塞。

3. 患者要注意锻炼身体，提高机体免疫力，做到劳逸结合，防止过度疲劳。

4. 预防感冒，要注意流感季节不要到人员聚集的场所，同时室内注意开窗通风。

5. 尽量保持室内环境清洁，室内温度最好保持在 24 ℃ ~26 ℃；同时可以用加湿器增加家中空气湿度，并注意通风换气。

6. 平时不要挖鼻孔、改正用力擤鼻的不良习惯。

第十五节　女性生殖健康和常见妇科疾病

一、女性生殖器官

女性外生殖器是指女性生殖器的外露部分，又叫外阴，包括阴阜、大阴唇、小阴唇、阴蒂、阴道前庭等；内生殖器由阴道、子宫、卵巢、输卵管组成，其中输卵管和卵巢合称为子宫附件（详见第八章第一节）。

二、女性生殖器官卫生保健

女性外生殖器的构造较为复杂,阴道口、尿道口、肛门三者间距离近,尿道短而直,容易造成交叉感染和泌尿道、生殖道炎症,故应特别注意卫生保健。

1. 每晚清洗会阴

清洗会阴提倡用冲淋方式。女生一定要养成每天清洗会阴的习惯,清洗时先从大阴唇内侧开始,向内清洗小阴唇、阴蒂、阴道前庭及阴道口、尿道口,然后清洗大阴唇外侧、阴阜、大腿根部内侧,最后洗肛门。清洗时宜用干净的温水,尽量不用肥皂、浴液等洗涤用品,以免破坏局部的正常菌群和酸碱度,削弱抵抗力。只有在会阴部局部有炎症时才在水里加入适量消毒液,如妇炎洁、洁尔阴等。

2. 勤换洗棉质内裤,少用卫生护垫

宜选择浅色、宽松的纯棉内裤,通风透气。年轻女性分泌物较旺盛,宜每晚换洗内裤。除了旅游、下乡等换洗内裤不方便的情况下,一般不主张用卫生护垫。外裤也不宜过紧,不要经常穿紧身牛仔裤、健美裤等,尤其在排卵期和月经期。

3. 及时发现白带异常

注意随时观察白带颜色、气味等有无异常。若白带量明显增多,异味大,或颜色改变(如发黄、带血丝,呈泡沫状或豆腐渣样),同时伴阴道瘙痒等,都是生殖器炎症的表现。一旦发现患阴道炎等,应去医院就诊。

4. 重视经期卫生和保健

1)保持会阴部清洁

经期每天至少清洗一次会阴,尽量用冲淋方式,若盆浴,勿坐入盆中,以防脏水进入阴道。

2)注意防寒保暖

在寒冷刺激下,子宫和盆腔血管过度收缩,可引起痛经、闭经发生,故月经期应防寒保暖,尤其是下腹部。不用凉水洗浴,避免淋雨、涉水。一旦受寒,可及时喝生姜红糖水,用热水烫脚,盖好被子睡上一觉,通过发汗和休息有助于月经畅通。

3)勤洗勤换卫生用品

使用正规厂家生产的消毒卫生巾,开封时间过长不应使用。由于经血是细菌繁殖的地方,卫生巾要每天及时更换。

4)保持情绪稳定和心情舒畅

经期前期,由于神经系统和内分泌变化,身体可有些不适,情绪也易激动、烦躁,而情绪波动反过来又会影响大脑的调节功能,导致腹痛和经量改变、经期延长、突发闭经等月经紊乱现象。因此,经期更要注意自我心理调节,保持愉悦心情。

5)月经期既注意休息又要适量运动

月经期要注意休息,保证睡眠,以增强抵抗力。可以散步、慢跑、做体操等,通过促进全身血液循环,使经血通畅,缓解经期常见的下腹胀痛和腰背酸痛等症状。但要避免剧烈运动，以免经期延长或经血增多。禁止性生活，否则易造成逆行感染。

6）饮食调节

月经会使体内铁和蛋白质丢失，要适当补充，如食用鸡蛋、瘦肉、豆制品、牛奶等。可多喝开水，以增加尿量，起到冲洗尿道，预防尿路感染的作用。忌冷饮和辣椒等刺激性食物。

5. 乳房保健

乳房位于胸大肌的前方，在成年女性多呈半球形，两侧基本对称。女性乳房是哺育后代的器官，也是第二性征的重要标志之一以及敏感的性器官，丰满的乳房还是女性健美的标志，女学生在日常生活中要注意乳房保健。措施如下。

1）保持良好的姿势

女青年站立、行走时应尽量保持抬头挺胸收腹的姿势，如果走路时含胸躬腰，站立时耸肩缩背，坐时东摇西晃，久而久之就可能影响脊柱、胸廓肌肉以及乳房的正常发育。睡觉宜取仰卧或侧卧位。

2）营养均衡

乳房健美的基础是身体健康，没有良好的体质就不会有健美的乳房，乳房大小取决于乳腺组织和脂肪的多少。女青年不可因追求苗条过分节食或偏食，应适量地摄入脂肪，增加鱼、肉等食品。增加胸部脂肪量，是保持乳房丰满浑圆、提高丰挺度的最自然健康的方法。

3）加强运动

平时要经常参加体育锻炼，特别是多做些扩胸、胸部健美操、游泳、俯卧撑等加强胸部肌肉锻炼的运动。乳房小的女青年早晚可以适当按摩乳房，通过促进局部血液循环和神经反射作用改善脑垂体分泌，促进乳房发育。手术或药物隆胸开展以来已有许多出现不良反应和后遗症的报道，应慎重。

4）注意保护

在乳房发育过程中，有时会出现轻微的胀痛或瘙痒，不可用手挤捏或抓搔。在劳动或运动过程中要保护好乳房，避免因撞击或挤压受伤。

5）科学佩戴胸罩

通常，女孩在乳房发育基本定型后即可开始佩戴胸罩。胸罩能保护、支持和衬托乳房，使其血液循环通畅；减少行走尤其是运动和劳动时乳房的摆动，防止乳房松弛下垂，还可使女性身体曲线更加优美。理想的胸罩应大小松紧合适，刚好托起乳房，既限制其活动又不影响呼吸，取下后皮肤上不留明显压痕。青春期女孩胸罩宜选用柔软、透气、吸湿性强的棉制品。一天佩戴的时间最好不超过 12 小时，睡觉时脱下，让胸部放松，以保证淋巴液的正常流通。

6）正确对待乳房的生理性变化

女性的乳腺会随月经周期体内激素代谢规律发生相应变化。通常在月经前几天，乳房因小叶增生会出现轻微胀痛和少许小结节，行经后症状减轻继而消失，待下次月经来潮前又出现这种周期性变化。少女和年轻女性由于性激素分泌旺盛等原因，乳房胀痛往往比较明显，勿将该生理现象误认为疾病。但平时应注意保持心情愉快、情绪稳定，不随意服用含雌激素的保健品或食品，以免诱导乳腺组织病理性增生。

7）及早发现乳房病变

女性要养成自检乳房的好习惯，以及时发现包块等异常现象。检查乳房通常在月经结束后的 5~7 天进行，在此期间乳腺比较松软，无胀痛，乳腺小叶增生造成的结节也很少。

检查方法：第一步，观察。脱去外衣，站在镜前，先两臂自然下垂，再双手叉腰、双臂高举过头，仔细观察两乳房是否对称，有无隆起或凹陷，两乳头位置是否在同一水平。正常者无论在双臂下垂、叉腰或上举时，两乳房的位置都是对称的。第二步，触查。取仰卧位或立位，先举起左臂，用并拢的右手 3~4 个手指的指腹紧贴左侧乳房皮肤，从外上象限开始，按顺时针方向做循环触摸，由外向内至少 3 圈，直至乳头。触摸时，手要在平面来回滑动，勿将乳房捏起，以免造成假象。同时注意触摸腋窝和锁骨上窝有无肿大的淋巴结。最后用手指挤压乳头，观察是否有液体溢出。右侧乳房以同样的方法自查，但沿逆时针方向进行。

如果发现乳房、腋窝和锁骨上窝有结节、包块，或乳头挤出微黄的液体，应尽早就诊。多数情况下，乳房病变都是通过自检发现，然后再去医院进一步检查确诊的。

三、妇科常见疾病

（一）月经失调

1. 月经失调

两次月经第一天的间隔时间称为月经周期。正常周期 21~35 天，平均 28 日，周期长短因人而异，提前或推后 7~10 天都属正常。但是月经周期只要有规律，即使缩短到 21 天或延迟到 45 天，也属于正常现象。月经经量在 20~80 mL 不等。月经经期持续时间一般为 2~8 天。月经血的颜色主要是由血液在子宫内存留的时间长短决定的。

2. 临床特点

1）临床表现

月经失调包括月经周期、月经经期及月经经量的异常。

月经周期异常包括月经频发（周期少于 21 天），月经稀发（周期大于 35 天甚至数月），或周期时长时短，没有规律。月经经期如果短于 2 天或长于 8 天，应考虑有病理性可能。月经经血量超过 80 mL 为经量过多，少于 20 mL 为经量过少。

2）影响月经的因素

正常月经的发生是基于卵巢排卵后黄体逐渐萎缩，雌、孕激素撤退，使子宫内膜功能层皱缩坏死而脱落出血。当机体受到内部或外部某种或多种因素的影响时，可通过大脑皮层和中枢神经系统，引起下丘脑垂体－卵巢轴功能调节或靶细胞效应异常而导致月经失调。

（1）疾病因素。全身性疾病及生殖系统疾病均有可能引起月经失调，有些精神类、内分泌类药物也可能引起月经失调。

（2）精神因素。长期或过度精神刺激和过度劳累紧张都会干扰中枢神经系统的正常工作，从而影响卵巢对子宫的调控功能，导致月经失调。如考试前后发生月经失调的比率明显上升。

（3）营养状况。饮食营养的好坏直接影响女性的生长发育及身体各系统的功能，女性体内脂肪含量达到一定标准时，才能维持正常排卵、月经、受孕以及哺乳功能。有些女性因盲目节食减肥导致月经失调、闭经，所以女大学生切不可盲目节食。

（4）环境因素。经期寒冷刺激，会使盆腔血管过度收缩，引起月经过少甚至闭经。生活环境、学习环境和工作环境的变化都有可能干扰女性月经。

3. 治疗

一旦发生月经失调，应及时就医。

1）一般性治疗

保证充分休息和睡眠，避免过度劳累；调整心态，缓解心理压力；多吃含铁的食物和含蛋白质的食物，纠正贫血。

2）药物治疗

止血、调整周期常用药物为雌、孕或雄激素，常用方法为雌、孕激素联合法，雌、孕激素序贯法等。中医中药在治疗月经失调方面也有很好的效果。

3）手术治疗

对于急性大出血者，可考虑手术治疗。

4. 预防

日常生活中，应注意增强体质，保证充分睡眠，避免过度劳累；避免经期受寒，不用冷水洗脚；尽量避免过度精神刺激，减轻精神负担，缓解心理压力；饮食有规律，经期勿食生冷食物、冷饮等；避免过度肥胖，过度消瘦，减体重过快等等；经期禁烟酒、咖啡因的饮料；以减少月经失调发生。

（二）围排卵期出血

1. 围排卵期出血的定义和原因

围排卵期出血是指月经中期（排卵期）出现规律的阴道出血，量一般不多，持续半天或几天，可伴有轻微腹痛或腰酸。它是由于成熟的卵泡破裂排卵后，激素水平波动较大，不能维持子宫内膜生长，从而发生突破性少量出血，一般可以自行止住。

2. 围排卵期出血的常见症状

围排卵期出血是每位女性朋友都可能出现的一种现象，一般情况下这种出血量很少，而且每个人的出血量或出血时间并不一样。排卵期出血持续时间可为几小时，或3~5天，但极少达到7天以上，严重者也可淋漓不净直至下次月经来潮。出血时可伴一侧下腹胀痛不适或隐痛或疼痛明显，甚至牵扯腰骶部及股内侧。症状可每月连续发生或隔月发生一次。

3. 围排卵期出血的处理

第一次出现围排卵期出血的女性，必须去医院就诊除外生殖道的其他疾病和妊娠相关疾病，如月经不调、宫颈糜烂、宫颈息肉、子宫内膜息肉、子宫黏膜下肌瘤、早孕先兆流产等。

如果没有上述情况，一般不需要特殊的护理，要保持外阴的清洁，避免过度劳累，避免使用刺激性食物，保持心情舒畅，避免过度紧张。如果出血量大于等于月经量或者持续时间过长、一定要及时就医。

一般来说，偶尔一次的围排卵期出血多是由于过度劳累或生病后免疫力低下，影响了内分泌的平衡导致的，对身体没有多大影响，一般不需要治疗。如果经常出现排卵期出血，则可能是内分泌紊乱导致的，需要在医生指导下服用药物。

4. 排卵期出血的预防

(1)了解和掌握月经生理知识和卫生知识，注意月经期保健及经期卫生。

(2)出血期间应避免精神过紧张，过度劳累，多休息，禁止性生活；要保持局部清洁，防止感染；腹痛重时可予腹部热敷；同时保持情绪稳定。

(3)排卵期前后(一般在两次月经之间，基础体温上升之时)，应禁食辛、辣、燥、生冷等刺激性食品，以免使血增多和时间延长。

(三)痛经

1. 定义和原因

痛经是妇科最常见的症状之一，是指月经前以及月经期出现下腹坠胀、疼痛、腰酸等症状，严重者甚至影响正常生活。痛经分为原发性和继发性两类。90%以上是原发性痛经，又称功能性痛经，即生殖器官无器质性病变的痛经。继发性痛经是指盆腔器质性疾病引起的痛经。

原发性痛经的发生主要与月经分泌期子宫内膜前列腺素含量增高有关。月经分泌期子宫内膜细胞溶解，释放大量前列腺素，前列腺素增高引起子宫平滑肌过度收缩，血管痉挛，子宫缺血、缺氧而出现痛经。无排卵性月经子宫内膜因无孕酮刺激，呈增生期改变，脱落的子宫内膜细胞所含前列腺素很低，通常不发生痛经。继发性痛经与一些疾病有关，如子宫内膜异位症、子宫肌瘤、盆腔炎可以引起严重的痛经。痛经还与精神、神经因素、受寒冷、经期剧烈运动有关。

2. 临床特点

痛经多自月经来潮后开始，以行经第一天疼痛最剧烈，可伴有恶心、呕吐、腹泻、头晕、乏力等症状，严重时面色苍白，妇科检查无异常发现。

3. 治疗

有痛经的女性应该到医院检查，排除生殖器官疾病。

痛经发作期间应卧床休息，热敷下腹部，疼痛剧烈时应到医院就医，可适当服用解痉止痛药，如布洛芬等；也可用中医中药调理治疗。

4. 健康指导

痛经的女性日常生活中，应注意增强体质；生活有规律，劳逸结合，保证充足睡眠，精神愉快，尽量避免过度精神刺激，减轻精神负担，缓解心理压力；避免淋雨受凉，少食用生冷及刺激性食物。以上措施均有利于减轻痛经程度。

（四）假丝酵母菌外阴阴道炎

1. 概述

假丝酵母菌性外阴阴道炎是由假丝酵母菌引起的。假丝酵母菌为条件致病菌，对热的抵抗力不强，加热至 60 ℃并持续 1 小时即死亡。10~20% 的正常女性阴道中有此菌寄生，但菌量极少并不发病。只有在人体抵抗力下降、外阴长时间潮湿或者长时间使用抗生素等情况下才有可能发病。

2. 临床特点

1）病因

在机体抵抗力下降，菌量繁殖到一定量时致病；广谱抗生素、肾上腺皮质激素、雌性激素的长期大量应用，可使机体菌群发生紊乱，导致假丝酵母菌大量繁殖而致病；妊娠及糖尿病时，阴道内酸碱度发生改变，有利于假丝酵母菌生长而致病；肥胖、穿紧身化纤内裤，会使外阴局部温度、湿度增加，有利于假丝酵母菌生长而致病；只有少部分患者通过性交直接传染；极少部分患者通过接触污染的物品间接感染。

2）症状

患假丝酵母菌性外阴阴道炎可出现外阴阴道红肿、瘙痒、灼痛，重者奇痒难忍，可伴有阴道分泌物增多，分泌物黏稠呈凝乳状或豆渣样。

3. 治疗

一旦出现外阴阴道红肿、瘙痒、灼痛，阴道分泌物增多，应及时就诊。

治疗以局部短疗程抗真菌药物为主，常用的外用药物有咪康唑、克霉唑、制霉菌素等。对于未婚女性或不能耐受局部用药者可口服用药。

4. 健康指导

日常生活中，注意个人卫生，每天换洗内衣裤，保持外阴清洁干燥；尽量穿宽松、全棉内裤，不穿紧身内裤；洗净后的内衣裤应在通风干燥处晾晒，避免潮湿；患者用过的内裤、毛巾、盆用开水烫洗；合理规范使用抗生素，以预防假丝酵母菌性外阴阴道炎的发生。

（五）非特异性外阴炎

1. 概述

皮肤的各种炎症均可见于外阴，但以非特性外阴炎症多见。阴道分泌物过多、外阴皮肤不洁、尿液长时间刺激外阴皮肤均可引起外阴炎症。

2. 临床特点

外阴炎可出现外阴瘙痒、疼痛，检查时可见外阴皮肤红肿、分泌物多、呈脓性。

3. 治疗

治疗原则：消除诱因。及时停用广谱抗生素、雌激素等药物，积极治疗糖尿病。保持外阴清洁、干燥。在医生的指导下采用唑类抗真菌药物，局部或全身用药。

4. 健康指导

日常生活中，注意个人卫生，保持外阴清洁干燥，经常换洗内衣，尽量穿着宽松、全棉内衣裤，不穿紧身内裤，以预防外阴炎的发生。

（六）尖锐湿疣

1. 概述

尖锐湿疣是由人乳头瘤病毒感染引起的，发生于皮肤黏膜交界处的疣瘤状良性病变，是最常见的性传播疾病之一。发病率有逐年增高趋势，在我国居性传播疾病的第二位。传播途径主要是性接触传播，少数人可通过间接接触感染。如可通过被污染的生活用品——内裤、浴巾、浴盆等感染。

2. 临床特点

尖锐湿疣好发于大小阴唇、会阴、肛门周围，为淡红色丘疹，增大可呈乳头状、鸡冠状、菜花状或桑葚状凸起，可有痒感。

3. 治疗

外阴出现无痛或伴有瘙痒的赘生物，应及时就诊。

治疗以局部治疗为主，局部药物外涂；或进行物理治疗如激光、冷冻、电灼等；如果疣体巨大，可手术切除。

4. 健康指导

尖锐湿疣以预防为主，要洁身自爱，同时预防间接感染，提倡一人一巾一盆，公共溶室不交叉使用洗浴用具，尽量淋浴，不用坐浴。

（七）梅毒 （八）淋病

详见第八章大学生性健康第六节常见性传播疾病。

（九）非淋菌性尿道炎

非淋菌性尿道炎是由淋球菌以外的其他病原体所引起的尿道炎的统称。在我国很多地区，其发病率已跃居各种性传播疾病的首位。

1. 传播途径

主要通过性交感染，性伴侣越多，发病率越高；其次经间接接触和母婴传播；少数情况下，生殖器部位病原体可以通过患者的手或污染的毛巾等物品沾染到眼睛或咽喉等处，引起眼结膜炎等。

2. 临床表现

潜伏期 1~3 周。典型症状为尿道刺痒感，排尿疼痛、困难。女性患者尿道症状较轻，而以宫颈病变为主，故多表现为宫颈糜烂、水肿、白带增多等宫颈炎的症状。另有相当数量的患者症状轻微甚至没有症状。

3. 治疗

（1）以抗感染为主要措施，由于本病大多数是由沙眼衣原体和生殖支原体、解脲支原体感染引起的，故首选对衣原体、支原体敏感的药物，如多西环素、米诺环素、阿奇霉素、红霉素、左氧氟沙星等，疗程 1~2 周。治疗结束后 1 周应去医院复查，以确定是否治愈。

（2）只要给予积极、正规治疗，本病完全可以治愈。对其配偶或伴侣同时治疗、终止不正常的多方性关系是治疗成功及预防复发的关键。有反复发作或症状持续存在者，多属于与带菌的性伴侣保持性接触的人。

4. 预防

由于淋病会增加本病发生的概率，故患淋病后要积极治疗，彻底治愈。

（十）生殖器疱疹

生殖器疱疹是由单纯疱疹病毒（HSV）感染引起的一种常见性传播疾病，具有反复发作、难以根治的特点。据报道，国外性活跃的青年患生殖器疱疹的很多，该病发病率仅次于淋病、梅毒。在我国，随着社会开放程度越来越高，患病率也一直居高不下，尤其是大城市和沿海地区。

1. 传播途径

主要通过性器官之间的接触而传播，病人和无症状的带病毒者均为传染源。传染性极强，凡与男性患者发生一次性接触的女性，感染概率可达 80%。口唇及其周围患有疱疹的人，可通过口交方式感染对方；妊娠期女性患者在妊娠和分娩过程中，体内病毒可通过胎盘、产道传染胎儿。

2. 临床表现

典型症状是外生殖器局部（大小阴唇、阴道口、会阴）先有烧灼感，接着便出现簇集或散在的小红丘疹，迅速变成小水疱，3~5 天后水疱破溃形成糜烂或溃疡，疼痛，最后结痂愈合。首次发作称初发生殖器疱疹，疱疹一般较大而多，疼痛明显。腹股沟淋巴结常肿大，有低热等全身症状，病程可持续 20 天左右；再次及多次发作者称复发性生殖器疱疹，全身症状及皮损均较轻微，病程较短，经 6~10 天便自然结痂愈合。

本病对胎儿影响很大，胎儿期受 HSV-2 型感染后，很容易发生流产、死胎、畸形和智力低下等。

3. 治疗

尚不能根治，治疗目的主要是缓解症状，减轻疼痛，缩短病程及防止继发感染。

1）一般性治疗

保持局部清洁、干燥；可每天用生理盐水清洗，疼痛者口服止痛药；并发细菌感染者，可外用抗生素药膏；心理支持等。

2）抗病毒药治疗

多采用阿昔洛韦或伐昔洛韦口服，初发者疗程 7~10 天，复发者 5 天。频繁发作者须以低剂量较长期服用。

3）中医治疗

通过辨证施治，标本兼治，能减少复发次数，减轻和改善症状。

4. 预防

妊娠早期感染 TSV，若需使用阿普洛韦等药物，应权衡利弊并征得患者的知情同意。妊娠后期感染 HSV 者宜采取剖宫产分娩；向患者尤其是育龄期病人进行有关的知识教育和健康指导。其余措施见下。

（1）遵守性道德，反对性放纵，禁止婚外性行为和杜绝多性伴侣是预防的关键。

（2）注意个人卫生和公共卫生，预防间接感染。例如每天清洗外阴、勤换洗内裤；不使用公用毛巾、浴巾、浴盆等洗浴用具；在公厕尽量使用蹲式便器，便后洗手；不在人群密度大、消毒不严的游泳池游泳。

(3)患者未治愈前应与家人暂时分床，其被子、毛巾等物品要严格消毒。禁止性行为，如有发生必须使用安全套。

(4)患者的配偶或性伴侣要去医院接受相关检查和治疗。

(十一)艾滋病

详见艾滋病章节。

(十二)异位妊娠

1. 概述

受精卵在子宫体腔以外着床称为异位妊娠，称宫外孕。异位妊娠以输卵管妊娠最常见，其他部位妊娠有子宫角妊娠、卵巢妊娠、子宫颈妊娠、腹腔妊娠、阔韧带妊娠。

异位妊娠是妇产科常见的急腹症，发病率约1%~2%，是孕产妇的主要死亡原因之一。

2. 临床特点

1)病因

(1)输卵管异常：炎症、手术史、发育异常。

(2)避孕失败：宫内节育器避孕失败、药物避孕失败。

(3)辅助生殖技术：助孕技术应用。

(4)其他原因：精子缺陷，吸烟吸毒等。

2)症状

典型症状为停经后腹痛与阴道流血。

(1)停经。停经时间长短不一，多有6~8周停经史，有20%~30%患者无停经史。

(2)腹痛。腹痛是异位妊娠患者的主要症状。早期可发生一侧下腹隐痛或酸胀痛。当发生异位妊娠流产或破裂时，突感一侧下腹部撕裂样疼痛，常伴有恶心、呕吐，还可伴有肛门坠胀感。

(3)阴道流血。常有不规则阴道流血，色暗红、量少，一般不超过月经量，少数患者阴道流血较多，类似月经。

(4)晕厥与休克。由于腹腔内急性出血及剧烈腹痛，轻者出现晕厥；严重者出现失血性休克；症状的严重程度与阴道流血不成正比。

3)诊断

异位妊娠流产或破裂后，诊断多无困难；异位妊娠未发生流产或破裂时，临床表现不明显，诊断较困难。临床采用一些辅助方法进行诊断，如检查血β-HC5或尿HCG、超声、腹腔镜、阴道后穹隆穿刺等。

3. 治疗

异位妊娠的治疗方法有期待疗法、药物疗法、手术疗法3种。

1)期待疗法

适用于：①腹痛轻，出血少；②随诊方便可靠；③无破裂证据；④血β-HCG<1 000 U/L，且

继续下降；⑤异位妊娠包块 <3 cm。期待过程中监测生命体征、腹痛变化、血 β-HCG 水平，如果血 β-HCG 水平不降反升或出现内出血征象均应改行药物疗法或手术疗法。

2）药物治疗

适用于要求保存生育能力的年轻患者，且符合：①无药物治疗的禁忌证；②异位妊娠未发生流产或破裂；③异位妊娠包块 <4 cm；④血 β-HCG<2 000 U/L；⑤无明显内出血。药物治疗期间如出现急性腹痛或内出血等异位妊娠破裂症状，立即手术治疗。

3）手术治疗

手术治疗分为保守手术和根治手术。保守手术为保留患侧输卵管，适用于有生育要求的年轻女性。根治手术适用于无生育要求、异位妊娠破裂并有出血性休克的急症患者。腹腔镜手术是近年治疗异位妊娠主要方法。

4. 健康指导

有性生活的女性一旦出现停经、下腹疼痛、不规则阴道出血，一定及时到医院就诊，不要耽误时间，以免造成更大的身体伤害。因为异位妊娠是妇产科常见的急腹症，是妊娠期女性主要死亡原因之一。

（十三）合理避孕知识

避孕是指采用科学手段使女性暂时不受孕，主要控制生殖过程中 3 个关键环节：①抑制精子与卵子产生；②阻止精子与卵子结合；③使子宫环境不利于精子生存，或不适宜受精卵着床和发育。

1. 常规避孕措施

（1）橡胶避孕套：最常用的男性避孕方式，通过屏障性阻止精子进入阴道而达到避孕目的。避孕套是筒状优质薄型乳胶制品，顶端呈小囊状，排精时精液潴留在囊内。正确使用避孕率高，达 93%~95%，安全、简便，可在一定程度上预防性传播疾病。可防止包皮垢刺激女性生殖道，减少宫颈癌发病，预防阴道炎、宫颈炎、精液过敏症等。

（2）复方短效口服避孕药：是雌孕激素组成的复合制剂，雌激素成分主要为炔雌酮，孕激素成分各不相同，构成不同配方及制剂。短效避孕药如：复方去氧孕烯片、炔雌醇环丙孕酮片等，于月经第 1 日服药，连服 21 天，停药 7 日后服用第 2 周期的药物。若有漏服应及早补服，且警惕有妊娠的可能。若漏服 2 片，补服后要同时加用其他避孕措施。漏服 3 片应停药等待下一次月经，出血后服用下一周期药物。复方短效口服避孕药的主要作用为抑制排卵，正确使用避孕药的有效率接近 100%。

（3）宫内节育器（IUD）：已婚育龄期女性，尤其是生过一个孩子的，只要月经规律，生殖系统正常，无全身性严重疾病，自愿使用宫内节育器者均可放置。放置 IUD 的时间：最佳时间为月经干净后 3~7 天；人流后可立即放；药流须正常转经两次；顺产 42 天后子宫复旧良好者；剖宫产满半年后；哺乳闭经期除外妊娠。目前比较常用的 IUD 分为含铜 IUD 和含药 IUD，前者最常用的是带铜 T 形宫内节育器，根据材质不同有效期为 5~15 年，避孕有效率在 90% 以上。

2. 紧急避孕

紧急避孕是在无防护性生活后或避孕失败后几小时或几日内，女性为防止非意愿性妊娠的发生而采用的补救避孕法。其包括放置含铜宫内节育器和口服紧急避孕药。

方法：（1）宫内节育器；带铜宫内节育器可用于紧急避孕，特别适合希望长期避孕而且符合放置节育器者及对激素应用有禁忌证者。在无保护性生活后 5 日（120）小时内放入，有效率达 95% 以上。（2）紧急避孕药种类及用法：主要有雌孕激素复方制剂、单孕激素制剂及抗孕激素制剂三大类。比较常用的雌、孕激素复方制剂是左炔诺孕酮片（毓婷、惠婷、安婷）。单孕激素制剂左炔诺孕酮片，抗孕激素制剂米非司酮片。

紧急避孕药服用后可能出现恶心、呕吐不规则阴道流血及月经紊乱，一般不需处理。若月经延迟 1 周以上，需除外妊娠。米非司酮片少而轻。但紧急避孕仅对一次无保护性生活有效，避孕有效率明显低于常规避孕方法，且紧急避孕药激素剂量大，副作用亦大，不能代替常规避孕。

（十四）预防宫颈癌的措施

宫颈癌是最常见的妇科恶性肿瘤，位列女性患者死亡原因的第二位最常见恶性肿瘤。宫颈癌前病变常发生于 25~35 岁女性，宫颈原位癌高发年龄为 30~35 岁。但是宫颈癌和癌前病变可以早期发现、早期治疗，达到良好的预后。

宫颈癌前病变、宫颈癌的高危因素：①人乳头瘤病毒感染（HPV）、宫颈癌前病变；②早婚、早育、多子；③性生活年龄过早（<16 岁）；④多个性伴侣、性病患者、有宫颈癌性伴侣者；⑤免疫力低下：长期主动饮酒、吸烟、吸毒等造成免疫力低下，增加 HPV 感染风险；⑥宫颈疾病长期不治疗；⑦ HIV 患者；⑧有宫颈癌家族史。⑨营养状况差。从宫颈癌前病变发展成宫颈癌是一段较长时间过程，需要 8~10 年，因此宫颈癌是可以预防，并且在早期是可以治愈的疾病。

预防宫颈癌，关键在于定期的妇科体检，尤其是简单、快捷的宫颈细胞学检查。宫颈癌筛查的主要检查项目是脱落细胞学和病毒学检查。因此建议有性行为的女性，均应每年做一次宫颈细胞学检查（即 TCT，膜式超薄液基细胞学检查），同时建议进行宫颈的 HPV（人乳头瘤病毒）病毒检测，必要时行阴道镜检查以进一步确诊。对于 20 岁以前有性活动、两个性伙伴或性伙伴多于两个、既往细胞涂片异常、有性传播疾病、有免疫功能缺陷及吸烟、吸毒者等高危人群，应适当增加妇科检查的频率。

宫颈癌的预防措施如下。

（1）保持安全的性行为。研究发现，常见性传播疾病病原体人乳头瘤病毒、单纯疱疹病毒Ⅱ型等感染与宫颈癌变有关，90% 以上宫颈癌的发生伴有人乳头瘤状病毒（即 HPV 病毒）感染，尤其是和 15 种致癌性 HPV 的持续感染密切相关。绝大多数的 HPV 感染经性行为传播，少数经接触感染。因此建议有性行为的人保持一个性伙伴，减少感染机会；女性要学会保护自己，提倡有保护的性行为，即每次性行为使用安全套，尽量减少性行为引起的感染。

（2）提高自身免疫力。女性自身的免疫力是自动清除体内一些病毒感染的最重要的因素。因此建议女性保持良好心态，正确缓解心理压力，减少因为心理压力增加引起的抵抗力降低；同时改变吸烟、吸毒等不良的生活方式，加强体育锻炼，增强体魄；做到合理营养，平衡膳食，保证身体必需营养元素的摄入。

做到这些预防措施，就能最大程度减少宫颈癌的发生，从而提高女性的整体健康水平和生活质量。

（3）预防性 HPV 疫苗：目前已经明确 HPV 持续感染是引起宫颈癌的必要因素，运用安全有效的 HPV 疫苗可从 HPV 传播，是最有效的宫颈癌预防措施。目前 HPV 疫苗主要有三种：二价、四价、九价，三者均能预防 HPV 高危型 16/18 亚型感染；四价疫苗在此基础上增加了 2 种低危型 HPV 的预防；九价疫苗能预防 7 种高危型和 2 种低危型 HPV，预防 90% 以上宫颈癌及宫颈癌病变。

但是接种疫苗仍不能代替宫颈防癌筛查，我们仍然建议有性生活女性，每年进行病毒学检查、细胞学检查，接种疫苗后并不是所有人都会产生保护性抗体，预防所有的 HPV 病毒感染，而且还有极少数宫颈癌的发生与 HPV 无关，定期筛查起到早发现早治疗的作用。每个人都是自身健康的守护者，尽管 HPV 感染很常见，但我们可以通过接种疫苗、良好的生活习惯、定期筛查来预防宫颈癌的发生。

第六章　口腔健康

口腔的健康和全身健康息息相关。提起牙齿大家最常想到的是“牙疼不算病，疼起来真要命”“看牙贵”。事实上，牙齿的疼痛和治疗费用高的问题是可以有效避免的。本章会详细探讨口腔健康问题。

现代口腔医学专业已分化出许多分支学科，包括牙体牙髓学、口腔黏膜病学、牙周学、儿童口腔医学、口腔正畸学、口腔预防医学、口腔颌面外科学、口腔修复学等，这些学科承担着口腔疾病的防治和研究工作。

第一节　健康的口腔

一、什么是健康的口腔

（1）世界卫生组织对口腔健康的定义是“牙齿清洁、无龋洞、无痛感，牙龈颜色正常、无出血现象。

（2）口腔是人体的重要组成部分，口腔健康是全身健康的基础。

（3）口腔疾病与全身疾病可相互影响。常见的牙周病会诱发或加重全身性疾病，如心脑血管疾病、糖尿病、早产、老年痴呆等。全身系统性疾病如糖尿病、艾滋病、某些血液病等也会在口腔有所表现。

（4）口腔疾病是可以预防、控制和治疗的，良好的口腔卫生习惯与定期口腔专业保健相结合可维护口腔健康，促进全身健康，提高生命质量。

二、牙齿的功能

咀嚼、发音、美观。

三、牙齿的外形结构

牙冠、牙颈部、牙根。

四、牙齿的组织学结构

牙釉质、牙本质、牙骨质、牙髓；其中牙釉质是人体中最坚硬的部分组织结构。

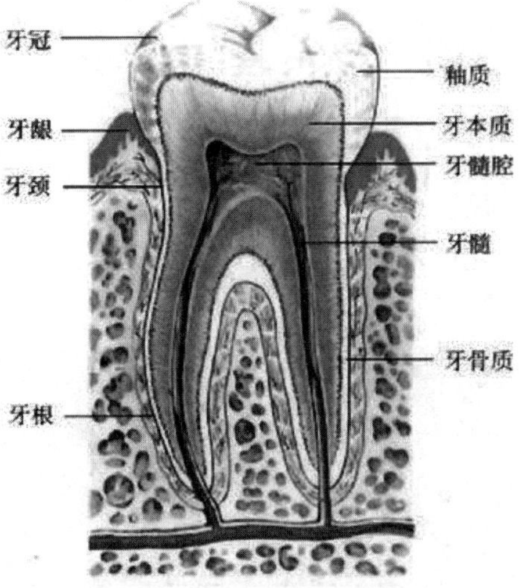

图 6-1　牙齿的组织学结构

五、乳牙、恒牙的萌出及替换

人的一生有两副牙齿，一副乳牙，一副恒牙。乳牙有 20 颗。从胚胎第二个月开始发生，出生后 6 个月左右萌出，到两岁半左右全部萌出。恒牙 28 至 32 颗，从胚胎第 5 个月开始发生，在 6 岁左右开始萌出，到 12 岁左右全部萌出，由于颌骨退化，第三磨牙可以先天缺失，因此少数人只有 28 颗，但这种情况有缓慢增加趋势，所以不必为自己少了第三磨牙而担心。6~12 岁是乳、恒牙替换时期，此时的牙往往排列不整齐，甚至出现双层牙，也就是新牙长出而乳牙还未脱去，医学上称为乳牙滞留。

六、正确的刷牙方法

（1）推荐巴氏刷牙法（水平颤动拂刷法）（图 6-2）。拉锯式刷牙最损伤牙齿，特别容易造成牙颈部的楔状缺损。

（2）刷牙的五大要点：至少使用一种辅助工具（牙线、冲牙器）；每天 2-3 次刷牙；每次至少刷 3 分钟；用 40 度左右的温水；刷 5 个牙面。

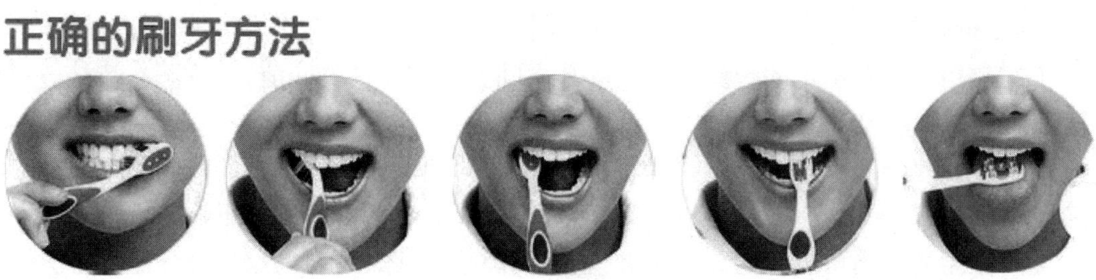

图 6-2　巴氏刷牙法

第二节 大学生常见的智齿生长过程中的问题

智齿是指人类口腔内牙槽骨上最后面的第三颗磨牙，从正中的门牙往后数刚好是第八颗牙齿。由于它萌出时间很晚，一般在16~25岁间萌出，此时人的生理、心理发育都接近成熟，有“智慧到来”的象征，因此被俗称为“智齿”（图6-3）。

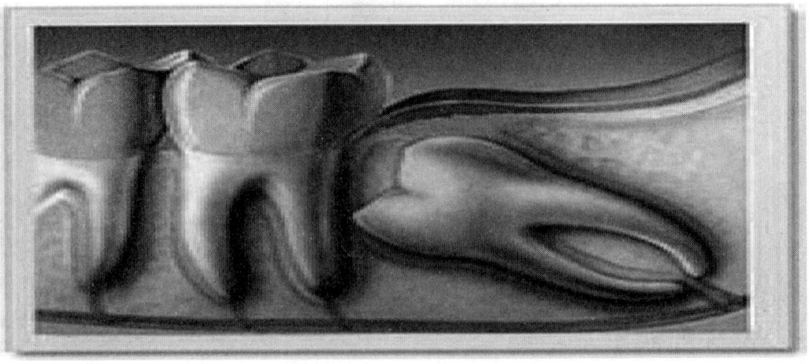

图6-3 智齿

智齿生长方面，个体有很大差异，通常情况下应该有上下左右对称的4颗牙，有的少于4颗甚至没有，极少数人会多于4颗。萌出的年龄差异也很大，有的人20岁之前萌出，有人四五十岁才长或者终生不长，这都是正常现象。

从现代医学的观点看，由于人类食物日益精细，而使用牙齿的磨耗日益减少及咀嚼刺激降低等的原因，智齿是人类进化中退变的必然。下颌骨结构得不到充分的咀嚼功能锻炼，逐渐退化，牙量大于下颌骨量，这样当第三磨牙长出时就常常位置不够，以致萌出困难，这就形成了“智齿阻生”，智齿阻生是青壮年人的一种常见病。大学生在门诊就诊中，由于智齿生长而发病的病例非常多见。

一、阻生智齿的危害

（1）反复发作的冠周炎。阻生的智齿牙冠周围软组织与牙齿之间形成一盲袋，引起食物、细菌的积存，抵抗力下降时，出现冠周炎是必然的。一般的消炎治疗治标不治本，因此冠周炎会反复发作。

（2）龋齿。位置不正的智齿与第二磨牙之间容易积存食物残渣，而且不易清洁，一般数月可形成龋齿，直接破坏牙体组织。

（3）下颌疼痛、磨牙。阻生的智齿往往不能与对颌牙齿建立正常的咬合关系，长时间可导致颞下颌关节弹响、张口疼痛，夜磨牙等症状，对青壮年的身心健康影响较大。

（4）阻生的智齿可以引起牙列不齐，冠周间隙感染，张口困难，第二磨牙龋坏，严重的还可引起颌骨骨髓炎等。

通常情况下，正常生长的智齿应尽量保留，不可随意拔除，尤其是已经生长多年的智齿。

只有出现非正常生长的各种临床症状，才有拔除的必要！拔除智齿之前一定要拍摄牙片，确定智齿生长是否异常。发炎的智齿也不是非拔不可，只要炎症消失，不再复发，可以不拔。

如果发现有智齿阻生引起反复发炎的，就应该早日拔除，以免引起其他症状或疾病，如果已形成智齿冠周炎，应给予抗生素治疗，待炎症控制后再行拔除。

智齿冠周炎的注意事项如下。

（1）不能用舌头去舔智齿。

（2）增加机体抵抗力。

（3）吃饭后一定要漱口，最好是盐水。

（4）吃些清火的食物（苦瓜、莲子等），饮用菊花茶、金银花。

（5）觉得疼得比较厉害时，也可以局部点具有消炎作用的药液（如碘甘油），配合一些口服的消炎药。

（6）红肿的地方，可拿些小冰块冷敷，也可以缓解疼痛。

第三节　牙周病

牙周病是口腔疾病中两大类主要疾病之一，在我国，目前牙周病的患病率远高于龋病，将成为突出的保健问题。随着年龄的增加，牙周病患病率和严重程度均逐渐增高，是导致拔牙的主要原因。世界卫生组织（1984）提出健康人的十项标准中，第 8 条为“牙齿无洞，无疼痛，牙龈不流血”，而在我国中老年人牙周不健康率超过 90%，距离此标准还有很大的差距。2023 年，在“全国爱牙日”期间全国口腔健康流行病学调查结果显示，我国全民的牙周健康率仅仅为 9.3%。

一、牙周病定义

牙周病是指发生在牙支持组织（牙周组织）的疾病，包括仅累及牙龈组织的牙龈病和造成牙齿支持组织破坏的牙周炎两大类。牙周疾病是常见的口腔疾病，是引起成年人牙齿丧失的主要原因之一，也是危害人类牙齿和全身健康的主要口腔疾病。

牙周病的早期症状常被忽视，后伴随多年病情累积加重，造成牙周组织长期慢性感染，炎症反复发作，不仅损害口腔咀嚼系统的功能，还会严重影响健康。

二、病因

1. 牙周病的始动因子：牙菌斑

牙菌斑是一种细菌性生物膜，为基质包裹的互相粘附、或粘附于牙面、牙间或修复体表面的软而未矿化的细菌性群体，不能被水冲去或漱掉。软的食物特别是碳水化合物，有利于菌斑的堆积，牙菌斑几乎每 12 小时覆盖一层，所以通过早晚刷牙、饭后漱口这些有效清洁的措施，可以减少和控制牙菌斑的形成。如果牙菌斑没有得到及时的清除，将在 2~14 天中发生矿化，结合软垢钙化形成牙结石，增加牙周病发生的风险。

2. 牙周病的局部促进因素

(1)牙石

牙石是一种沉积于牙面或修复体表面的矿化或正在矿化的菌斑及软垢,由唾液或龈沟液中的钙盐等无机盐逐渐沉积而成,形成后不易去除。牙石根据沉积的部位,以龈缘为界,分为龈上牙石和龈下牙石。龈上牙石为无定形大块形状,位于龈缘以上的牙面和龈沟处,特别是唾液腺开口临近的牙面,或无咬合功能、无对颌牙的牙面上沉积较多,肉眼可以直接看到。龈下牙石体积相对较小,沉积在龈缘下,附着于龈沟或牙周袋内的牙根表面,肉眼无法直视,需要用探针探查,此与牙周袋深度有关。

牙石形成的速度与多少因人而异,同一个体的口腔内的不同牙位的沉积速度也不尽相同,这与机体代谢、唾液成分、龈沟液成分、菌斑量、食物性质等有关,此外还和牙齿排列不齐、牙面或修复体表面粗糙、口腔卫生差等有关。

牙石对牙周组织的危害,主要是由于它表面常可形成未矿化的菌斑,且其多孔结构也易吸附大量的细菌毒素,可刺激牙龈造成炎症,加之牙石本身坚硬粗糙,常对牙龈压迫形成机械刺激,妨碍日常口腔卫生的维护,加快菌斑的形成速度,致使牙龈萎缩。

(2)牙面着色

牙面色素通常与食物、化学物质、烟草及色源细菌有关。常见的有:烟草、咖啡、茶叶、饮料、槟榔、熬制中药等易使牙面着色。虽牙面着色主要影响美观,对牙龈刺激不大,但色素却常沉积在菌斑牙石上,致使其表面粗糙让菌斑更易聚集,继而造成牙周炎症。

(3)咬合创伤

由于咬合关系不正常或咬合力量不协调(比如个别牙或某几个牙所受的咬合力过大或者方向异常,使其超过了牙周组织所能承受的最大耐受力)而使牙周支持组织造成了损伤,称为牙周创伤。其中包括咬合时的过早接触、牙尖干扰、夜磨牙等,正畸治疗过程中如加力不当也可造成牙周创伤。

(4)其他

牙齿排列不齐、食物嵌塞、不良习惯(如口呼吸、夜磨牙、单侧咀嚼、咬粗硬物品、不良刷牙习惯等)、不良修复体等因素均可促使牙周组织的炎症。

3. 全身因素

全身因素可以降低或改变牙周组织对外来刺激的抵抗力,使其易于患病,并可促进龈炎和牙周炎的发展。牙周炎的一些全身易感因素(或危险因素)与牙周炎之间构成了复杂的相互关系。

(1)遗传因素:牙周病不是遗传病,但某些遗传因素可能会增加宿主对牙周病的易感性,是某些早发性和(或)重度牙周炎的主要决定因素之一,决定了疾病是否进展和严重程度。

(2)内分泌功能紊乱:如性激素、肾上腺皮质激素、甲状腺素等的分泌量异常。

(3)吸烟:吸烟是同等于用细菌解释发生重度牙周炎或更重要的因素,戒烟是牙周病防治的一个重要方面。

（4）全身性系统疾病：糖尿病、心血管系统疾病与牙周病的关系为相互促进、相互影响；与艾滋病相关的牙周表现为线形龈红斑和坏死性溃疡性牙周炎；白血病患者常出现牙龈肿胀、溃疡、出血等；血友病可发生自发性牙龈出血等。

（5）某些药物的长期服用：如抗癫痫药物苯妥英钠（大仑丁）、免疫抑制剂环孢菌素A、钙通道阻断剂如硝苯地平（心痛定）等均可使已有牙龈炎症的牙龈发生纤维性增生。

（6）精神压力大可能会发生急性坏死性溃疡性龈炎，此外、老龄、种族、男性、有牙周炎既往史、口腔卫生不良、牙科保健条件不够等均是牙周病的危险因素。

三、分类及其临床表现和治疗方法

牙周病有多种分类方法，按照1999年新分类法分为：牙龈疾病、慢性牙周炎、侵袭性牙周炎、反映全身疾病的牙周炎、坏死性牙周病、牙周组织脓肿、伴牙髓病变的牙周炎、发育性或获得性异常。其中前两种为同学们日常生活中最常见的，我们将展开了解这两种最常见的疾病：

（一）慢性龈缘炎

慢性龈缘炎的发生主要局限于牙龈缘部位，尤其以下前牙区最为显著。一般无自发性主动出血，龈颜色多为鲜红，龈缘变厚，不再紧贴于牙面，表面光亮，质地松软脆弱，探针易出血。可通过洁治术（即洗牙）消退炎症，且通过持之以恒的保持良好的口腔卫生加之定期（每年至少一次）的复查洁治即可巩固，防止复发。预后良好。

（二）慢性牙周炎

牙周炎由牙龈炎发展而来，其起病和发展是一个缓慢的过程，可发生于任何年龄。

牙周炎的临床表现主要是牙龈的炎症、牙周袋的形成、附着丧失、牙槽骨吸收，最后导致牙齿松动使之丧失咀嚼功能。

牙周炎患处的牙龈颜色为鲜红色或暗红色，质地松软，边缘形态圆钝且不与牙面贴附。牙周炎早起一般无明显不适，主要体现为刷牙或进食时出血或口腔异味，很容易被忽视，而后任其发展直至深牙周袋形成，患者开始自觉咀嚼无力，牙龈萎缩，牙缝变大，甚至发生牙齿松动、伸长、疼痛等症状才到医院就诊，此时已为晚期，更是有甚者未及老年却牙齿自动脱落。

牙周炎一般侵犯全口多数牙齿，且有一定的对称性，常好发于磨牙和下前牙区以及牙齿的邻面，还会随病程延长、年龄增长而使病情累积、加重，且炎症呈反复发作及渐进性发展。

牙周炎的治疗应彻底清楚菌斑、牙石等病原刺激物，消除牙龈的炎症，使牙周袋变浅和改善牙周附着水平，并使这些疗效能长期稳定的保持。这样就需要我们日常能够坚持维护良好的口腔卫生，在首次系统的基础治疗（即洁治术和根面平整术）后坚持每半年进行一次洁治维护。但有些慢性牙周炎患者对基础治疗的反映不佳，则还需要配合一些药物处理和牙周手术的治疗。此外，对于一些松动牙，我们还可以施行一些结扎固定、各种夹板、调整咬合和一些修复治疗等治疗手段来改善其咀嚼功能。有些患者还可以通过正畸治疗来建立合理的咬合关系。牙周炎的发展及临床表现如彩图四所示。

四、预防

现代牙科之父 Fauchard 指出:“不注意清洁牙齿,将会导致使牙破坏的疾病”。因此,保持牙面清洁,消除牙龈的炎症是预防牙周疾病的关键。我们需要持之以恒、每天及时的按照书中前面所讲到的最有效的刷牙方法清除牙面的菌斑,保持相对清洁的牙面,并且每隔6~12 个月接受一次专业性的洁治术,是预防牙龈炎的有效措施。对于已患牙周炎者,更要早诊断、早治疗和恰当、彻底的综合治疗以阻止病损的加重和发展。牙周炎的治疗不是一劳永逸的,它需要我们定期的复查和进行必要的补充治疗以确保疗效的巩固。

第四节　龋病

在这一节中,主要和同学们探讨口腔常见的牙体疾病——龋病。龋病早期无症状,容易被忽略,继而引起牙髓炎甚至根尖周炎。

龋病是在以细菌为主的多种因素影响下,发生在牙体硬组织的一种慢性进行性破坏性疾病。引起龋病的因素主要包括牙菌斑生物膜,食物以及牙所处的微生态环境等。龋病是人类常见、多发的口腔疾病,在各种口腔疾病的发病率中,龋病位居前列。由于龋病病程长,进展缓慢,一般情况下不危及患者的生命,因此不容易受到重视。实际上龋病的危害很大,特别是病变向牙体根部发展后,可引起牙髓病,根尖周病,颌骨炎症等一系列的并发症,以致严重影响全身健康。

龋病的病因学说很多,目前被广大学者公认的是四联因素学说。龋病是一种多因素引起的口腔细菌性疾病,从唾液糖蛋白选择性吸附在牙齿表面形成获得性膜、细菌黏附定值、形成牙菌斑生物膜,到发生临床可见的龋损,都需要时间。因此,易感的宿主、口腔细菌、产酸的食物和足够的时间是龋病的四个重要因素,相互作用,缺一不可,即龋病病因的四联因素学说。请注意,只有四种因素同时存在,龋病才会发生。

龋病的临床特征为患牙的硬组织发生色、形、质的渐进性变化,患牙逐渐出现感觉异常。

一是色泽变化。龋坏的牙表面的色泽的改变是临床上最早出现的变化,病变的早期呈现白垩色,病损区着色呈棕黄色或黑褐色。病损进一步发展在窝沟处表现为浸墨样改变,提示龋损深度达到了牙本质层,实际的病损区范围甚至超过呈现色泽改变的区域。

二是外形改变。病变不断进展,牙体硬组织不断被破坏,崩解而形成龋洞,这是龋病最显著的临床特征。

三是质地改变。由于硬组织遭到破坏,龋洞中充满感染脱矿组织和食物残渣称为腐质。脱矿的牙体硬组织质地松软,探诊时容易与正常牙体组织区别。

四是感觉变化。仅仅波及牙釉质的早期龋损,患牙没有疼痛和不适的症状。当龋坏进展到牙本质层形成龋洞时。患牙会出现对冷热酸甜刺激而引起患牙敏感,进食时食物嵌塞或食物嵌入龋洞时疼痛等症状,但均为一过性的表现,刺激消失症状也就消失了。

临床上龋病常用的诊断方法包括问诊,视诊,探诊,牙髓活力温度测验, x 线检查以及透照检查等等。所以同学们在出现龋病的时候，医生会探一探，扣一扣你的牙齿，同学们不必紧张。

龋病是进行性发展的疾病，龋病的治疗不仅局限于对龋齿进行简单的充填治疗，应该针对病因采取积极有效的措施控制牙菌斑，阻止龋病的发展和蔓延。发现并指出患者口腔卫生态度和行为存在的问题并给予具体指导，这对于防控龋病的发展具有极其重要的意义，同时也是维持龋病治疗效果的基础。龋病的治疗包括非手术治疗和牙体修复治疗（主要指牙体充填术）。

同学们，我们都学习过《扁鹊见蔡桓公》，口腔疾病也需要早诊断，早发现，早治疗。大家务必养成定期检查牙齿的好习惯。

第五节　牙齿外伤的处理

儿童发生牙外伤的几率比较大，这是因为儿童正处于身体、生理和心理生长发育的阶段，较成人更易发生牙外伤，尤其是前牙外伤。

恒牙外伤最常见的病因为摔倒，其次是交通事故、暴力行为和运动。外力的性质、大小、速度和作用方向不同，造成了各种不同类型的损伤。直接外力如摔倒时多造成前牙外伤；间接外力，如外力撞击颏部（下巴）时，下牙猛烈撞击上牙，通常造成前磨牙和磨牙的外伤；较轻的外力仅引起牙周组织的轻损伤，较重的外力可将全部牙周膜撕裂，牙从牙槽窝内脱出；高速度的外力易致牙冠折断，低速度强度大的外力易致牙周组织损伤。牙外伤多为急诊，就诊时应首先注意病人的全身情况，查明有无其他部位的骨折和颅脑损伤等重大问题，如有危及生命的情况应立即组织抢救。牙齿外伤也常伴有牙龈撕裂和牙槽突的折断，均应及时诊断处理。

牙外伤常见的损伤分述如下。

（1）牙震荡

由较轻外力如在进食时骤然咀嚼硬物造成的牙周膜的轻度损伤。伤后患牙有伸长不适感，轻微松动和叩痛，龈缘可有少量出血，通常受伤后无反应，可在数周或数月后恢复。建议1~2周内使患牙休息，松动的牙可采取固定措施。受伤后1、3、6、12个月应定期复查。如发现牙冠变色，即有牙髓坏死迹象，应进一步X线检查确诊后行根管治疗。

（2）牙折断

常因外力直接撞击所致，部分也可因咀嚼时咬到砂石、碎骨等硬物所致。根据解剖部位可分为冠折、根折和冠根联合折，据其损伤与牙髓的关系又可分为露髓和未露髓两大类。

a. 对于缺损少，牙本质未暴露的冠折，可以将其锐利的边缘调磨圆钝，而牙本质暴露者可行脱敏治疗，如敏感较重者可以临时冠修复6~8周后再行树脂修复牙冠形态。而对于牙髓已暴露对的冠折患者，如牙根发育完成应行牙髓摘除术，而年轻恒牙应根据牙髓暴露多少和污染程度做活髓切断术待牙根发育完成后再拟治疗方案。

b. 对于根折的患者应尽早用夹板固定以促进其自然愈合。但如折断发生在颈侧1/3并与龈沟相交通时,可根据折断线的位置选用切龈术、正畸牵引术或牙槽内牙根移位术,而后根据患牙需要再行桩冠修复。

c. 对于冠根联合折的患牙应尽可能保留,但要根据患牙实际情况拟治疗方案。

但有些创伤不明显时,只感觉牙痛或隐隐作痛,就有可能是隐裂。这时就要小心地饭前饭后用温盐水冲漱口 5 分钟。睡前也要漱口。主要是把隐裂的伤口清洁干净,同时起到除菌消毒的作用。

一般牙本质会自动愈合。当然如果 3～ 5 天仍不见好转。说明伤口可能较深,已经穿透牙釉质层了。这里就要到专科医院做治疗了。对于牙齿断裂、折断的情况,多见于猛烈的撞击、击打、剧烈的运动造成的。牙齿的断裂创伤很容易发生感染,造成大面积的发炎。此时一定要注意消毒隔离。不要用舌头舔伤口处,如遇到口水较多时尽量咽下去,不要吐。吐出口水容易引起口腔的感染,加重伤口的受伤程序,也可能会因吐口水时造成新的伤害。

(3)牙脱位

碰撞是引起牙脱位最常见的原因。由外力的大小和方向不同,牙脱位的表现和程度不一,分为不全脱位和全脱位。

a. 牙部分脱位:常有疼痛、松动和移位等表现,还有患牙因伸长而出现咬合障碍。应在局麻下复位固定,术后 3、6、12 个月分别进行复查,若发现牙髓坏死应及时做根管治疗。

b. 嵌入型的牙脱位:表现为牙冠变短。应在复位 2 周后行根管治疗术。但对于年轻恒牙来说,不能强行拉出,应对症治疗后观察待其自然萌出。

c. 完全脱位牙:可见牙完全离体,牙槽窝内空虚。

前牙脱落了,千万不要惊慌着急,要尽快地把它送到有资质的牙科医生那里,请医生为其牙齿再植。由于年轻人牙组织的修复再生能力很强,脱落的牙齿在 30 分钟内,只要及时正确地处理,就可以重新植进原来的牙槽窝内,待固定 3~4 周后行根管治疗术。这种做法就是牙再植术。

要留意的是,对于脱落的牙齿一定不要用手拿着或用纸包着带到牙科门诊,这种作法是不可行的。脱落的牙齿若是沾了土,我们要用手拿牙冠的方式用生理盐水或者用无菌水将牙齿冲洗干净,千万不要用力擦洗,假如用力擦洗的话,就会破坏牙根部表面的根周膜细胞。冲干净后放进生理盐水中或者鲜牛奶中,也可含在舌下或口腔前庭处,并立即就医。假如就诊不及时或者拖延了复位时间,则只能在体外完成根管治疗,搔刮根面和牙槽窝后再植,预后是欠佳的。

第六节　牙体损坏和治疗修复方法

牙体缺损是口腔科常见病和多发病,自然人口中约占 24%~35%。表现为牙体硬组织不同程度的质地和生理解剖外形的损坏或异常。常由龋病、外伤、磨损、楔状缺损、发育畸形等原因导致。可对牙体、牙髓、牙周、咀嚼、美观及发音等造成不良影响。临床上用充填和修复的方法治疗。而比较严重的牙体缺损常采用修复治疗的方法。

牙体损坏和缺失牙在我国中老年人群中很常见，牙齿缺失会影响美观、发音和咀嚼功能，应当及时修复。修复后要正确使用，注意维护和清洁。

世界卫生组织在2001年就提出了“8020”概念，即80岁的时候，应该还有20颗牙齿可以使用，我国现状是65岁以上的人群还有17颗左右。这种隐患始于中青年时期对牙齿的维护不足以及青少年时期接受宣传的力度不够，和自我保护意识不强有关。

一、牙体损坏和治疗修复方法

1. 银汞充填

优点是便宜、耐磨。缺点是由于其颜色为金属色，不能用于前牙；由于银汞合金收缩，与牙齿间没有粘接力，补牙的边缘不密合，形成微渗漏，长期使用可能会在银汞和牙齿交界处再次发生虫牙。目前发达国家已经逐渐淘汰了此种修复方法。

2. 光固化树脂充填

优点是与牙齿颜色接近，前后牙都可以使用。缺点是由于在光照变硬的过程中收缩，只能应用于较小的虫牙的补牙。如果虫牙的洞很大，或者涉及牙齿的邻面，从长远考虑，树脂补牙就不是那么合适了。容易破损、折裂，导致再发虫牙或者塞牙等。有的活髓牙由于树脂和粘接剂的刺激也可能产生术后敏感。目前发达国家主要用在前牙的微小缺损上。

3. 嵌体修复

目前发达国家对后牙缺损的修复大多采用此法。如对于很大的龋齿的缺损，银汞和树脂都不理想。比较理想的修复方法是用嵌体来恢复缺损的牙齿，可以很好地恢复牙齿的外形和功能。尤其是对虫牙破坏到牙齿邻面的牙洞，长久效果更佳，由于嵌体制作在体外进行，制作出的嵌体邻面光滑，不易附着生物膜、食物残渣，减少了继发龋坏的可能。尤其是对大面积破坏的牙体可以采用高嵌体修复而无须再做冠修复，避免了冠边缘对牙龈的刺激，保护了牙周组织的健康。嵌体按照材料不同可以分为金属合金嵌体、树脂嵌体、瓷嵌体等3种。

4. 铸瓷贴面在牙体美学修复中的应用

铸瓷贴面对四环素牙、氟斑牙、釉质发育不全、牙齿钙化不全、牙列稀疏（间隙小于3 mm）、轻度错位牙、覆（牙合）在正常范围内的轻度上颌前突牙等具有较好的临床修复效果。瓷贴面在修复过程中牙体预备量少，对牙体牙周刺激较小，瓷作为釉质的替代物可有效恢复完整牙齿的机械强度，修复后可获得良好的美学效果。

5. 烤瓷牙在牙体美学修复中的应用

1）金属烤瓷牙

（1）普通金属烤瓷牙主要的金属材料有镍铬合金和钴铬合金。非贵金属烤瓷费用较低，强度较贵金属强，但其色泽欠完美，边缘密合度稍差，易产生颈缘灰线，易出现崩瓷。由于镍铬合金理化性质相对不稳定，生物相容性较差，容易引起部分人过敏，导致牙龈炎、牙龈出血、口腔异味、牙龈缘变黑等，远期效果欠佳。与前者相比，钴铬合金烤瓷冠安全性相对较高，性能较稳定，价格较合理，但会对其毗邻组织磁共振成像产生干扰，使图像畸变。

（2）贵金属烤瓷牙主要的金属材料有金钯合金和金铂合金。贵金属合金是一种很理想的金属内冠材料，具有生物相容性、铸造性能、边缘密合度和适合性更佳等优点。贵金属合金耐腐蚀，不易导致牙龈灰染，其橙黄底色与人体牙及牙龈组织色调接近，美观自然效果好。同时，贵金属与瓷结合得非常好，崩瓷现象少，此外，贵金属对于核磁共振成像无明显干扰，或可以通过一些方法去除干扰。但是费用相对较高。

2）全瓷烤瓷牙

使用不含金属的全瓷材料，主要有二氧化铝烤瓷牙、氧化锆烤瓷牙等。全瓷性材料与人体生物相容性最好，不会刺激牙龈而出现牙龈发炎、牙龈变色的现象。瓷性材料韧性低于金属材料，为了加强全瓷牙和铸瓷牙的强度就需要做的稍厚一些，因此需要磨除的牙体组织量要比金属烤瓷牙多一些。由于全瓷牙和铸瓷牙具有各个方面的优势，已成为理想的牙齿美容技术，而且修复无金属化是一种发展趋势。

6. 桩核冠在牙体美学修复中的应用

桩核冠是修复大面积牙体缺损的一种常用的修复方法。大面积牙体缺损是指患牙冠部硬组织大部缺失。甚至累及牙根。由于剩余的牙体组织量少，无法单独使用全冠获得良好固位，为了增加固位，将修复体的一部分插入根管内获得固位，插入根管内的这部分修复体即称为桩。早期的桩钉和冠是一体的，这类用桩钉插入根管内以获得固位的冠修复体被称作桩冠。目前所使用的桩冠对传统的桩冠进行了改良，将桩和外面的全冠分开制作，各自独立，称作桩核冠。桩钉分为纤维桩、金属桩等。

二、缺失牙的治疗修复方法

分为可摘局部义齿、固定义齿、种植义齿和全口义齿。

（一）可摘局部义齿

可摘局部义齿是一种患者可以自行摘戴的用于部分牙缺失（牙列缺损）的修复体。义齿主要通过固定在余留天然牙上的卡环等固位装置和基托保持义齿在牙列中的位置，利用天然牙和缺牙区剩余牙槽嵴做支持，恢复缺失牙及其周围缺损组织的解剖形态和生理功能。

1. 适应证

可摘局部义齿的适应证广泛，从缺失一个牙到只剩余一个牙的情况均可采用可摘局部义齿。尤其适合缺牙数目多，游离缺失，有组织缺损，以及余留牙牙周健康情况较差的牙列缺损者；对于腭裂患者，可以在修复缺失牙的同时利用义齿基托封闭腭裂隙；对于过度磨耗等造成的面下 1/3 高度降低者，可利用可摘局部义齿合垫升高垂直距离；生长发育期的缺牙儿童也适合采用可摘局部义齿修复，修复缺失牙的同时不影响颌骨的生长发育；可摘局部义齿还常在治疗过程中作为一种短期的过渡性修复（即刻义齿、暂时义齿）；满足某些特殊美观要求（美容义齿、化妆义齿）；因身体健康原因不能耐受固定义齿修复，不接受大量磨除牙体组织，或因经济条件等原因不愿采用固定义齿修复的牙列缺损者。

2. 禁忌证

无正常行为能力，生活不能自理。义齿不便摘戴、保管、清洁，有误吞义齿危险的患者，如患有偏瘫、痴呆症、肢手残缺、癫痫、严重精神障碍者；患猛性龋未治愈者；修复间隙过小，影响义齿强度；有口腔黏膜溃疡、肿瘤等疾病未治愈者；对义齿材料过敏又无其他材料可取代，或个别患者对义齿异物感明显又无法克服者。

3. 优缺点

与固定义齿相比，可摘局部义齿的优点是适应证广泛，很多不适合采用固定义齿修复的情况均可采用可摘局部义齿修复，比如缺失牙数目多、基牙牙周健康不理想、组织缺损等；可摘局部义齿的基牙不需要像固定义齿基牙那样大量磨除；可摘局部义齿的费用较固定义齿低，义齿损坏后可以修理，某些部位再缺失牙后可在原义齿上添加人工牙。

可摘局部义齿的缺点是义齿体积大，覆盖大量正常组织，初戴时常有恶心不适和发音不清，义齿与天然牙及组织间容易积存食物残渣和软垢，每天必须要反复摘戴义齿和清洁，否则会影响余留牙的健康。可摘局部义齿的功能恢复效果不如固定义齿好。

4. 分类

（1）按照结构和材料分类

①铸造支架式义齿

义齿的主体结构为一个整体铸造的金属支架，人工牙和基托等结构附着在铸造支架上。常用的金属材料为钴铬合金、钛金属。

②胶连式义齿（塑料基托义齿）

义齿的人工牙和固位卡环等结构由塑料基托连成整体。材料为甲基丙烯酸甲酯。

两种类型义齿优缺点比较

铸造支架式义齿的强度高，体积小，覆盖组织面积小，舒适性好，易于自洁。而胶连式义齿的强度较差，体积大，覆盖组织面积大，舒适性差，自洁差。但铸造支架式义齿制作较为复杂，费用高，且损坏后不易修理；胶连式义齿制作简单，费用低，损坏后容易修理，如果再有缺失牙也易于在旧义齿上添加。长期戴用的正式义齿多采用铸造支架式义齿，而胶连式义齿多用作暂时的过渡性义齿。

（2）按照支持方式分类

①牙支持式义齿

当缺牙数量不多，缺牙间隙前后均有较稳固余留牙时，义齿人工牙承受的咬合力由缺牙间隙前后的天然牙承担。牙支持式义齿的固位、稳定和支持好，修复效果好。

②混合支持式义齿

当缺牙区的后方无余留牙（远中游离缺失），或缺失牙数目多、缺隙长时，义齿人工牙承受的咬合力一部分由临近缺隙的天然牙承担，另一部分由义齿基托覆盖的牙槽嵴承担。即由天然牙和牙槽嵴共同承担咬合力。此类义齿容易出现翘动、旋转等不稳定现象，游离缺隙的邻近基牙容易受到扭力损伤，牙槽嵴容易发生骨吸收和黏膜压痛。修复效果不如牙支持式义齿。

③黏膜支持式义齿

当缺失牙过多，余留牙牙周健康状况差，不能提供支持时，义齿人工牙的咬合力完全由义齿基托下的牙槽嵴承担。黏膜支持式义齿修复效果不佳,容易出现压痛和骨吸收,应尽量扩大基托范围,分散咬合力。

5. 修复方法

检查与治疗计划

首先对牙列缺损患者的牙齿缺失数目、部位,余留牙、缺牙区牙槽嵴、黏膜等组织的健康状况,口内现存固定、活动修复体进行全面、详细检查和评估。包括口内检查、X 线检查和研究模型分析。并了解患者的全身健康状况,以及对义齿修复的要求等内容。确定患者是否适合采用可摘局部义齿修复(符合可摘局部义齿适应证);确定义齿修复前需要治疗的其它疾病和问题的内容和时间顺序(即修复前准备);初步确定可摘局部义齿的设计(包括义齿类型、材料选择等),义齿修复的费用、开始时间、过程,可能达到的修复效果和可能出现的问题及处理方法等。治疗计划制定的过程中医患应进行充分的沟通,义齿的设计和材料选择应在符合修复原则的前提下尽量满足患者的要求;对于可能达到的修复效果和可能出现的问题及处理方法,必须得到患者的知情同意。

6. 修复前准备

(1)拆除固定修复体

对于口内现存的固定修复体,如果有以下问题时应该拆除。修复体设计、制作不良,影响功能恢复和组织健康;基牙存在牙周、牙髓、根尖病变;影响整体修复设计需重新修复者。

(2)口腔外科治疗

包括拔牙和牙槽突、软组织手术。

应考虑拔除的牙包括破坏严重,无法长期保留,无法修复或妨碍义齿修复的牙。如三度松动、牙槽骨吸收 2/3 的牙,无法利用的残根、残冠,无法进行完善牙体牙髓治疗、预后不佳的牙,影响修复又无法矫正的错位牙、过度倾斜牙、过度伸长牙等。

拔牙后如果牙槽嵴存在尖锐的骨尖,或形成较大的组织倒凹,牙槽嵴上的增生的软组织、松软黏膜组织,影响义齿修复者应手术去除。

(3)牙体牙髓治疗可保留的余留牙中存在龋病、牙体缺损(如楔状缺损)等应进行牙体充填治疗;存在牙髓、根尖病变者应进行完善根管治疗;根管治疗不完善者应重新根管治疗;需调磨较多,可能造成穿髓或牙本质敏感的伸长牙、倾斜牙,应先进行牙髓失活和根管充填。

(4)牙周治疗余留牙的牙周健康对于保持修复效果的长期稳定至关重要。因此在修复前余留牙应进行牙周治疗,并在以后长期进行牙周维护治疗。牙周治疗不只是简单的洁治,牙周病患者需接受系统的牙周治疗,包括牙周手术。对于牙体缺损达龈缘下较深的牙,需进行冠延长手术,获得良好的修复体边缘位置和正常的牙周生物学宽度。

(5)正畸治疗

有些牙列缺损者可以在修复前采取正畸的方法来矫正余留牙的倾斜、移位,压低伸长牙,关闭或集中散在牙间隙;也可以正畸矫正深覆合、深覆盖,调整合曲线等。

(6)口腔黏膜病治疗

存在义齿性口炎者,需进行抗霉治疗,用小苏打浸泡旧可摘义齿,必要时需停戴。义齿修复前口腔黏膜的溃疡、炎症必须治愈。口腔黏膜其它病损也应积极治疗,应避免修复操作和修复体刺激和加重黏膜病变。

(7)暂时义齿修复

牙列缺损患者都希望尽快修复。但是一般来说,拔牙三个月后拔牙窝基本愈合,才能进行正式修复。对于较复杂的牙列缺损患者,从修复前准备到正式修复完成的过程需要较长的时间,咀嚼、美观等功能很长时间不能恢复,给患者的生活造成很大不便。因此可以在修复前准备阶段进行暂时义齿修复,即在拔牙前取印模,在模型上去除要拔除的牙后制作可摘义齿,拔牙后就可以戴上义齿(即刻义齿),在一定程度上恢复咀嚼功能和美观。

7. 修复过程

(1)余留牙的调磨、修复和基牙预备

牙列缺损者经常存在余留牙的形态、抗力、位置和咬合关系的异常,需要在修复缺失牙之前对余留牙进行调改和修复。

(2)取印模、灌石膏模型

(3)确定(牙合)关系

(4)工作模型观测和义齿设计

(5)义齿铸造金属支架制作

(6)义齿支架试戴

义齿金属支架完成后可在患者口内试戴,检查支架能否顺利就位,支架各部分是否密合,固位和稳定效果,咬合有无干扰等。必要时需进行适当调改。

(7)排牙,完成义齿

(8)义齿初戴

(9)义齿的正确使用与维护

①摘戴方法

医生指导患者正确的摘戴方法,保证义齿的准确就位。

②口腔卫生与义齿清洁

戴义齿后维护好口腔卫生至关重要。不戴义齿时应浸泡在冷水中保存。

③初戴义齿后的练习与适应

初戴义齿后会有异物感、恶心,可能有发音不清,咀嚼不便等问题,需要耐心练习和习惯,1~2 周即可改善。

建议先进食较软的食物,且尽量少用前牙切咬大块食物,根据情况逐渐增加食物硬度。戴义齿后支持义齿的基牙和牙槽嵴负担增加,应逐渐适应,否则容易出现基牙和牙槽嵴的疼痛。

④问题与处理

戴用可摘局部义齿(尤其是初戴义齿后)可能出现的问题包括余留牙或黏膜的疼痛,义齿松动,摘戴困难,咬颊舌,嵌塞食物,咀嚼功能差(咬不烂食物),发音不清,恶心、唾液增多,咀嚼肌和颞下颌关节不适,以及外观不满意。如果有感觉不适等问题,或义齿损坏,应及时到医院检查、调改或修理。患者不要自己修改义齿。如果长期不戴义齿，由于余留牙位置改变等原因，可能导致义齿摘戴困难，甚至无法戴入。

⑤长期维护

每半年到一年定期复查，及时发现和处理余留牙和义齿可能出现的问题，维护余留牙的健康和义齿的正常使用。

（二）固定义齿

固定义齿是修复牙列中一个或几个缺失牙的修复体。靠黏结剂或固定装置与缺牙两侧预备好的基牙或者种植体连在一起，从而恢复缺失牙的解剖形态与生理功能。由于这种修复体患者不能自行取戴，故简称为固定义齿。又由于其结构与桥梁相似，故又称固定桥。

1. 组成

固定义齿由固位体、桥体和连接体 3 个部分组成。

固位体是指固定在基牙上的那部分结构，包括全冠、桩核冠、部分冠、嵌体、翼板固定桥等，借助固位力与基牙相连并获得固位。其中全冠内固位体现在常用。桥体靠固位体的固位与基牙连接在一起并将咬合力通过固位体传导给基牙。所以，固位体应有良好的固位力与抗力。

桥体即人工牙是固定桥恢复缺失牙的形态和功能的部分。

连接体是桥体与固位体之间的连接部分，按连接方式不同可分为固定连接和非固定连接。

2. 作用

固定义齿不仅能恢复咀嚼器官的解剖形态和生理功能，还能在较长一段时期内维持该器官的健康和预防牙颌疾病的发生，例如防止对颌的牙齿伸长以及相邻的牙齿倾斜。并可使患者获得近似于真牙的美观、舒适和咀嚼感受。

3. 类型

根据结构可分为双端固定桥、半固定桥、单端固定桥并可延伸为复合固定桥、黏结桥、固定活动联合固定桥、种植基牙桥等。

根据材料可分为塑料桥、金属桥、烤瓷桥、全瓷桥等。

4. 适应证

（1）缺牙的数目

①固定桥最适合修复一个或两个缺失牙，也就是两个桥基牙适宜支持一个或两个缺失牙的桥体。固定桥一般可修复切牙区 1-4 个牙，后牙区 1-2 颗牙缺失。

②若缺失牙在两个以上，为间隔缺失，即有中间基牙增加支持。

③选择固定桥修复时必须考虑缺失牙数目与缺牙区两端基牙的所能承受咬合力的能力，否则会引起固定桥修复失败。

（2）缺牙的部位

①牙列的任何部位缺牙，只要缺牙数目不多。基牙条件符合要求，都可以选用固定义齿修复。

②对后牙末端游离缺失的患者，若用单端固定桥修复，桥体受力，产生的杠杆作用大，容

易造成基牙牙周组织损伤。

③若第二磨牙游离缺失，对颌为粘膜支持式可摘义齿，因其咬合力比一般天然牙明显减小，缺牙侧可以第二双尖牙和第一磨牙为基牙，其基牙的牙周情况好，也可采用单端固定桥修复。

（3）基牙的条件

①牙冠。作为固定桥基牙的临床牙冠高度应适宜。如牙冠已有牙体组织缺损，或牙冠形态不正常，只要不影响固位体的固位形预备，并能达到固位体固位要求，亦可考虑作为基牙。牙冠缺损面积大，如果能通过桩核修复，仍可选为基牙。若基牙的临床牙冠过短，应采取增强固位体的固位力措施，如在基牙上制备辅助固位形或增加基牙数，否则不宜作固定桥修复。

②牙根。牙根应长大、稳固，以多根牙的支持最好，不应存在病理性松动。

③牙髓。以有活力的牙髓最佳。如果牙髓已有病变，应进行彻底地牙髓治疗，并经过较长时期的观察，确认不会影响修复后的效果者，方可作为基牙。死髓牙经根管充填后使牙体变脆，在选作基牙时，应考虑牙根的强度。

④牙周组织。基牙牙周组织健康才能够支持经固位体传递至基牙上的桥体的 力。因此，对基牙牙周组织的要求为；牙龈无进行性炎症，牙周膜无炎症，根尖周无病变；牙槽骨结构正常，牙槽突没有吸收或吸收不超过根长的 1/3，并为停滞性水平吸收。如果个别牙缺失，基牙因牙周病引起不同程度松动，可以根据牙周病矫形治疗的原则，考虑设计多基牙固定桥。

⑤基牙的位置。要求基牙的轴向位置基本正常，无过度的倾斜或扭转错位，不影响固位体的制备及基牙间的共同就位道。

（4）咬合关系

①缺牙区的咬合关系基本正常，即缺牙区的牙槽嵴顶粘膜至对颌牙 面有正常的 龈距离。对颌牙无伸长，邻牙无倾斜。

②若缺牙时间过久，引起 关系紊乱，如邻牙倾斜、对颌牙伸长形成牙间锁结，致使下颌运动受限者，一般不宜采用固定桥修复，但若通过咬合关系调整。使伸长牙和倾斜牙回复至正常位置仍可考虑固定桥修复。

③缺牙区咬合接触过紧，缺牙区的牙槽嵴顶粘膜至对颌牙 面距离过小，因固位体、桥体，连接体无足够的厚度与强度，无法承受咀嚼 力，一般不宜采用固定义齿修复。

（5）缺牙区牙槽嵴

①缺牙区伤口愈合 一般在拔牙后 3 个月，待拔牙创口完全禽合，牙槽嵴吸收基本稳定后制作固定义齿。如因特殊原因必须立刻修复者，先进行固定桥基牙牙体制备，采用树脂暂时固定桥修复缺失牙，待伤口完全愈合，再作永久固定桥修复。如拔牙创口未愈合，牙槽嵴吸收未稳定，立即作固定桥修复，修复后容易在桥体龈端与粘膜之间形成间隙，从而影响自洁作用和美观。

②缺牙区牙槽嵴吸收 缺牙区牙槽嵴吸收不宜过多，特别是前牙区。如果牙槽嵴吸收过

多，制作固定桥，桥体外形塑形比较困难，会影响美观。牙槽嵴吸收过多的后牙区，可设计卫生桥。总之对缺牙区牙槽嵴吸收过多者，选择固定桥修复时，需慎重考虑。必要时采用特殊外形塑形处理，如桥体 面或切缘至缺牙区粘膜距离过长，桥体牙颈部可采用牙龈色，通过视觉差来缩短桥体长度，与邻牙颈部协调。

（6）年龄

①若年龄过小，临床牙冠短，髓腔较大，髓角高，有时根尖部未完全形成，在基牙制备时，容易损伤牙髓。

②若年龄过大，牙周组织萎缩明显，牙松动，此时牙周组织的代偿功能降低，不宜采用固定桥修复。

③固定桥修复的适宜年龄为 20~60 岁。但也应视患者的具体情况而定。如老年患者，全身及口腔情况良好，除个别牙缺失外，余留牙健康、稳固，此时也可用固定桥修复。

（7）口腔卫生

患者口腔卫生情况差，牙垢沉积，菌斑集聚，容易引起牙齿龋病和牙周病，导致基牙牙周组织破坏。因此此类患者在选用固定桥修复时，必须进行牙周洁治，嘱咐患者保持口腔清洁卫生。否则不宜作固定义齿。

（8）余留牙情况：牙列的稳定性。

5. 禁忌症

（1）不适宜青少年患者。

（2）严重深覆、交叉、过度磨耗等不能通过调磨来协调咬合关系者。

（3）缺牙时久，关系紊乱，致使下颌运动受限者。

（4）缺牙区牙槽嵴缺损过大，尤其是前牙区缺损者。

（5）牙龈进行性炎症，牙槽骨吸收超过根长 1/3 者。

（6）后牙末端游离缺失者。

6. 选择桥基牙

桥基牙应有足够的临床长度，较为正常的组织结构及较大的体积才能保证固定义齿的良好固位。

7. 条件及设计

桥体应自洁作用好，符合卫生要求，有足够的强度，对口腔软硬组织无不良刺激。

设计桥体应从以下几方面考虑：桥体的龈面，颌面强度及外部形态。

颌面可考虑减少颊舌径，加大外展隙，加深颊舌沟或添加副沟，降低牙尖斜度以减轻基牙的压力，利于基牙的牙周组织健康龈面可根据患者实际情况采用改良盖嵴式桥体。

8. 固位

固位是较为重要的，不好的固位可导致诸多问题的发生，可使基牙产生继发龋坏，牙周组织的损伤不能很好的发挥咀嚼功能甚至误吞等损害。

固位体的类型：冠内固位体、冠外固位体和根内固位体。

提高固位体的固位力：由于固定义齿将各基牙连接为一体，其受力的反应与单个牙不同，要求固位力高于个别牙修复。

（1）全冠的固位力最好，做固位体时牙合向聚合不宜过大。

（2）固位体固位力大小的设计与牙合力的大小、桥体的跨度和桥体的曲度相适应。桥体跨度越长，越弯曲，牙合力越大者，要求固位体的固位力越高。

（3）双端固定桥两端基牙固位体的固位力应基本相等：若两端固位体的固位力相差悬殊，则固位力差的一端固位体易松动。而固位力强的一端固位体又暂时没有脱落，患者不易察觉造成松动端基牙继发龋。

（4）在选择固位体时必须考虑各个固位体之间应有共同就位道。

（5）基牙若有缺损或畸形，在设计固位体时应予一并修复。若基牙牙冠已有充填物，固位体的边缘应尽可能覆盖充填物，这样可避免充填物松脱，而影响固位体的固位。

（6）固位体的设计应防止基牙产生牙尖折裂，冠外固位体因基牙牙合面全部被金属覆盖，不会发生牙尖折裂。而冠内固位体，尤其是上颌双尖牙若为邻牙合邻嵌体，因其颊、舌尖都很陡，容易造成牙尖折裂。

（7）牙冠严重缺损牙的固位体设计：此类牙多系死髓牙，只要缺损未深达龈下，牙齿稳固，应尽量保留。首先经彻底的根管治疗，在根管内插入并粘固固位钉或桩，用银汞合金或树脂形成核形，再做全冠固位体。

（8）倾斜基牙的固位体设计：首先可通过正畸方式改变基牙的轴向；其次使用改良 3/4 冠进行固位；再次可使用套筒冠固位体修复。

9. 修复过程

1）准备

（1）根据缺牙数目。部位、？关系及基牙形态、组织结构及牙周支持组织情况来选择基牙和确定基牙数目。

（2）检查缺牙区拔牙伤口是否愈合，缺牙间隙大小、牙槽嵴及口腔粘膜等情况。

（3）基牙牙冠应高大，根长大，如有牙体或牙周病者，需先做治疗，无髓牙应经过完善的根管治疗。

（4）咬合关系应基本正常，基牙如有倾斜移位、对颌牙伸长、扭转或错位者，则必须进行调磨或改变固位体的设计方法。

2）方法

（1）基牙牙体制备：参照牙体缺损修复，按固位体的类型进行牙体制备时，要求所有基牙相应轴）面彼此平行，无倒凹或略向？方或切端聚合 2o-5o，以取得各固位体的共同就位道，同时应注意增强固位体的固位力。

（2）印模及灌模：要求印模必须准确、完整、清晰。铸造固定桥和金属烤瓷桥，则都采用双层硅橡胶印模法取全牙列印模，用硬石膏灌模，然后用代模针形成可撤式模型。

（3）固定桥制作：一般在技工室完成 。

（4）固定义齿试戴：将初步磨光的固位体分别在各基牙上试合，要求固位体能正确就也与基牙颈部密合，边缘伸展合适，邻接关系良好，咬合协调，无翘动，固位良好的情况下，如有问题加以相应处理后，即可进行磨光、粘固。而金属烤瓷桥在上釉前试戴，进行外形修整和调咬合后，再上釉粘固。

（5）医嘱：嘱患者粘固后 2 h 内禁食，24 h 内不用固定桥咀嚼硬性食物，必要时预约复查一次。

（三）种植义齿

随着科技发展，现在的种植义齿也属于固定义齿的一种形式。目前，市场上投入临床使用的口腔种植系统已数以百计。已成为集口腔颌面外科学、口腔修复学、牙周病学、生物力学、医用材料学、精密机械加工学等学科中高新技术成果为一体的口腔医学临床新分支。种植义齿是在口腔缺牙区的牙槽骨内植入种植体（人工牙根），待种植体成活后，再在其上端制作修复体完成种植义齿的修复。它能显著地提高患者的咀嚼功能且感觉舒适类似真牙，许多常规义齿难以解决的疑难修复临床病例通过种植义齿能得到满意疗效。

经过多年的临床实践，种植义齿已成为一项成熟的口腔修复治疗手段。为保证高成功率，复杂的治疗程序和漫长的治疗时间在所难免。当前推行"以修复为导向的种植修复"，即要求在种植植入手术前就应根据修复目标制订详尽具体的计划，否则往往会面临被动局面。仅仅关注种植外科手术的适应证和禁忌证是片面的，从修复的角度看，种植义齿同样有其适应证和禁忌证，在种植修复的设计过程中，这方面的因素应被置于优先考虑的地位。

1. 适应证

（1）主观上不愿接受大量牙体预备作为常规固定桥修复或黏结桥修复。

（2）牙槽嵴严重吸收，承托区软组织耐受力差，常规可摘义齿无法恢复理想功能。

（3）咀嚼系统存在某些行为异常（如下颌过度活动）致使不能戴用可摘义齿者。

（4）因各种原因行颌骨切除术后，常规修复难以实施者。

（5）咀嚼系统的肌肉协调功能障碍者（如帕金森综合征等）。

（6）从心理上抗拒抵制戴用可摘义齿。

2. 禁忌证

1）全身禁忌证

（1）高龄及全身健康状况不良者。

（2）代谢性疾病患者，如控制欠佳的糖尿病、骨质疏松症、软骨病、变形性骨炎等。

（3）血液病如白血病及其他出血性疾病患者。

（4）胶原性疾病患者，如病理性免疫功能缺陷及胶原组织的炎性病变、硬皮病、舍格林综合征、类风湿关节炎等。

（5）种植义齿可能成为感染病灶者，如有细菌性心内膜炎病史者、心脏等器官移植者不宜种植。

（6）急性炎症感染期患者，如流感、气管炎、胃肠炎、泌尿系感染，在感染未彻底控制之前不宜种植。

（7）女性在妊娠期及哺乳期、生理期期间最好避免手术。

（8）长期服用某些药物，如抗凝血制剂、抗骨质疏松药物等。

(9)智力障碍患者、神经及精神疾病患者。

(10)过度嗜烟、酒者及吸毒者。

2)局部禁忌证

(1)牙槽骨存在病理性改变,如残根、异物、肉芽肿、囊肿以及炎性反应者,应在消除上述病理性改变后再行种植。

(2)经过放射治疗的颌骨。由于此类颌骨内的骨细胞及血管经过放疗后都已损伤,易导致种植失败。

(3)口腔黏膜病变患者,如白斑、红斑、扁平苔藓以及各类口炎患者。

(4)口干综合征患者,因年龄、自身免疫性疾病或长期服用药物所引起的口干,唾液流量减少等,不利于种植义齿的自洁,易导致种植体周围炎的发生。

(5)夜磨牙、紧咬牙等副功能未能有效控制,种植体有遭受创伤性负荷的风险。

(6)不能有效进行口腔卫生维护的患者。

(7)与颌位关系条件差(如闭锁等),不能保证种植体免遭创伤性负荷者。

3)不适于实施种植义齿的病例

以下情况应避免或暂缓应用种植义齿修复。

(1)牙列中存在“不稳定因素”(有些牙需作根管治疗、牙周治疗或需拔除),而这些治疗可能对修复方案产生重大影响者。

(2)对美观、发音要求很高,而因解剖形态条件所限很难通过种植义齿予以满足者。

(3)经济条件差,无力支付种植义齿费用者。

(4)因居所、工作性质等所限,难以按医师要求多次来诊完成种植修复程序以及随后的长期随访复诊者。

(5)对种植义齿效果有不现实的预期者。

(6)口腔保健卫生状态差,有严重的烟、酒不良嗜好者。

4)需权衡利弊作出决策的病例

更多的病例可能既适合于种植义齿修复,也可以选择固定义齿或者活动义齿修复。此时,需要根据具体情况,评估采用某一治疗所需付出的代价和获得的效益,然后进行决策。需要指出的是,在此过程中必须让患者获取以下的信息。

(1)种植义齿治疗的发展背景和临床治疗过程,其优点和风险。

(2)其他可供选择的修复手段,与种植义齿相比较的利弊。

在患者充分了解以上背景材料之后,他们的主观意愿往往对决策起到决定性的作用。

3. 种植的设计

(1)种植义齿固定方式的选择

种植体各构件之间及种植体与修复体之间的吻合误差可导致修复体、种植体、骨长期处于静负荷状态,是导致种植修复失败的重要原因。

基台与义齿的联结方式,现多采用螺丝固位,其优点是容易就位,可以无损地松解取下义齿,可在龈间隙小的情况下取得足够固位力。但必须认识到螺纹斜面有很高的机械效率,又没有可让性，因此在吻合面有误差时会产生静负载，具有很大的破坏力。

常规固定修复用的粘接固位方式有很多优点，其结构简单，能补偿吻合面误差，封闭植入体、基台和义齿间的微空隙，又能减少面因螺孔薄弱环节破损的风险，所需时间、费用都较低。但粘接固位方式的缺点也很明显：义齿必须取下时只能破坏，需一定的轴面高度方能取得足够固位力，溢出的粘接剂残留在龈沟内可导致种植体炎。

（2）种植义齿修复的美学

口腔医师与患者对种植义齿的期望已不能满足于恢复功能以及种植体长期存活率，美学方面的追求成为日益重要的目标。一些病例的失败原因是患者对种植义齿的美学效果不满意。这种情况往往源于术前医患之间及术中各科医师之间、医师与技师之间未能充分交流，制订详实的治疗计划所致。

在上前牙唇微笑线以下露出的区域与种植义齿的美学效果关系最为密切，因而被称为“美学区域”。影响美学效果的主要因素包括：

①理想的软、硬组织形态：个别牙缺失种植修复时，涉及的美学因素包括修复体与邻牙和/或对侧同名牙的对称性（外形、色泽、龈缘形态等），难度很大。

② 唇线越高的患者牙颈部和龈缘易暴露，达到修复美学效果的难度越大。有时需采用软组织成型术、软组织移植术等外科手术来恢复理想的软组织量。

③ 龈组织的厚度亦可影响到龈缘、龈乳头形态以及金属色泽能否露出等美学效果。

④种植体植入到理想位置：由于涉及的因素复杂，宜通过“诊断性试排牙”与患者、技师交换意见后确认美学效果理想的人工牙位置。

4. 治疗计划

（1）余留牙的治疗计划

牙列缺损病例准备实施种植义齿修复时，需对余牙的健康状况作全面的检查和处置，这是因为：

①植体已经被预期为一种能长期发挥功能的人工器官。

②种植体的骨整合界面与牙根的牙周膜组织结构存在本质不同，两者不宜被刚性地联接到一起。

③形成一个在相对较长时期中能保持稳定的真牙列基础，以避免真牙列中出现的变化要求对种植义齿产生作相应的改变。

（2）种植系统的选择

目前国际上应用于临床的种植体系统达数百种之多。为患者选择一个设计合理、加工精度符合要求，各部配套器材齐全，适合于患者牙齿缺失部位的高质量种植体是成功种植的基本保证。

从修复的角度看，好的种植系统应能方便、可靠地衔接多种多样的上部结构修复体，应考虑的因素有：

①固定方式：用螺钉旋紧方式固定的基台和上部结构，用粘固方式者易于就位，易于完整地拆卸以便清洗和修理，但必须确保吻合精度以防止产生破坏性的静负荷。

②对于单个牙修复病例，植入体 - 基台 - 上部结构之间应具备锁紧防旋转构造，以防止人工牙冠受力后出现松动旋转。

③基台应有多种形式供选择，适应多变的种植体位置、水平高度、植入角度等的变异。

④种植系统应能提供预成的上部结构部件，确保构件间的吻合精度。

（3）种植体数量的确定

采用固定义齿修复方式，负荷全部加于基牙，需要足够数量的种植体。可摘义齿的负荷一部分通过基托加于牙槽嵴，基牙（种植体）的数量要求不那么严格。

（4）种植体位置和角度的确定

确定种植体的位置时和角度应考虑则以下因素：

①功能负荷能沿种植体长轴方向传导 。

②不妨碍修复体的人工牙排在理想位置上。

③容易被修复体遮蔽而取得良好美学效果。

④不致对患者构成明显的异物不适感。

⑤两个种植体为覆盖式种植总义齿提供固位时，它们之间的连线应与双侧髁状突连线相平行。

⑥两个以上种植体应尽量构成面式布局以提高支持的稳定性。

⑦作下颌固定式种植总义齿时，种植体应在两颏孔之间区域构成面式布局。

⑧作上颌固定式种植总义齿时，可根据颌骨解剖条件尽量在颌弓远中区域植入种植体提供支持。

⑨种植手术模板可直观地表达对种植体数量、位置的设计：在多牙缺失的情况下，为保证种植体植入的位置与方向准确，应事先由修复医生设计制作种植引导模板。在手术模板上用人工牙形态、孔洞、隧道、窗口等为外科医师提示种植体植入位置和方向，有利于在手术中兼顾颌骨解剖条件和修复的需要。手术时外科医生严格按照模板确定的位置与方向植入种植体。在颌骨解剖形态与预期差异较大时，利用模板亦有助于分析判断局势，作出植骨或取消种植的选择。此类模板可分为用透明塑料压制的简单模板；或用原可摘式义齿改制的模板；或用专用金属套筒制作的精确模板等类型。

5. 临床和工艺

（1）口腔种植外科

正确实施种植手术是种植修复成功的基础，这将为后期的修复工作创造良好条件。因此种植外科医生的首要职责是：选择适应证；选用合适的种植体；种植体植入的位置与方向正确；确保种植体的初期稳定性；掌握各种骨增量技术等。

手术前要应用 X 片结合 CT 对颌骨的高度、宽度进行测量，尤其对靠近鼻底、上颌窦以及可能累及下齿槽神经管的部位进行精确测量。做到精确选用适当长度的种植体，合理利用颌骨高度，同时可避免损伤这些重要结构。

种植手术的基本操作程序因不同种植系统而不同，可分为 I 期手术和 II 期手术。I 期手术为植入种植体后，用粘骨膜瓣完全覆盖种植创面，使种植体在无负重条件下于颌骨内的顺利完成骨结合（上颌一般需4~6个月，下颌需2~3个月），然后行Ⅱ期手术，暴露种植体顶端，并安装愈合基台，4~6周后可以开始修复。

（2）种植义齿修复

①种植手术后的过渡义齿

在种植体植入后到完成种植修复前，有一段长达3~6个月甚至于更长时间的愈合期，在愈合期应用过渡义齿可以为患者提供功能及美观需求。此外，患者对过渡义齿的主观感觉，自洁效果及菌斑附着等情况，可作为永久性种植义齿上部结构设计的参考。

过渡义齿多为可摘修复体，采用胶连法制作，易于调改。患者的旧义齿，经检查仍可正常使用者可改作过渡义齿。过渡义齿的设计制作与常规义齿相同，但在手术前即应将过渡义齿试戴调整合适，这样可避免手术后创口未完全愈合情况下戴义齿时的反复调修。

种植体植入术后，即可戴入过渡义齿，但切记要将义齿组织面完全缓冲，避免压迫伤口，影响植体以及软组织愈合。在种植基台连接手术后，过渡义齿经过大量磨改后，仍可使用，直至永久性种植义齿戴入。

②个别牙缺失的种植全冠修复

根据种植体植入的深度、牙龈间距考虑粘接固位抑或螺丝固位，同时在修复时要考虑：

Ⅰ．减小侧向力的措施：

a）减小牙台面积，即将牙面的颊舌径宽度，减至真牙的2/3至1/2。

b）在牙面上形成充分的排溢道形态。

c）牙面的尖、窝、沟、嵴都由圆凸面构成，以期形成点、线状牙接触。

d）种植体修复上前牙时，可考虑使牙接触较轻甚至无牙接触。

e）树脂类材料的牙面对牙力有一定缓冲作用。

Ⅱ．种植义齿的的软组织边缘设计：自洁和便于清扫，恢复美观和发音功能，感觉舒适，有足够的强度，以承受咀嚼及其他外力。

Ⅲ．种植固定桥修复

骨内种植可以扩大固定修复的适应证范围。而当固定桥涉及种植体基牙时，除遵照种植体支持的全冠修复原则外，还应遵照传统的固定修复原则。

Ⅳ．种植可摘局部义齿修复

当真牙基牙和种植体的数量不足时，必须由基托承担一部分力量，即成为种植可摘局部义齿，是覆盖义齿的一种特殊类型。在这种情况下，仍需着重考虑种植体的合理负荷，以及种植颈部周围软组织健康的维护。

Ⅴ．种植全口义齿修复

可采取固定支架全口义齿和覆盖式全口义齿两种方式。

Ⅵ．种植义齿维护

种植手术完成至种植义齿戴用这一阶段，只是种植义齿漫长岁月中的一小段。种植修复后，需要按照医生的要求维护口腔卫生，并定期（3个月、每半年、或每一年）复查。修复体可能会出现脱落、崩瓷、折裂，以及基台螺丝松动、植体折断等机械并发症；以及种植体周围的骨质吸收等生物学并发症。严重影响修复、美学效果时，需进行手术治疗甚至取出种植体。

通过自身维护和定期的专业洁治去除种植体周围菌斑。患者自我维护的方法有：局部用 0.12%~2% 洗必太等含漱剂含漱或擦拭，应用自我维护种植体清洁的工具（间隙刷、单束牙刷、牙线等）。戒烟或控烟（10 支 / 天）。

专业洁治去除牙石及菌斑时宜采用硬度与种植体相仿的工具，以避免在种植体上造成划痕而使菌斑易于附着。

（四）全口义齿

全口义齿是对无牙颌患者的常规修复治疗方法。全口义齿是采用人工材料替代缺失的上颌或下颌完整牙列及相关组织的可摘义齿修复体。

全口义齿由人工牙（artificial teeth）和基托（denture base）两部分组成，靠义齿基托与无牙颌黏膜组织紧密贴合及边缘封闭产生的吸附力和大气压力，使义齿吸附在上下颌牙槽嵴上，恢复患者的缺损组织和面部外观，恢复咀嚼和发音功能，义齿基托覆盖下的黏骨膜和骨组织承担义齿的咬合压力。

初戴时要按照义齿的要求调改合适，为了使患者尽快地适应义齿，发挥义齿的功能，医生应对患者进行必要的指导和帮助，使其对义齿的使用和维护有正确的认识和了解。

第七节　牙齿畸形的正畸治疗

1. 前牙深覆盖

前牙向前伸出过长，超出了下牙，这是临床上较常见的错殆畸形，常伴有前牙深覆合。

2. 前牙反殆

从外表上看，下前牙向前突出或者上前牙位置过于靠后。

3. 错位咬合畸形

是指牙齿的排列位置和咬合关系的异常。错位咬合畸形的表现是多种多样的，常见的错位咬合畸形有个别牙齿错位，为一颗或多颗牙齿在牙列中的位置不正，如牙齿倾斜、歪倒、扭转等。

4. 开颌

是指前牙或后牙在垂直方向上不能咬合，切端在垂直方向上无接触，不能达到正常的覆颌距离。正常的覆颌：上前牙盖过下前牙的 1/3~1/2。开颌非常影响咀嚼功能、语音功能及美观，且随着开颌的程度及范围的增大，功能降低更严重，咀嚼肌张力不足。

5. 中线偏斜

上前牙的中心线与下前牙的中心线不对齐，可以通过口腔正畸进行矫正。

6. 牙间隙过大

口腔内由于牙齿脱落或者未补牙而造成的牙齿间的缝隙或空隙。

7. 牙列拥挤

牙齿数目过多,使颌骨无法容纳。牙列拥挤是错合畸形中最常见者,可表现为牙齿拥挤错位排列不齐;而拥挤牙齿的龋齿和牙周病发生率均较正常排列牙齿为高。同时牙列拥挤十分明显地影响外观,严重者可造成口唇闭合困难,形成开唇露齿。

牙列不齐的情况各有不同,都不同程度地造成了颌面外观和牙齿功能的障碍,及时矫正是关键,选择适合自己的口腔正畸矫治器能有效提高口腔矫正的速度。

第七章　意外伤害与急救

第一节　急救基本常识

随着现代社会发展和人类新的生活模式的出现，针对生产、生活环境下发生的严重急症、意外伤害，向大学生普及救护知识，使其掌握先进的基本救护理念与技能，以便能在现场及时、有效地开展救护，从而达到挽救生命、减轻伤痛的目的，从而为更好地完成学业及健康生活提供必要的保障。急救运行图如图 7-1 所示。

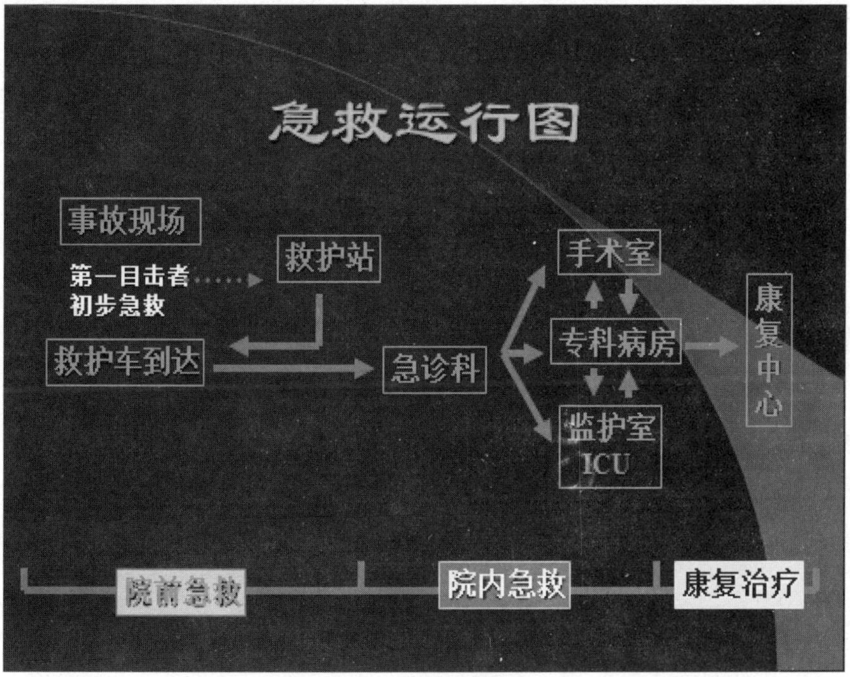

图 7-1　急救运行图

意外伤害可由交通事故、触电、溺水、中毒、烧伤、冻伤等造成。旅游、海啸、地震以及体育运动等也可造成意外伤害。因此，应该对各类伤害有一定的认识，尽量避免意外伤害的发生。而交通事故是意外伤害最常见的，其中以车祸最多见。严重的车祸可导致人员伤亡，伤情以颅脑外伤、脊椎骨折、胸部损伤为主，多发骨折，同时伴有烧伤等复合伤。颈椎骨折现场处理如图 7-2 所示。

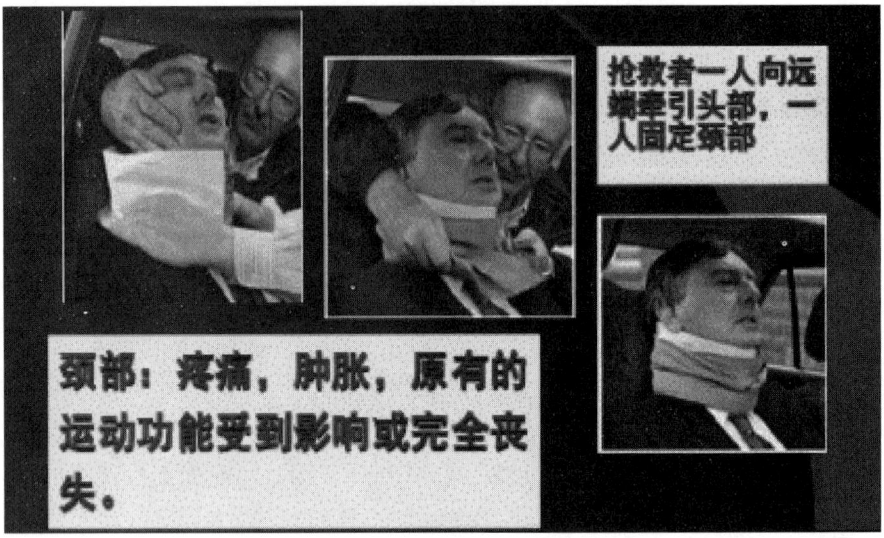

图 7-2　颈椎骨折现场处理

现场救护原则：紧急呼救，保护现场，转运伤员，先救命、后治伤。

紧急呼救的同时，不能随便移动伤员，应根据病情使用颈托、脊椎板固定（图 7-3）。

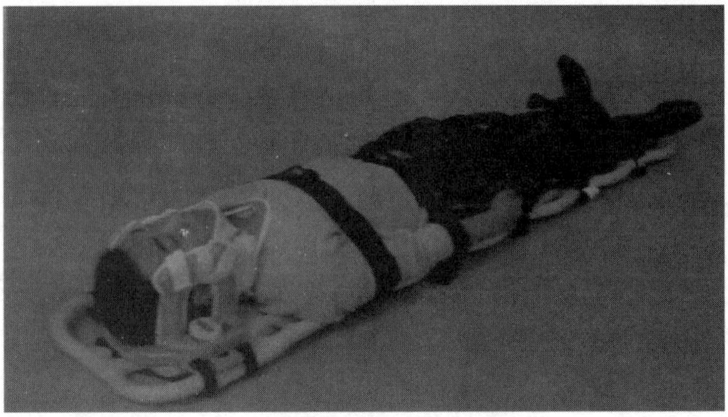

图 7-3　伤员的固定

一、烧烫伤

烧烫伤是生活中常见的意外。由火焰、沸水、热油、电流、热蒸汽、辐射、化学物质（强酸、强碱）等引起。

烧烫伤造成局部组织损伤，轻者损伤皮肤，出现肿胀、水疱、疼痛；重者皮肤烧焦，甚至血管、神经、肌腱等同时受损。呼吸道也可烧伤。烧伤引起的剧痛和皮肤渗出等因素导致休克，晚期出现感染、败血症等并发症而危及生命。

烧伤分为三度如彩图五所示：

（1）Ⅰ度，伤及表皮层；

（2）Ⅱ度，伤及真皮层；

（3）Ⅲ度，伤及皮下组织。

烧伤面积估计（图 7-4）：不规则或小面积烧伤，用手掌粗算。五指并拢为一掌面积，约等于体表面积的 1%。

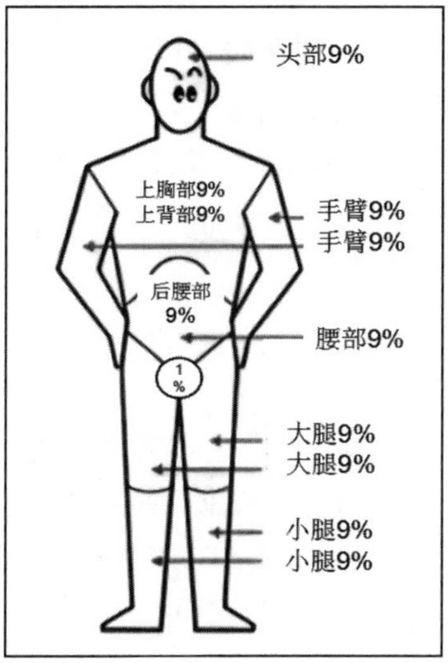

图 7-4 烧伤面积计算九分法

具体分法：头颈部 9%，双上肢各 9%，躯干前后各 2×9%，双下肢各 2×9%，会阴 1%，总计 100%。

烧烫伤的现场急救流程如图 7-5 所示。

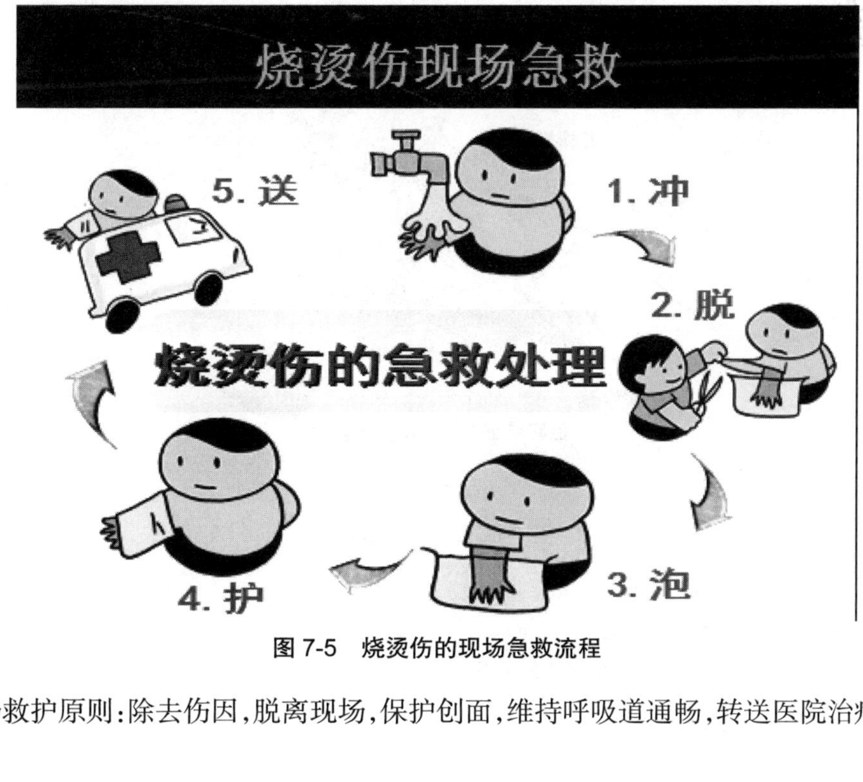

图 7-5 烧烫伤的现场急救流程

现场救护原则：除去伤因，脱离现场，保护创面，维持呼吸道通畅，转送医院治疗。

用冷清水冲洗或浸泡伤处。被少量强酸、碱烧伤,立即用纸巾、毛巾蘸吸,并用大量的流动清水冲洗烧伤局部约 15 分钟以上。

脱掉受伤处的衣物。Ⅰ度烧烫伤可涂外用烧烫伤药;Ⅱ度烧烫伤,表面水疱不要刺破,不要涂药物,用干净敷料保护创面,防止污染,去医院接受治疗。

严重口渴者,可口服少量淡盐水。如强酸、碱通过口腔进入胃肠道,会造成口腔、食管、胃黏膜腐蚀、糜烂、溃疡出血,黏膜水肿,甚至发生穿孔。如能口服的伤员,可服用蛋清、牛奶、面糊、稠米汤等,以保护口腔、食管、胃黏膜,并及时送往医院。

呼吸窒息者,行人工呼吸;伤口出血应予以止血;骨折应做临时固定。

二、踝关节扭伤

1. 踝关节扭伤的原因

踝关节的解剖特点是外踝长,内踝短,内侧副韧带较外侧副韧带强,踝内翻而引起的外侧副韧带损伤较为多见,而由外翻引起的内侧副韧带损伤比较少见(图 7-6)。

(1)运动前,没有充分做好准备活动,运动服装、鞋袜不合身。

(2)对运动技术要领不够熟练,灵活性较差,思想不集中,胆怯犹豫,过度紧张,好逞强。

(3)身体不舒服,过于疲劳或女生穿着高跟鞋、宽松木屐等走路时,脚踝位置不自然。

(4)上下楼梯时,不慎迈空,导致扭伤踝关节。

(5)遇到不良的气候条件或突变的环境因素,如气温过高和过低、雨雪、路滑、光线不足等。

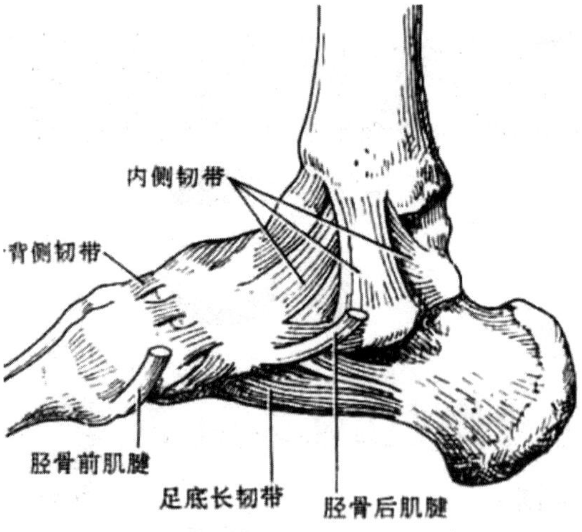

图 7-6 踝关节内侧面

2. 踝关节扭伤的诊断要点

(1)有踝关节内翻位扭伤史。

(2)外踝处肿胀(图 7-7)、疼痛、皮下淤血。

(3)足内翻时,可引起外踝处疼痛。

（4）对严重扭伤，应拍 X 片除外骨折。

（5）疑有外侧副韧带扭伤或断裂可能时，应进行磁共振检查。

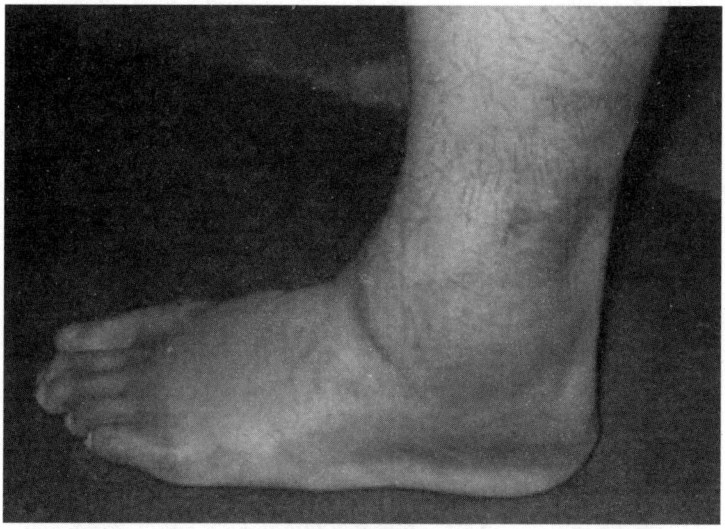

图 7-7　踝关节肿胀

3. 踝关节扭伤的自救

（1）在一般情况下，24 小时内要冷敷损伤部位，每 2 小时做一次，每次 20 分钟。较严重者可冷敷到 48 小时。冷敷能使局部快速降温，使破裂血管收缩止血，减少出血，降低神经肌肉的反射反应，减轻局部疼痛，缩短损伤部位恢复时间。

（2）扭伤部位超过 48 小时，局部肿胀仍无减轻，则需要用温热敷，以 40 ℃水温为宜，每 2 小时做一次，每次 20 分钟。促进局部血液循环，加速渗液吸收，从而消肿，快速恢复扭伤部位。

（3）弹力绷带加压包扎扭伤处，适当抬高患肢，限制活动，可起到压迫止血作用，减轻肿胀、疼痛。

（4）骨折、疑似骨折，禁止随意牵扯，站立行走。紧急情况下，可用硬纸板、木板、树枝等固定。送往医院做进一步诊治。

三、创伤的主要类型

1. 闭合型损伤

体表无伤口，伤处肿痛、青紫、活动受限。可伴有骨折及内脏损伤甚至休克。见于钝器伤、跌伤和撞伤。

2. 开放性损伤

体表有伤口，可有骨折、血管、神经和脏器损伤，出血多、感染重，常伴有创伤失血性休克，需立即止血、包扎。

3. 复合伤

两个或两个以上的致伤因素同时或相继造成的不同性质的损伤。如车祸致伤的同时又被汽车水箱热水烫伤。其处理原则类似多发伤。

创伤检查顺序如下。

(1)查意识、呼吸、循环体征。

(2)查伤口:注意部位、大小、出血等。

(3)查头部:注意骨折、耳、鼻出血等。

(4)查脊柱:注意压痛部位及肢体运动、感觉异常等。

(5)查胸部:注意胸廓情况、呼吸运动、挤压疼痛等。

(6)查腹部:注意伤口、内脏脱出及压痛部位等。

(7)查骨盆:注意挤压痛等。

(8)查四肢:注意压痛、肿胀、畸形及异常活动等。

紧急情况下查体注意事项如图 7-8 所示。

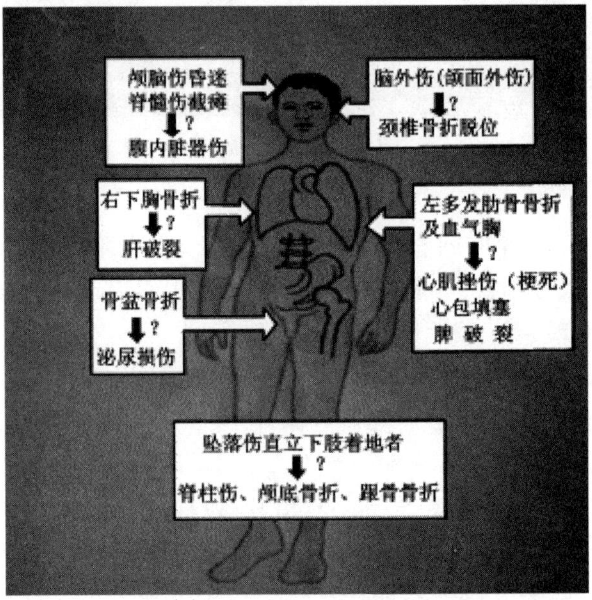

图 7-8 紧急情况下查体注意事项

第二节 常见意外事故和创伤急救方法

现代社会中,交通事故是意外伤害中最常见的事故之一,受伤人群多以肢体出血、脊柱骨折甚至复发骨折为主。现代创伤以多发伤伴心脑肺脊髓损伤的严重创伤及同时多人受伤的群体伤为特点。须快速准确有效地急救。现代创伤急救技术包括传统四项技术(止血、包扎、骨折固定、搬运护送)和心肺复苏术(心肺复苏术详见第三节)。

一、创伤急救的目的

(1)延长病人生命,减少伤残。

（2）减少出血，防止休克。
（3）保护伤口。
（4）固定骨折。
（5）防止并发症。
（6）快速安全转移。

二、创伤急救原则

（1）多发伤是一种严重创伤，须在救命的同时，快速、全面检查病人，不遗漏隐蔽的致命伤。

（2）重点判断有无威胁生命的征象（意识、面色、呼吸、血压、脉搏、瞳孔和出血情况）。如发现呼吸道梗阻、休克、大出血等紧急情况，需立即通畅呼吸道、抗休克、紧急有效地止血。

（3）心跳呼吸骤停者，立即进行心肺复苏。

（4）先包扎头、胸、腹部的伤口，以保护内脏，然后包扎四肢伤口，先固定颈部，然后固定四肢。

三、创伤止血技术

凡伤口出血者均应止血，止血是创伤急救的基本任务。

（1）止血目的。

控制出血，保存有效血容量，防止休克，挽救生命。

（2）出血类型。如图 7-9 所示。

根据出血部位分为：皮下出血、内出血、外出血。

根据损伤血管种类分为：动脉出血、静脉出血、毛细血管出血。

根据血管损伤程度分为：小血管出血、中等血管出血、大血管断裂出血。

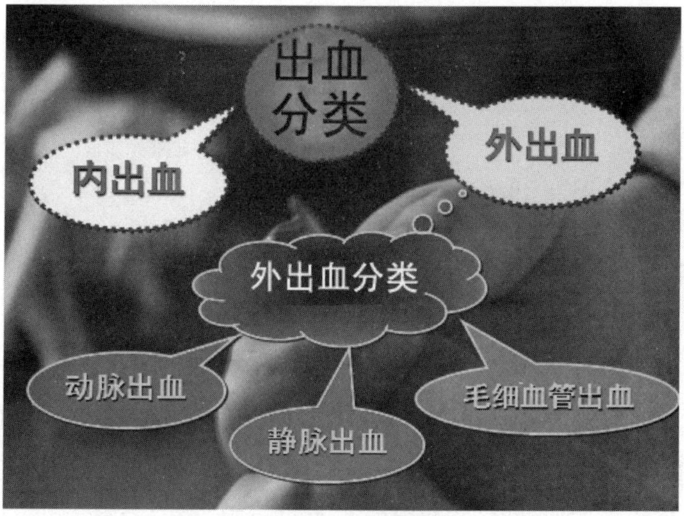

图 7-9　出血类型

四、止血方法

1）包扎止血：用于小血管或毛细血管受损的浅表伤口，用敷料、纱布或就地取材。如图7-10所示。

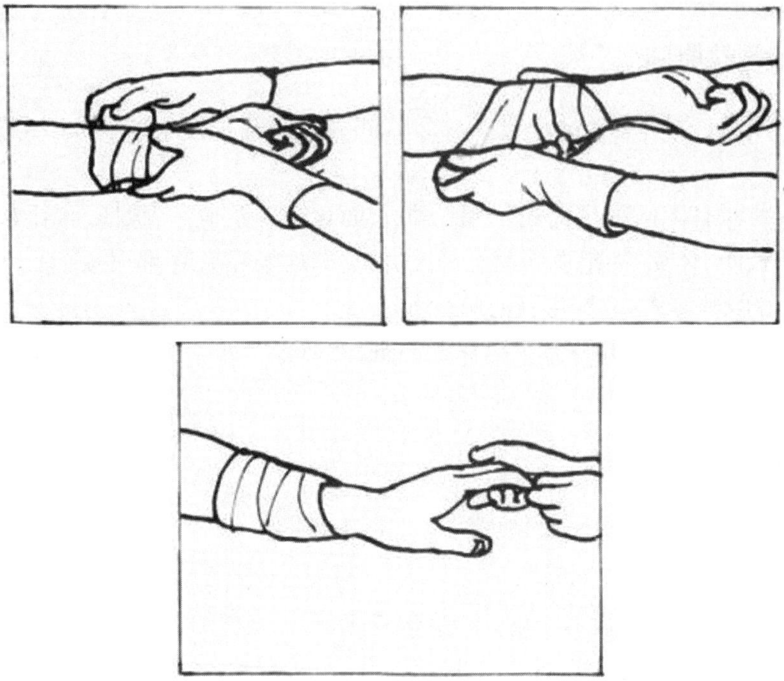

图7-10 包扎止血

2）加压包扎止血：用于全身各部位的小动脉、静脉、毛细血管出血，用敷料或其他洁净代用品。如图7-11所示。压迫止血如图7-12所示。

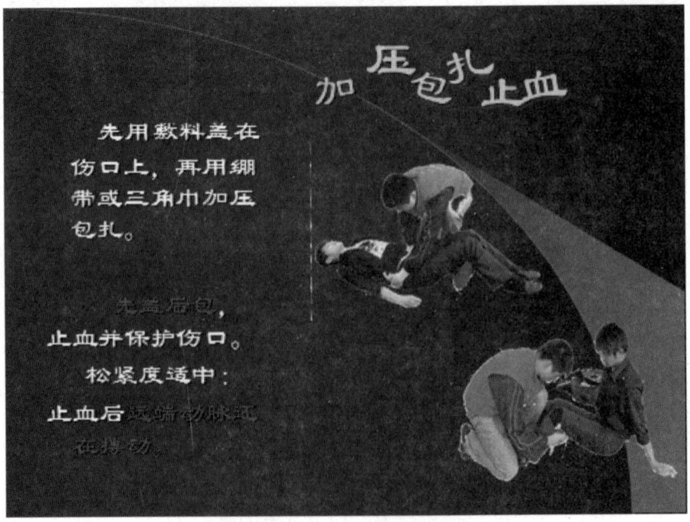

图7-11 加压包扎止血

图 7-12　压迫止血

3)指压止血法(图 7-13,图 7-14,图 7-15)。

(1)用手指压迫伤口近心端的动脉,阻断动脉血运而止血。

(2)准确掌握动脉压迫点,压迫力度以伤口不再出血为准。

(3)压迫 10~15 分钟,供短时急救用。

(4)保持伤肢抬高位。

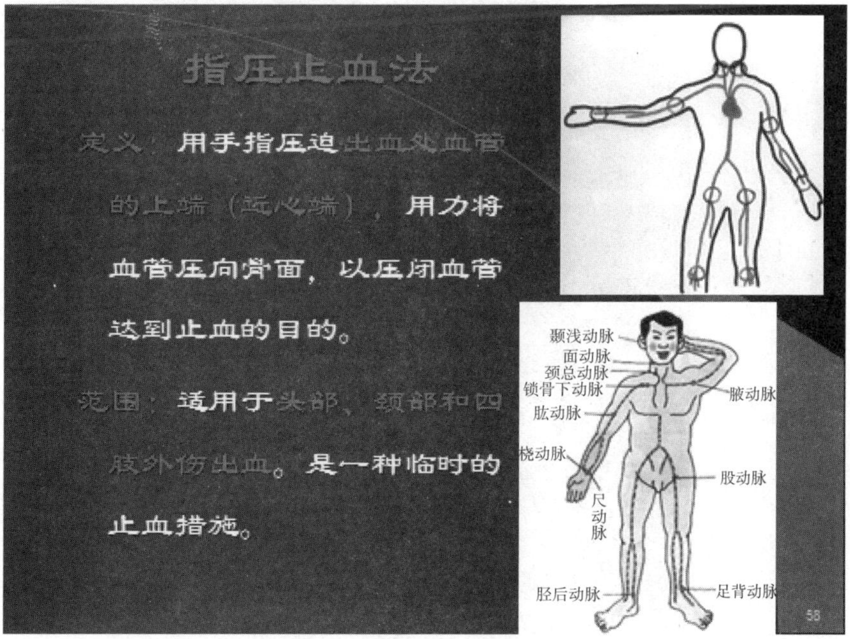

图 7-13　指压止血法(1)

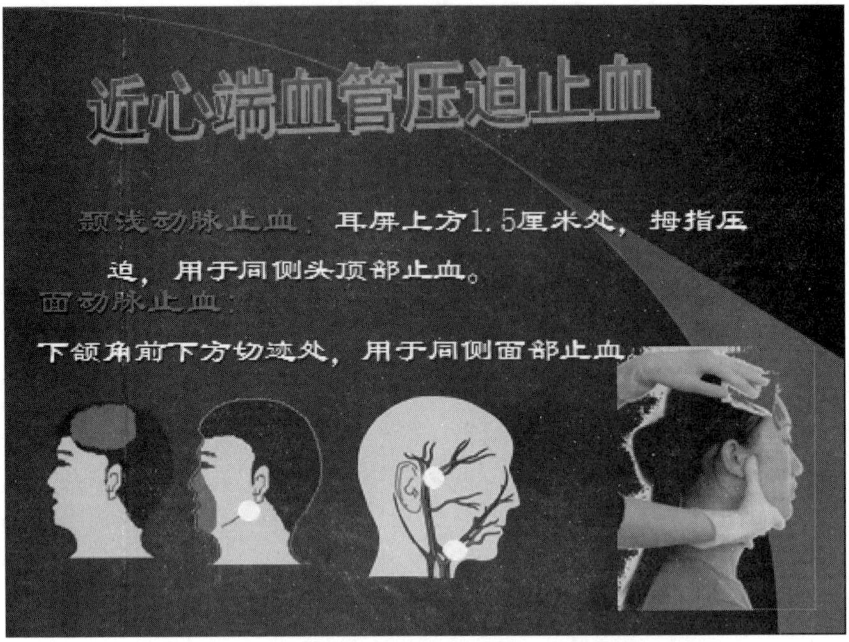

图 7-14　指压止血法(2)

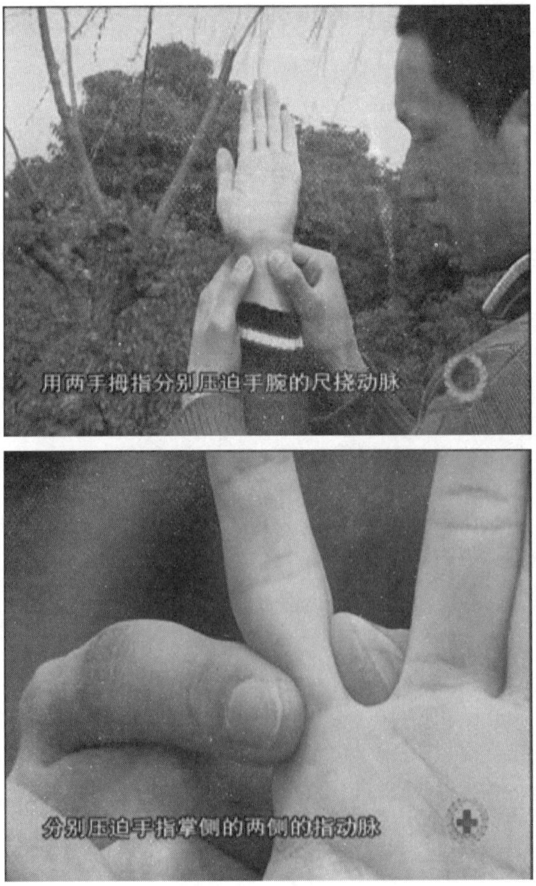

图 7-15　指压止血法(3)

4)加压屈肢止血(图 7-16):用于外伤出血量较大而肢体无骨折损伤者。注意肢体远端的血液循环,每隔 40 分钟缓慢松开 3~5 分钟,防止肢体远端坏死。

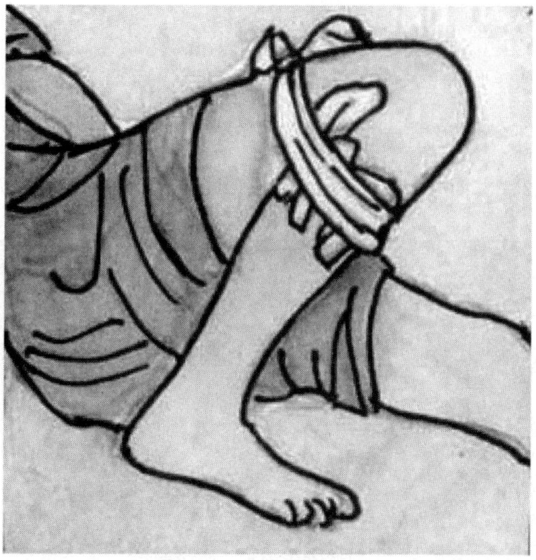

图 7-16　加压屈肢止血

5)填塞止血(图 7-17):用于伤口较深较大、出血多、组织损伤严重的应急处理。用纱布、敷料或干净布料填塞伤口内,再加压包扎。

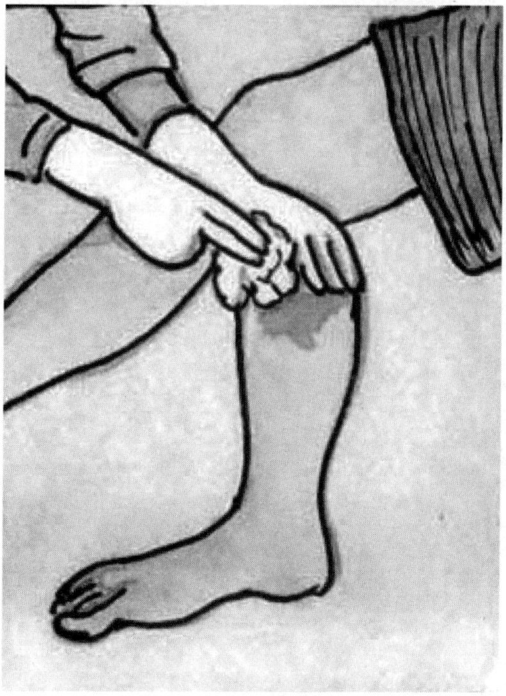

图 7-17　填塞止血

6)止血带止血(图 7-18,图 7-19)。

(1)用于四肢大血管损伤,或伤口大、出血多,采取上述止血法无效者。

(2)在上臂上 1/3 段或大腿上段垫好衬垫。

(3)紧急情况下可用布带、绷带等,禁用钢丝、绳索、电线等代替止血带。

(4)记录时间,原则上限 40 分钟。

(5)紧急情况下可用布带、绷带等,禁用钢丝、绳索、电线等代替止血带。

(6)每隔 40 分钟放松止血带一次,应看到鲜血流出。

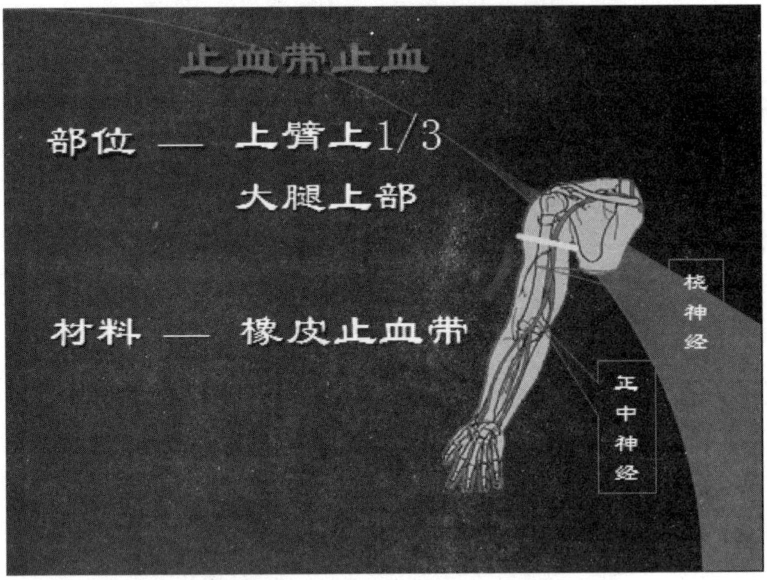

图 7-18 止血带止血(1)

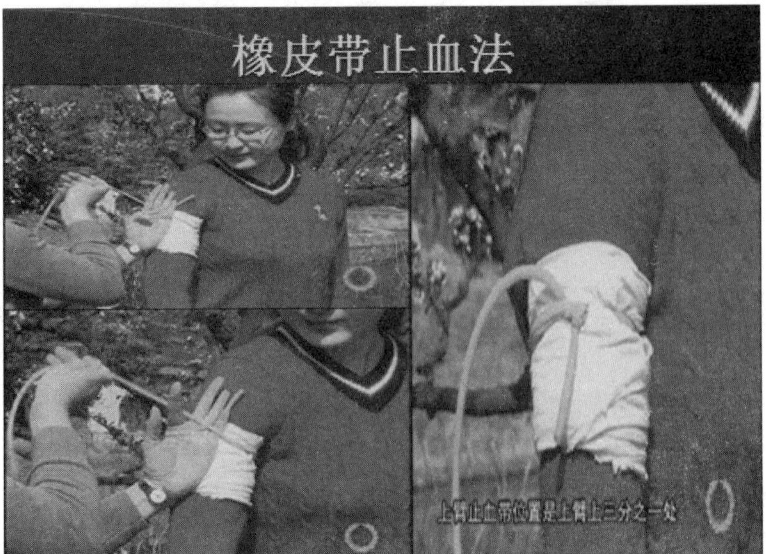

图 7-19 止血带止血(2)

五、创伤包扎技术

（1）包扎是创伤救护的重要环节，其目的是：保护伤口、防止进一步污染，减少感染机会；止血、止痛、预防休克；保护内脏、血管、神经等重要的组织器官。

（2）处理时要仔细检查伤口位置、大小、深浅、污染程度及异物特点。

（3）包扎材料常用创可贴、三角巾、胸带、腹带等，或就地取材；也可用干净衣物、毛巾、床单等。

5 种绷带包扎分法如图 7-20 所示。

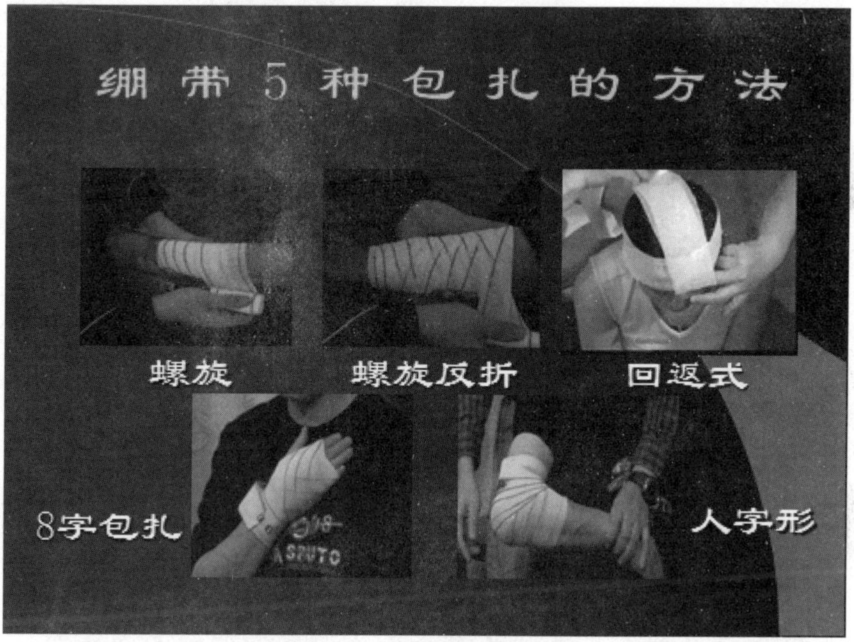

图 7-20　5 种绷带包扎的方法

（4）绷带包扎的注意事项。

①先盖后包，力度适中。

②包扎方向应从里向外，从远向近。

③不能将指（趾）尖遮盖。

④包扎后注意观察肢体远端皮肤颜色。

⑤检查远端指（趾）的活动能力。

（5）三角巾包扎注意事项。

①打结避免压迫：避免伤口、眼、乳头、男性生殖器。

②包扎后要露出远端肢体末梢，以观察血运情况。

③敷料要够大够厚，先盖后包，平整保护皮肤。

④乳房下、腋下、两指间、骨隆起部分一定加垫。

⑤包扎后抬高患处。

三角巾原形包扎方法如图 7-21 所示。

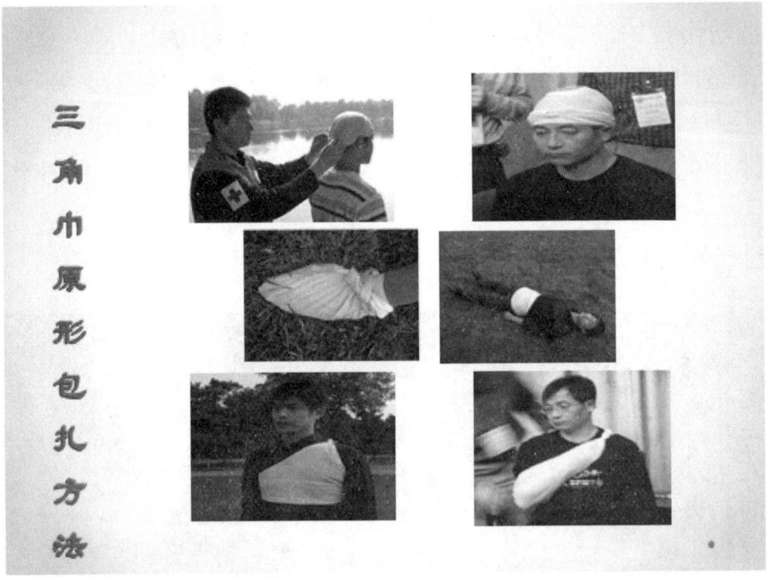

图 7-21　三角巾原形包扎方法

六、特殊开放伤的急救处理

外伤在体表形成伤口者叫开放伤，常伴有骨折，血管、神经损伤，严重者甚至合并颅脑、心肺、腹腔脏器损伤。为了减少出血和污染，预防休克，需要给予紧急处理。腹部内脏脱出不要将脱出物送回腹腔，用清洁敷料覆盖，盖上容器加以保护（图 7-22）。伤口异物处理：不拔除（不取出）固定异物并包扎（图 7-23）。快速护送去医院治疗。

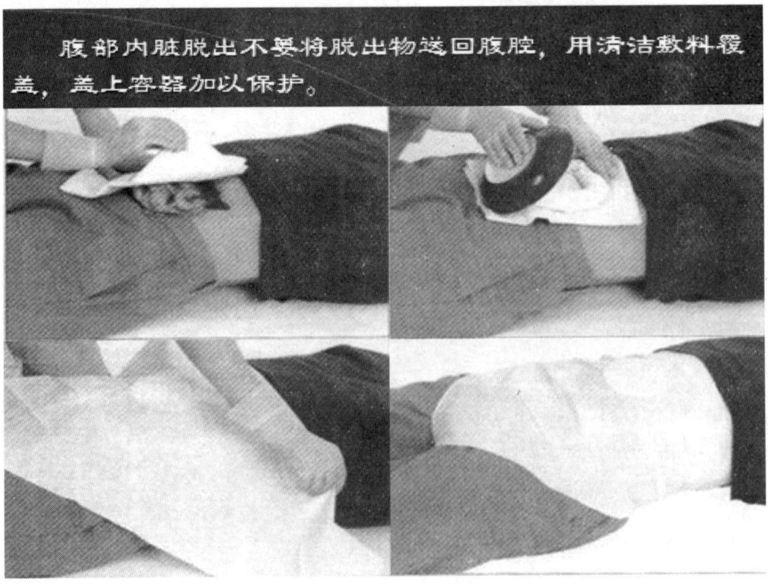

图 7-22　腹部内脏脱出处理方法

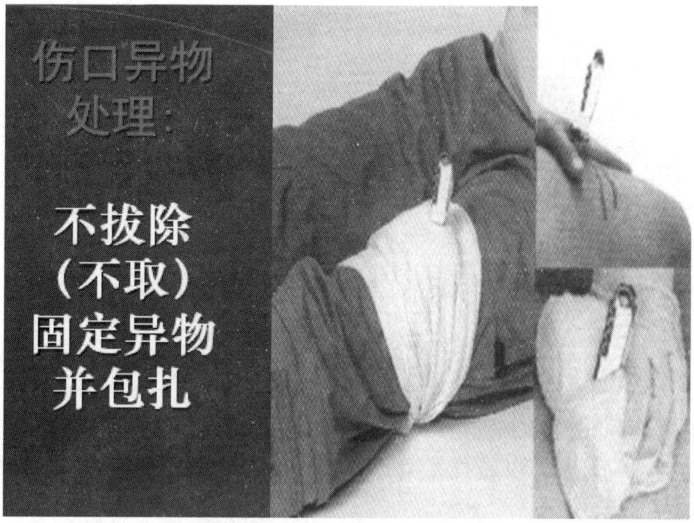

图 7-23　伤口异物处理方法

1)创伤骨折判断

(1)疼痛：受伤处有明显的压痛点，移动时有剧痛。

(2)肿胀：出血和骨折端的错位、重叠，都会使外表呈现肿胀。

(3)畸形：在骨折时机体发生畸形，呈现短缩、弯曲或转向。

(4)机能障碍：运动功能受到影响或完全丧失。

2)创伤骨折固定技术

(1)骨折固定是创伤急救的一项基本技术，其目的(图 7-24)是减少疼痛和出血，防止损伤周围组织、血管、神经或刺破皮肤成为开放性骨折，为搬运病人打下基础。

(2)固定器材：颈托、脊柱板、各种夹板，紧急情况下可用报纸、杂志、硬纸板、木板、树枝、棍棒等，也可采用自体固定，即将受伤上肢缚在胸廓上，将受伤下肢固定在健肢上。

图 7-24　骨折固定的目的

3)骨折固定原则

(1)固定长度须超过骨折邻近的两个关节。

(2)暴露指(趾)端以便观察血运。

(3)开放性骨折的断端不得强行还纳。

(4)固定前在关节骨突部位加衬垫。

(5)先固定骨折上端,再固定下端,绷带不要系在骨折处。

(6)固定后,上肢屈肘位,三角巾悬吊;下肢伸直位,抬高患肢。

4)骨折夹板固定的方法及要求

(1)夹板长度:超上下两个关节(大腿骨折夹板从腋下至足跟)。绑扎时应将骨折上下两个关节都必须同时固定,才能限制骨折处的活动。

(2)不可直接将夹板固定在肢体上:上夹板前,在骨凸出处、肢体、躯干凹突处、因骨折造成的畸形处,用棉花、软物垫好,避免进一步压迫、摩擦损伤。

(3)绑扎顺序:先固定骨折的近心端,再固定骨折的远心端,然后从上到下依次固定关节处,最后用8字固定。

(4)绑扎松紧度:以绑扎的带子上下活动1 cm为宜。四肢固定要露出指(趾)尖,以便随时观察末梢血液循环状况。如果指(趾)尖苍白、发凉、发麻或发紫,说明固定太紧,要松开重新调整固定压力。

(5)固定伤肢后,如可能应将伤肢抬高。

5)颈胸腰椎骨折的固定

(1)上颈托或自制颈套固定。

(2)平卧于脊柱固定板或木板上。

(3)双肩、骨盆、双下肢及足部宽布带固定。

6)骨盆骨折固定

(1)仰卧位,膝部屈曲,膝下放软垫。

(2)宽布带从臀后向前绕骨盆,捆扎紧。

(3)两膝、两踝间加衬垫,绷带捆扎固定。

骨折固定具体方法如图7-25(1)~(7)所示。

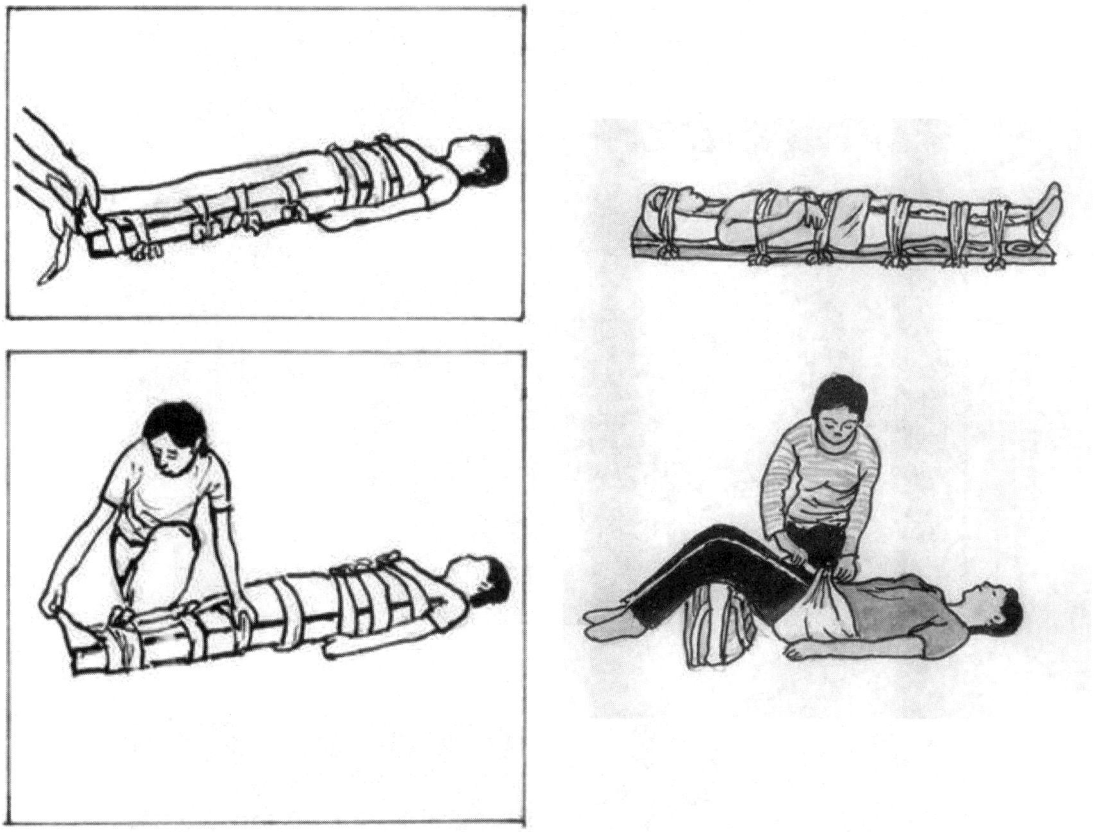

图 7-25 骨折固定具体方法(1)

图 7-25 骨折固定具体方法(2)

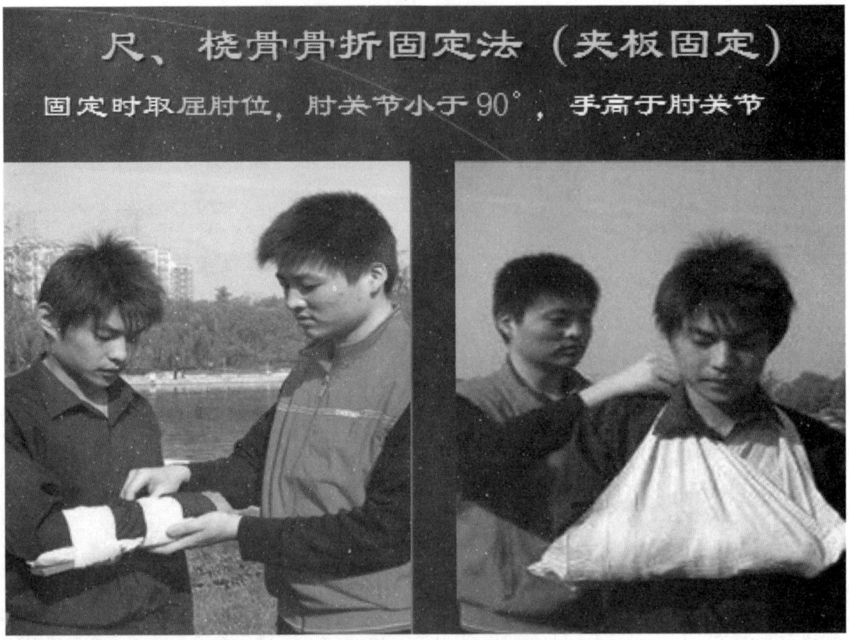

图7-25　骨折固定具体方法(3)

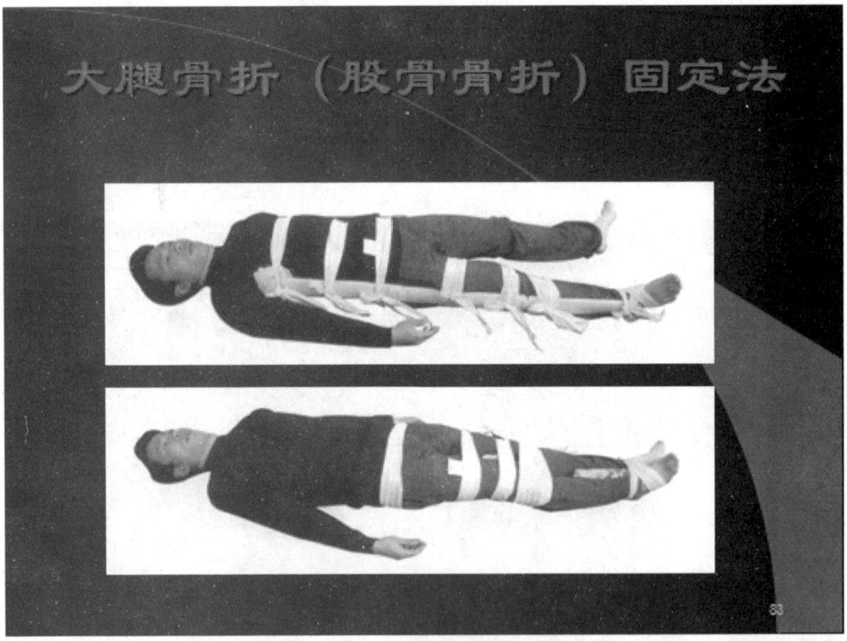

图7-25　骨折固定具体方法(4)

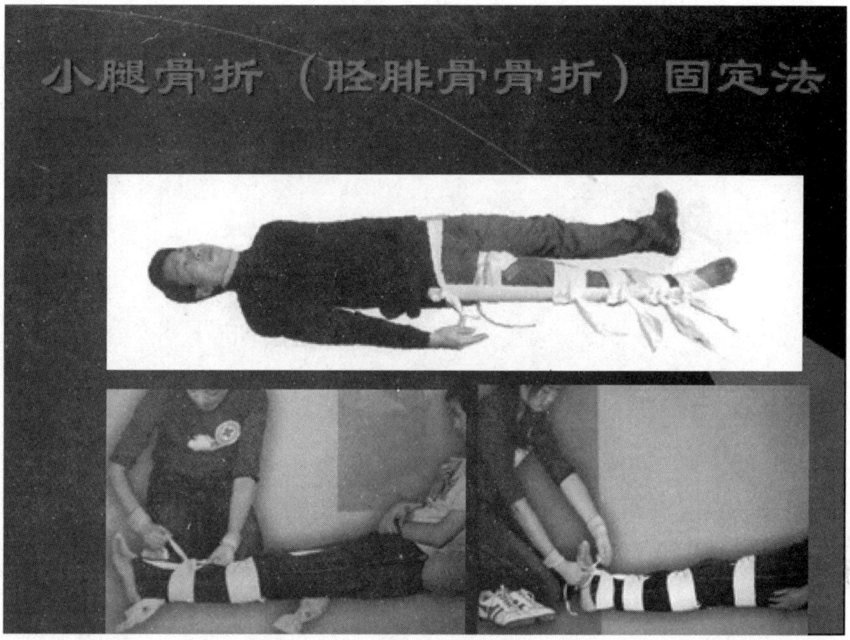

图 7-25　骨折固定具体方法(5)

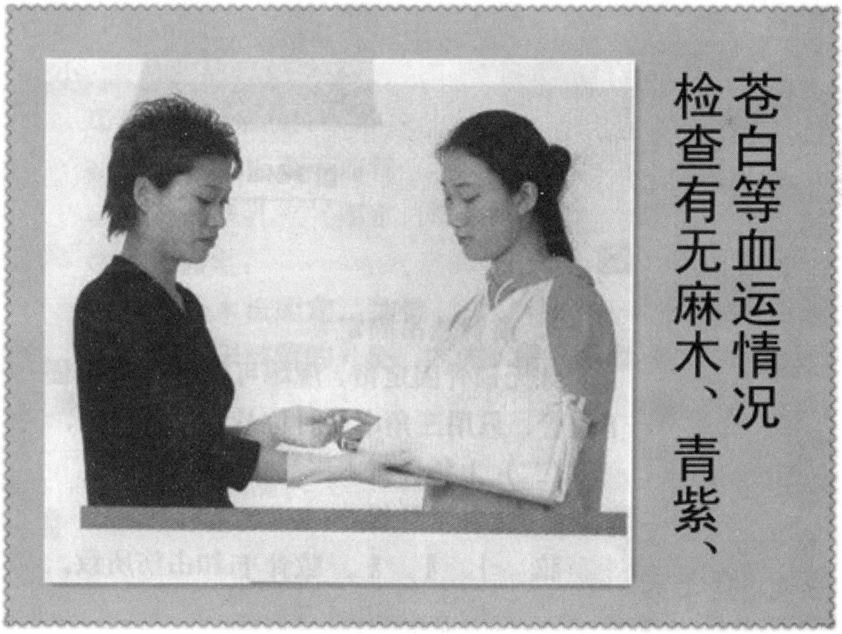

图 7-25　骨折固定具体方法(6)

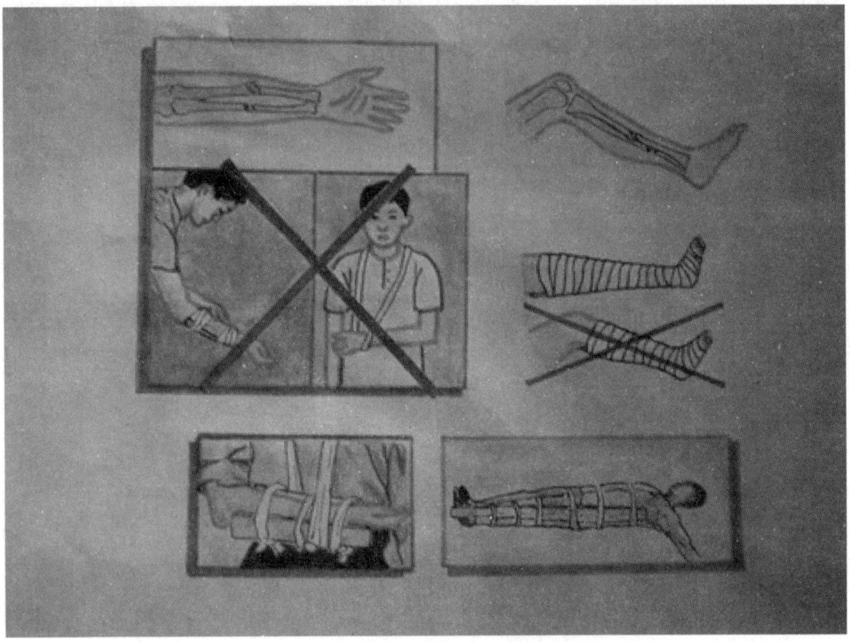

图 7-25　骨折固定具体方法(7)

7)开放性骨折

对于开放性骨折必须先止血、再包扎、最后固定,顺序不可颠倒。

对于巨大骨外露伤口应该做到以下几点。

①不冲洗:易使伤口感染,引发骨髓炎及再次出血。

②不复位:盲目还纳易造成二次损伤,或污染的骨折端回缩造成深部感染。

③不上药:以免增加处理难度。

8)搬运护送原则

①迅速观察受伤现场,判断伤情。

②先救命后治伤,先止血、包扎、固定后再搬运。

③病人取适宜体位。昏迷者取平卧位,头偏一侧;有脑脊液漏者头抬高 30°,防止脑脊液逆流和窒息。

④疑有脊柱、骨盆、双下肢骨折、内脏损伤者不能试行站立,而应平卧担架搬运;疑有肋骨骨折者不能背运。

⑤用担架搬运时,病人头向后、足向前;向高处抬时,前面人放低,后面人抬高。

⑥动作要轻巧、迅速,避免不必要的振动和随便移动。

9)脊柱骨折的搬运

①一人固头牵颈。

②另三人在病人同侧分别托起肩背部、腰臀部、膝踝部。

③四人同时用力,保持脊柱为一轴线,放于脊柱板上。

④上颈托,颈部两侧用物固定。

⑤用 6~8 条固定带固定好病人。

⑥骨折患者搬运方法如图 7-26(1)~(4)所示。

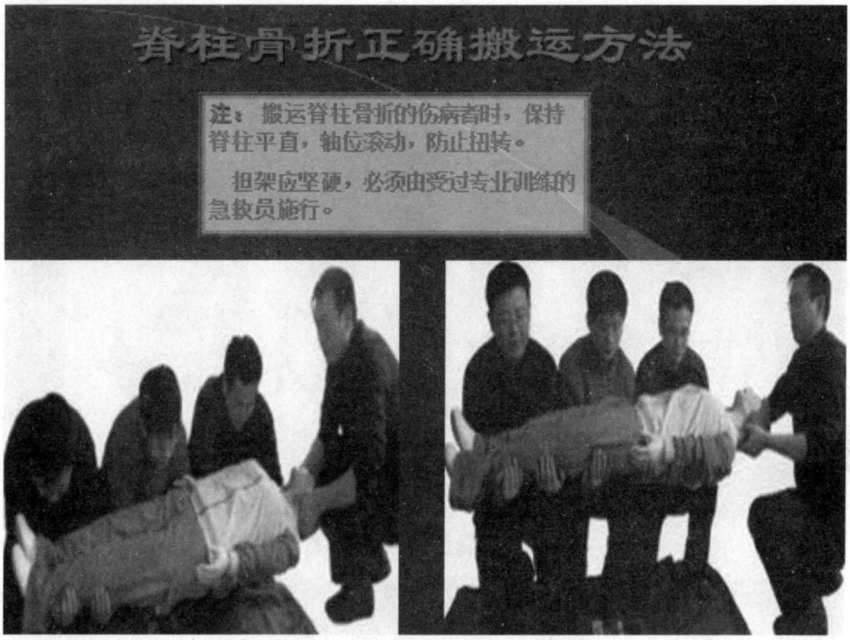

图 7-26　骨折患者搬运法(1)

图 7-26　骨折患者搬运法(2)

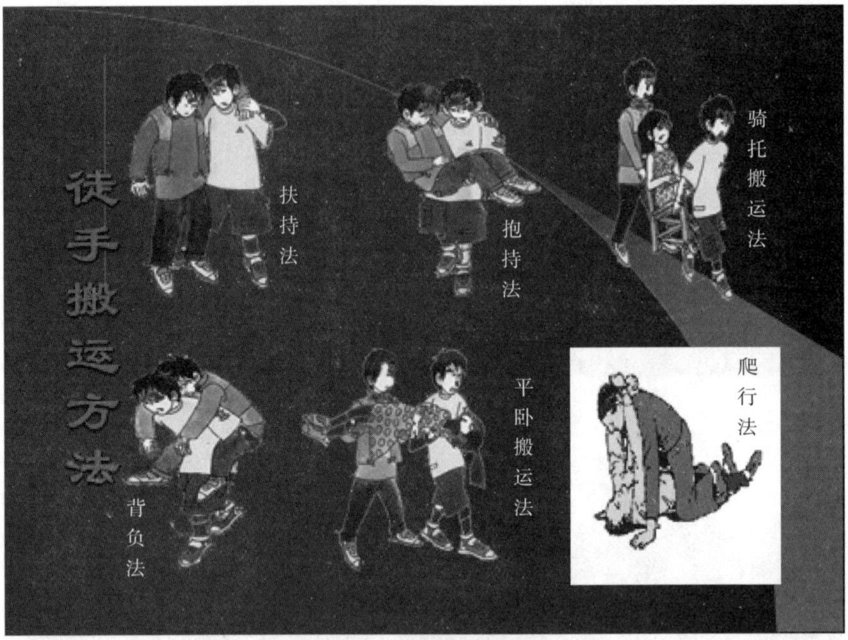

图 7-26 骨折患者搬运法(3)

图 7-26 骨折患者搬运法(4)

第三节 心肺复苏术

在我国,每年发生心源性猝死的人数高达 54.4 万,其中 70%-80% 的心搏骤停发生在生活场所。约 80% 的患者再医务人员到达前死亡,第一目击者心肺复苏实施率只有 4.5%,而心搏骤停急救成功率不到 1%!研究显示,心搏骤停 4 分钟后,大脑发生不可逆损害!在

“黄金 4 分钟”内，第一目击者实施心肺复苏是抢救生命最为有效的办法。

有同学可能认为心搏骤停是高血压、糖尿病、冠心病患者的专属，离我们还很遥远。事实真的如此吗？答案是否定的，校园也是心搏骤停的高发场所之一。2022 年 10 月 22 日下午，北京某高校男生在足球赛场上突然倒地，呼之不应，呼吸逐渐衰弱。幸运的是两名经过急救培训的同学也在赛场，该男生被判断为心搏骤停，经过心肺复苏和自动体外除颤器，除颤后恢复了意识。

一、心肺复苏术

心肺复苏术（cardiopulmonary resuscitation, CPR）是指以人工呼吸代替患者的自主呼吸，以胸外心脏按压代替和诱发患者心脏的自主活动，从而维持气体交换和血液循环。此为抢救呼吸、心跳骤停病人的最初急救措施，也是全民均需掌握的基本救生技能。大脑是全身需血量最大的器官，对缺血缺氧非常敏感，而心跳一旦骤停 3 秒，人会感到头晕，5~10 秒出现晕厥，30~60 秒瞳孔散大，60 秒后呼吸停止，4~6 分钟开始出现脑细胞不可逆损伤，8 分钟后则进入脑死亡。因此，在心跳骤停的 4 分钟内（黄金 4 分钟）施行有效的心肺复苏术，是挽救患者生命并恢复意识的关键。大学生掌握心肺复苏术这样一些基本的急救知识和技能，在危急时刻挽救家人、朋友或其他需帮助者的生命，是一件非常有意义的事情。

（一）适应证

多种原因引起的呼吸、心跳骤停，如心肌梗死、一氧化碳中毒、严重创伤、溺水、触电、药物中毒等。最新 2010 年国际急救生存链包含：立即识别心脏骤停并启动急救系统，尽早进行心肺复苏，着重于胸外按压，尽早除颤，有效的高级生命支持，心脏骤停后的综合治疗。

急救生存链五环图如图 7-27 所示。

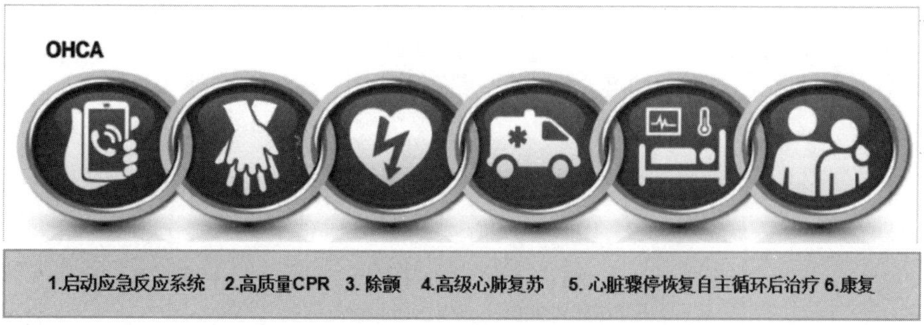

图 7-27 急救生存六环图

第一环：立即识别心脏骤停并启动急救系统。

第二环：尽早进行心肺复苏，着重于胸外按压。

第三环：尽早除颤。

第四环：有效的高级生命支持。

第五环：心脏骤停后的综合治疗。

第六环：心肺复苏治疗后的康复训练。

我们大学生能积极参与其中的是前三环——徒手心肺复苏术和 AED 的操作。

(二)徒手心肺复苏术的操作

徒心肺复苏术是指在医院外不借助医疗器械对呼吸、心跳骤停者的紧急救护。如今,心肺复苏术已从医院走向社会,走进家庭,日益普及,挽救了不少濒危的生命。

1. 操作流程

(1)脱离危险环境:在特殊情况下,如施工工地、事故现场,一氧化碳中毒的室内。雷/电击环境,水淹环境等,请你记得保证自身安全是施救的前提,脱离危险环境是急救的第一步。

(2)判断:当小明在你面前倒下,善良的你作为第一目击者的反应是施救。如何判断是否发生心搏骤停?请你冷静地按照以下步骤进行。

第一步:判断意识。轻拍双肩在其耳边高声呼喊,如"喂喂/(小明)能听到我说话吗?"

第二步:判断呼吸和心跳用 5-10 秒扫视其胸廓是否有起伏。同时,一只手食指和中指并拢,将指腹置于其气管正中部(喉结)旁开两横指凹陷处,感受是否有博动。当你发现对方呼之不应、呼吸停止或不规则,触及不到脉搏活动时。即可视为心搏骤停,请立刻实施心肺复苏。

(3)呼救:心肺复苏前,请记得邀请同伴或者周围人帮忙正确拨打 120,并请他们在周围查找是否有 AED。

(4)实施复苏:心肺复苏的实施步骤是胸外按压——开放气道——人工通气。

如图 7-28 所示。

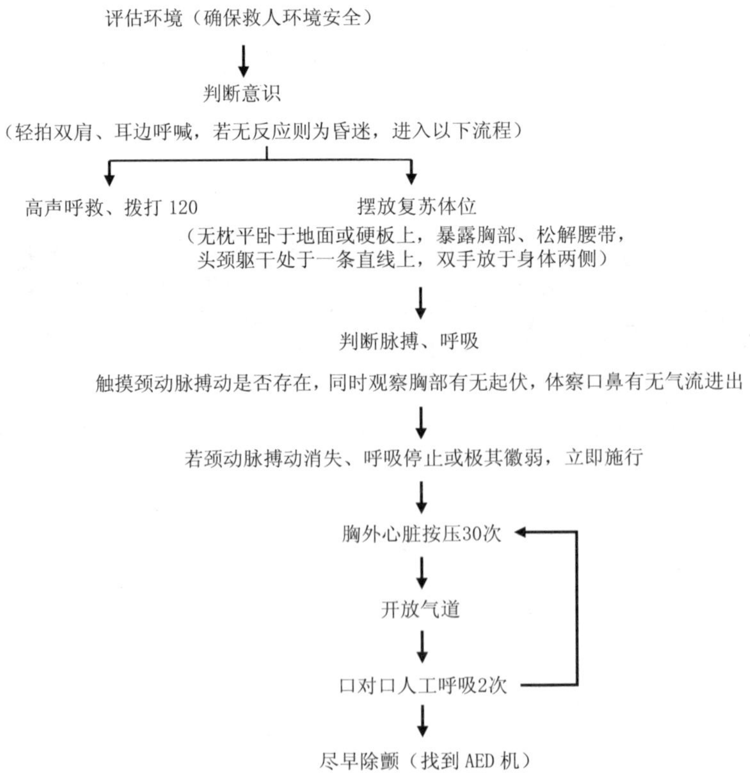

图 7-28 心肺复苏术操作流程

2. 操作方法

心肺复苏术的主要措施包括开放气道、人工呼吸和胸外心脏按压，简称 ABC(airway、breathing、circulation)，施救时应按照 C—A—B 的顺序进行(简单记忆方法是 C-A-B，分别是 circulation、airway、breathing 的首字母)

1)胸外心脏按压

按压心脏的目的在于驱动已经停止的血液循环，使大脑等重要器官恢复血液和氧气的供应，为心肺复苏极其重要的措施。方法：①将患者保持上述的平放体位，施救者跪在或站立于其身体一侧，把一手掌根放在患者两乳头连线与胸骨交叉部位(图 7-29)，另一手掌根叠放在手背上，手指不接触胸壁，双臂绷直，垂直向下用力按压，按压时须借助上半身的体重和肩臂部肌肉的力量。按压后迅速放松使胸骨复原，放松时手掌根部不离开胸壁，以保证不偏移正确的按压部位(图 7-30)；②按压深度要求使胸骨下陷 5~6 厘米，按压频率 100~120 次 / 分。③对于心跳呼吸均停止的患者，在每按压 30 次心脏后需接连做两次人工呼吸，进行 5 次这样的循环操作，再行检查患者生命体征。

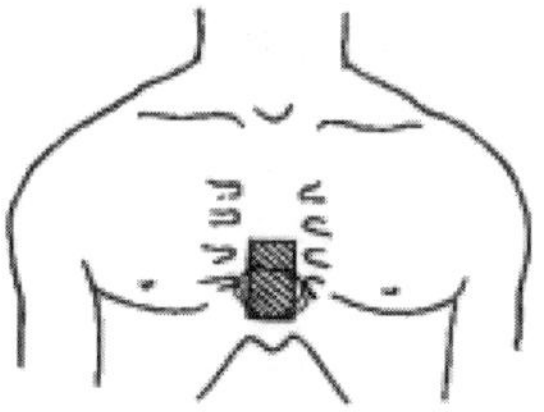

图 7-29　胸外心脏按压的部

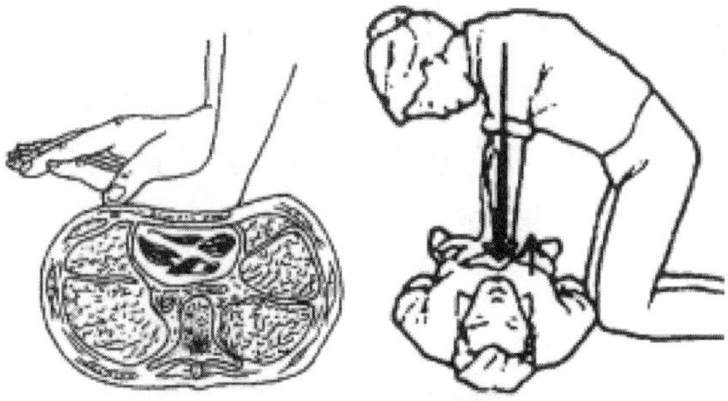

图 7-30　胸外心脏按压的手法和姿势

2)开放气道

保证呼吸道通畅是成功复苏的重要一环。昏迷者常因舌根后坠和口鼻中存在的分泌物、异物等造成呼吸道阻塞，需采用纸巾、纱布等进行清除，若有松动义齿也要取出。紧接着施救者一手小鱼际轻压患者前额使头后仰，另一手的食指与中指将下颌骨上提，标准是下颌角与耳垂的连线与地面垂直(鼻孔朝天)(图 7-31)，对怀疑颈椎损伤者则两手上托其双下颌，从而使气道开放通畅。

3)口对口人工呼吸

①施救者用拇指与食指捏住患者鼻孔以防气体逸出，接着吸一口气，用嘴包贴患者的嘴，缓慢持续将气体吹入，时间约 1 秒，直至胸部升起；②吹气完毕后，松开捏鼻孔的手，让患者肺内气体自然呼出，同时头稍侧转将嘴移开换气(图 7-32)；③如此反复有节律进行。吹气频率 10~12 次 / 分，但对于心跳也停止的患者则按照 30：2 的按压通气比率进行。

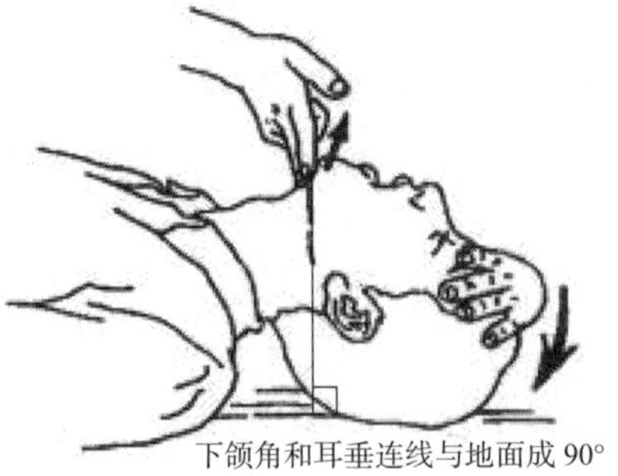

图 7-31　开放气道

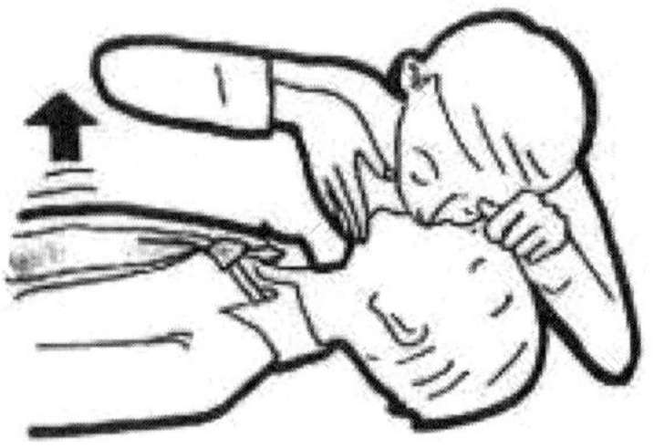

图 7-32　口对口人工呼吸

若患者牙关紧闭或口腔有严重损伤，应采用口对鼻人工呼吸，操作时使伤员双唇紧闭，抢救者的嘴包严患者鼻孔进行吹气，其余方法和频率同口对口法。

在连续做 5 个周期后，要重新评估呼吸和循环体征，若患者有了反应，心跳呼吸恢复，说明抢救成功；反之，则继续按照上述要领操作，直至心跳呼吸恢复或出现终止抢救的指征（如有医生到场确定患者已死亡）。

所有经过培训的非医务人员，都有义务为心跳呼吸骤停者施行胸外心脏按压。其中有能力者，在本人志愿的前提下，同时进行开放气道和人工呼吸的急救。

现场在进行徒手心肺复苏同时，其他救护者找到 AED 机，进行抢救。AED 操作程序如下（图 7-33）。

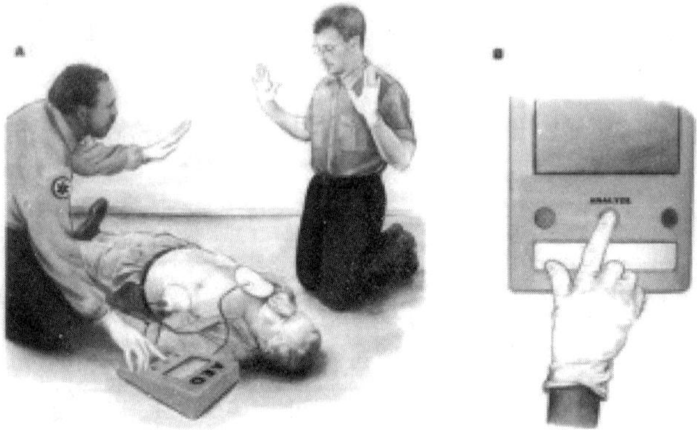

图 7-33

第一步：打开电源。

第二步：安放电极。

第三步：分析心律，充电（自动）。

第四步：电击除颤（按放电键）。

完成电击后继续 CPR，2 分钟后，AED 自动重新开始心律分析，若心律仍为室颤，AED 会发出提示，进行第二次除颤。

（三）复苏有效的指征

（1）面色、口唇由苍白、青紫变红润。

（2）大动脉搏动和自主呼吸恢复。

（3）眼球活动，手足抽动，呻吟等。

（4）瞳孔由大变小，对光反射恢复。

复苏成功后，将患者摆放至侧卧位的复苏体位，密切观察生命体征，待专业医护急救人员的到来。送往医院，完成后续高级心肺复苏。

第四节　海姆立克急救法

如果您身边的家人、同学、朋友突然猛烈咳嗽、面色发红、呼吸困难、无法发声，这时你该怎么做呢？如果上述情况是在进食时出现，多数情况可能是异物梗阻气道引发的，应该立即施行海姆立克急救法。

迅速识别气道梗塞

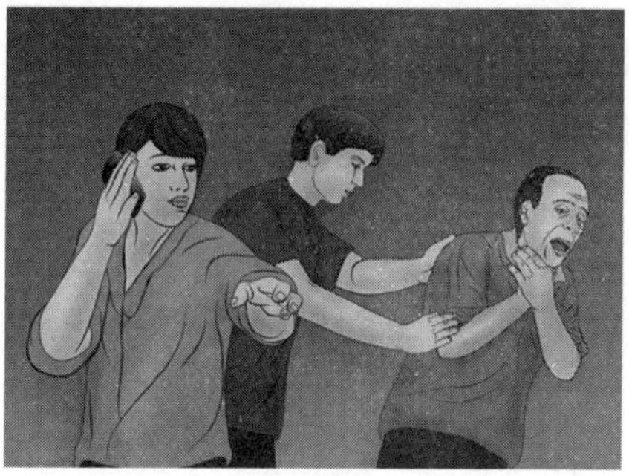

急救者见患者抓自己的脖子

↓

急救者立即询问“是否被噎住？”

↓

再问“能否说话？”

↓

立即实施海姆里克腹部冲击法

在了解海姆立克法之前，让我们一起了解下什么是气道异物梗阻。当液体或者固体异物不小心进入气道中就可能引发气道异物梗阻。如果是固体异物，且没有在1-2分钟内移除，人可能就会出现无法呼吸、无法说话、面色发红甚至发绀。如果是一名成人，此时通常会将手放至颈部并尝试将异物咳出。

可造成气道梗塞的异物

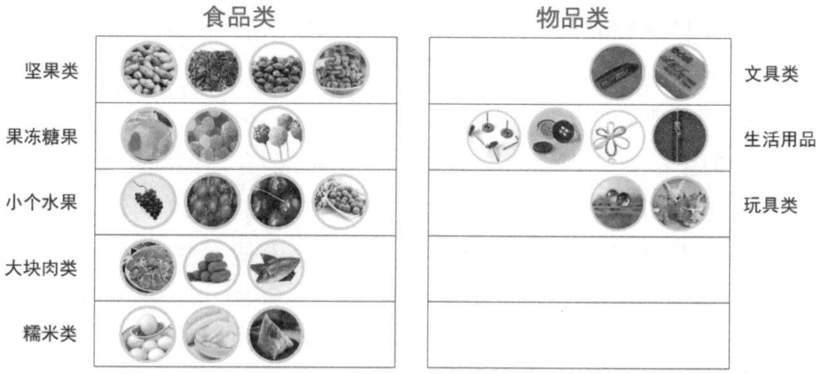

上呼吸道图示

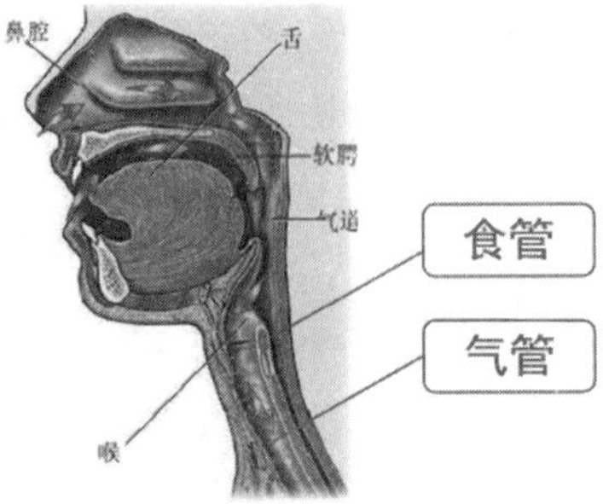

食管和气管平行
且共用一个开口
因此易造成堵塞

确认患者为气道异物梗阻时，我们应立即对其施救，协助其将异物排出，恢复气道通畅。这一施救过程我们用到的急救方法被称为腹部冲击，又名海姆立克急救法或海姆立克法。“海姆立克急救法”得名于美国医师亨利·海姆立克博士，他在1974年首次向大众讲解了这种方法。其原理是用手向膈肌施加压力，压缩肺部冲击气道，从而将异物排出。

海姆里克腹部冲击法

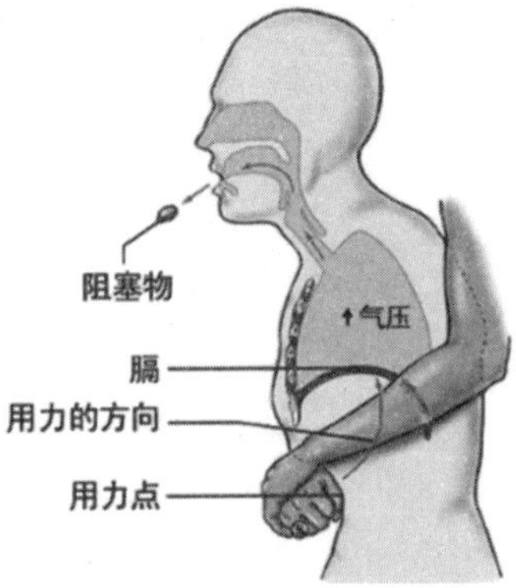

方法原理

抬高膈肌
↓
肺内气体排出
↓
人工咳嗽
↓
异物排出

以下将为大家介绍气道异物梗阻时的处理方式以及海姆立克急救法的详细施救步骤。

（1）轻度气道异物梗阻

当有人发生气道异物梗阻但仍能呼吸时，应立即询问他是否噎到，然后鼓励其用力咳嗽，切勿干扰他的自发性咳嗽和呼吸。如无改善，应立即拨打“120”。此时还应避免拍打他的背部，更不能让他喝水。

（2）重度气道异物梗阻

当有人出现咳嗽困难、无法呼吸或呈现缺氧状态时，请立即询问是否噎到。若他无法发出声音或响应，需即刻施行海姆立克急救法。同时，立即拨打“120”求救。海姆立克急救法步骤如下。1. 成人：具体步骤如下。1）立即至患者后方双脚呈弓箭步，前腿膝盖置于患者胯下，上半身靠近患者或贴紧背部以防患者跌倒。2）一只手握拳，拳眼面向腹部，抵住剑突尖端下方（约肚脐上缘）；另一只手抱住放好的拳头，然后朝向病人的后上方快速、重复推挤，频率约一秒一次。同时应随时留意是否有异物吐出。

海姆立克救方法（徒手）

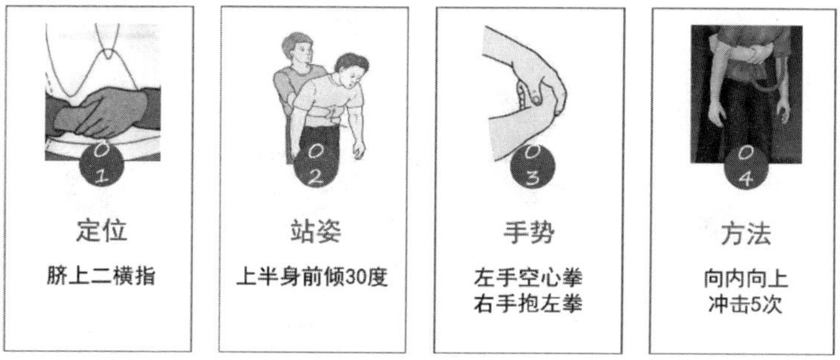

一岁以上儿童适用成人海姆立克急救法，力度可视需求减小。2. 孕妇、肥胖者：当孕妇或肥胖者发生气道异物梗阻时，因孕妇不适合在肚脐上缘施力、肥胖者肚脐上缘不容易着力等原因，施救方法会有些许不同。此施救法也称"胸部冲击"法，其施救姿势和步骤与成人方法相同，不同之处是将施力点改于胸骨与两侧乳头连接交会处，快速用力挤压。

（3）患者失去意识

若异物无法排除，且患者意识丧失而瘫在施救者身上时，应将弓箭步的前脚往后退，小心且迅速地将患者仰卧于地上，直接进行 CPR（具体操作步骤请参阅心肺复苏章节）。在 CPR 过程中每次打开气道时，都应检查患者口中有无异物排出。

救互救意识不清者

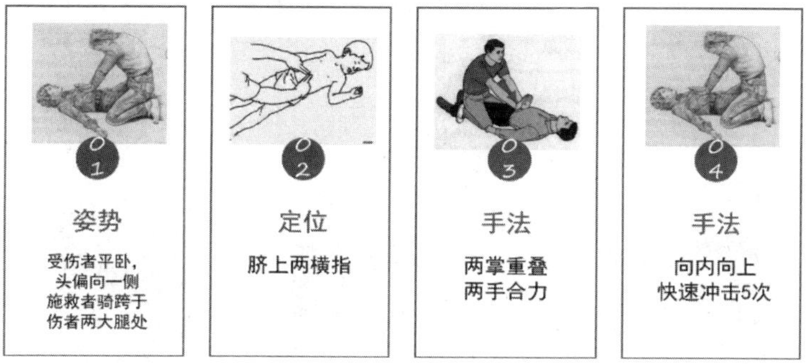

（4）如何对自己实施海姆立克急救法

若是自己在进食时噎着，身旁又没有其他人协助时，该怎么办？以下教你自我施救的方法。首先，试图用力咳嗽将异物咳出。若可以顺利咳出，则无须使用海姆立克急救法。如果无法咳嗽，且无他人可帮助时，应立即对自己实施海姆立克急救法。用您的惯用手抵住剑突下方，用另一只手置于其上，两只手用力向内、向上推，重复数次。若异物无法吐出，则必须找一个固定物，如椅背、桌面、厨房台面等，高度约与您的腰际相当。以椅背为例，保持拳头在剑突下方位置，放置于椅背及身体之间，身体前倾用力抵靠椅背。此动作能有效地帮助异物吐出，可重复数次直到异物吐出为止。在施行海姆立克急救法自救时，必须保持冷静，因为恐慌会导致耗氧量增加。如异物吐出后仍有不适感，需立即就医检查。

借物自救方法

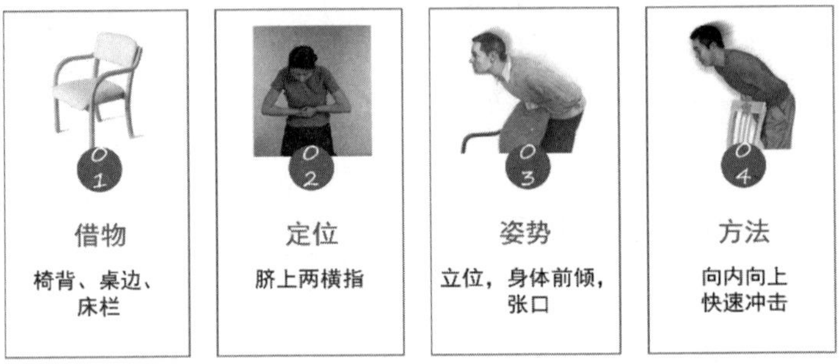

（5）如何预防气道异物梗阻

儿童和老人是发生异物梗阻的高危人群，平时应教导他们树立正确观念或移除危险因素，并做好饮食照护，避免气道异物梗阻而危及生命安全。做好以下几点能有效预防气道异物梗阻。

• 将食物切成小块，再给儿童或老人食用。

• 儿童吃东西时，不可奔跑、嬉戏或大笑。

• 避免让儿童接触细小的玩具或零件，如纽扣、硬币、玻璃球等。

• 食用高黏度食品（如红薯、年糕）时，要小口吃并细嚼慢咽。

• 食物或药品应小心存放，不让儿童轻易取得。

• 许多食物潜藏梗阻的危机，如果冻、葡萄、枣、花生米、硬的肉块、口香糖、糖块等，食用时需格外小心。

气道梗阻的预防

■ 进食应细嚼慢咽，将食物切成较小的条状。 ■ 儿童进食时避免哭闹、跑步或玩耍。 ■ 3岁以下儿童不要进食硬壳食物。

在急诊科，我们时常会遇到家长匆忙抱着气道梗阻的患儿冲进抢救室，少数及时送达的患儿得到了救治，而更多的患儿却没有机会被拯救。海姆立克急救法不难掌握，只要平时稍作练习便可掌握。我们每个人都应学习并掌握急救操作，使这些急救方法能在危急时刻派上用场，拯救宝贵的生命。当然最重要的是，应留意日常生活中的危险因素，杜绝气道异物梗阻的发生。

第八章　大学生的性健康

第一节　生殖系统的构成与功能

生殖器官根据所在的部位不同，可分为外生殖器和内生殖器两部分。

一、男性生殖器官

（一）男性的外生殖器及功能

男性的外生殖器包括阴茎、阴囊。

1. 阴茎

阴茎可分为头、体、根三个部分。由两条阴茎海绵体和一条尿道海绵体以及包被其外的筋膜、皮肤等构成。阴茎海绵体位于阴茎的背侧，左右并列构成阴茎的主体，尿道海绵体前端膨大为阴茎头，后端膨大称尿道球，固定于尿生殖膈的下面，表面由球海绵体肌包被，肌肉收缩压迫尿道球部，参与排尿和射精。海绵体为勃起组织，当海绵体腔隙充血时，阴茎增粗变硬而勃起。

2. 阴囊

阴囊是装有睾丸、附睾、精索和输精管起始段的皮囊袋，位于阴茎后下方。阴囊皮肤颜色深暗，薄而柔软，含有丰富汗腺。皮肤下面为一层肉膜性结构，通过收缩与舒张调节阴囊内的温度，使睾丸处于 35 ℃左右的恒温环境，有利于精子生长。男性内外生殖器官如图 8-1 所示。

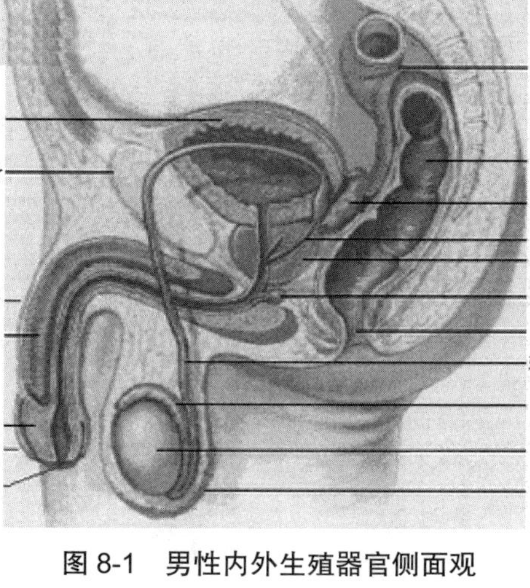

图 8-1　男性内外生殖器官侧面观

（二）男性的内生殖器及功能

男性内生殖器主要包括睾丸、附睾、输精管、射精管、尿道、精囊、前列腺和尿道球腺。

1. 睾丸

睾丸为一对表面光滑的卵圆形实体，左右各一，位于阴囊内，功能是产生精子和分泌雄激素。睾丸实质分成许多睾丸小叶，睾丸小叶由曲细精管盘曲而成，曲细精管上皮具有生精作用，小管之间的间质细胞可以分泌雄激素。雄激素维持性功能和男性第二性征。缺乏维生素 A、E 等营养素，接触放射线和使用某些药物，均可引起睾丸生精功能减退。

2. 输精管道

输精管道由附睾、输精管、射精管、尿道组成。

（1）附睾。紧贴睾丸的上端及后缘，由睾丸输出小管和附睾管组成，分头、体、尾 3 个部分（图 8-2）。附睾暂时储存精子，供给精子营养，并促进精子进一步发育成熟，增强其活力。当附睾发生结核、炎症等疾病时，会影响精子成熟从而导致不育。

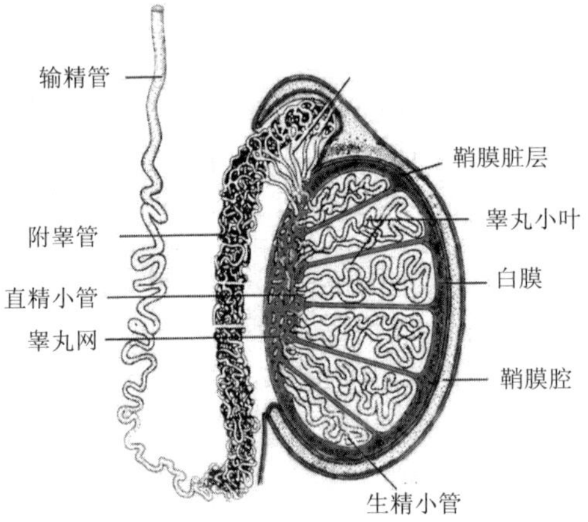

图 8-2 睾丸与附睾模式图

（2）输精管。分为睾丸部、精索部、腹股沟管部、盆部。精索部常为输精管结扎术的部位，盆部为输精管壶腹。

（3）射精管。输精管下端变细，与同侧精囊的排泄管汇合成射精管。射精管短小，穿过前列腺，开口于尿道的前列腺部（图 8-1、图 8-2、图 8-3）。

3. 精囊

又名精囊腺，为一对长椭圆形的囊状腺体，长 3.0~5.0 cm，宽 1.0~2.0 cm，位于前列腺后上方，输精管壶腹的外侧、膀胱底与直肠之间，精囊上端游离、膨大部为精囊腺底，下端细小，为精囊腺的排泄管，与输精管壶腹末端汇合成射精管。主要功能是分泌呈弱嗜碱性的淡黄色的黏稠液体，占精液的 60%~70%，有营养和稀释精子功能，并对阴道和子宫颈部的酸性物质起中和作用，借此维持精子在阴道和子宫的活动。精囊腺病变时会减弱精子活力。

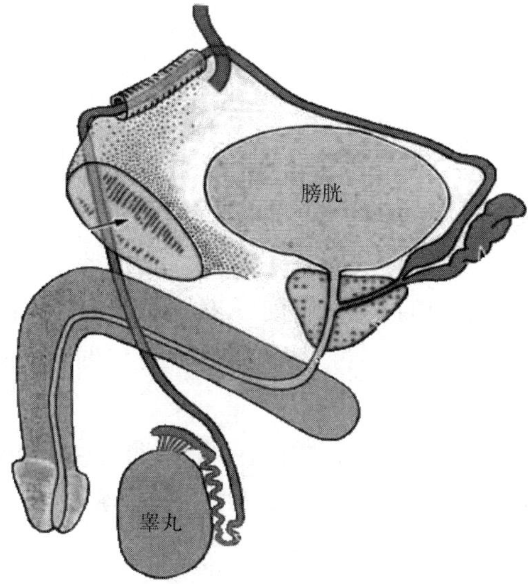

图 8-3　男性内外生殖器官排精通道

4. 前列腺

前列腺是一个栗状腺体，位于膀胱颈的下方，包绕着膀胱口与尿道结合部位。前列腺是男性最大的附属性腺，亦属人体外分泌腺之一。它分泌前列腺液，前列腺液呈淡乳白色，有蛋白光泽，每日分泌量 0.5~2 mL。前列腺液为精液的一部分，占精液的 15%~30%，呈酸性，有保护、增强精子活动及润滑尿道等作用。

5. 尿道球腺

尿道球腺是一对豌豆大小、黄褐色的球形器官，左右各一。腺的排泄管细长，开口于尿道球部。又称库伯腺。主要功能是分泌少量的呈透明略带灰白色的一种黏蛋白黏液，这种黏液也是精液的组成部分。

二、女性生殖器官

（一）女性外生殖器

指女性生殖器的外露部分，又叫外阴，包括阴阜、大阴唇、小阴唇、阴蒂、阴道前庭等（图 8-4）。

1. 阴阜

阴阜是耻骨联合前面的隆起部分，富含脂肪，肥厚而柔软。进入青春期，阴阜皮肤上逐渐长出阴毛，分布呈尖端向下的倒三角形。

2. 大阴唇

大阴唇为位于大腿内侧的一对隆起的纵行皮肤皱襞，上端起于阴阜，下端与肛门前方融合，表面也有少量阴毛分布。未婚女性两侧大阴唇自然合拢，遮盖小阴唇、阴道口及尿道口。

3. 小阴唇

小阴唇是位于大阴唇内侧的一对薄而狭长的皮肤皱襞。淡褐色，表面湿润。两侧小阴唇合拢遮盖住阴道口及尿道口，防止阴道感染并保持内部湿润。小阴唇是性高敏感区，在性刺激和性唤起中起重要作用。

4. 阴蒂

阴蒂位于两侧小阴唇之间的顶端，阴蒂包皮内，呈一小丘状物。阴蒂内含有丰富的感觉神经末梢，对性刺激极为敏感。阴蒂与男性阴茎一样，能因充血而勃起。

5. 阴道前庭

阴道前庭为两侧小阴唇之间的菱形区，前部有尿道外口，后部有阴道外口，在阴道外口两侧各有一个前庭大腺的开口。当腺管口堵塞并继发感染时，可形成前庭大腺脓肿。

6. 处女膜

处女膜是覆盖在阴道外口的一层娇嫩薄膜组织，厚 1~2 mm，其中间的小孔叫处女膜孔，便于经血流出。处女膜破裂可因性交和分娩所致，骑马、游泳、武术、跳高等剧烈运动，某些繁重的体力劳动等亦可导致。

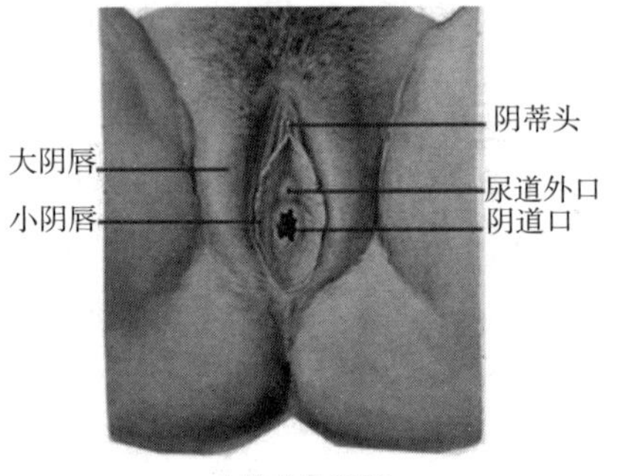

图 8-4 女性外生殖器

（二）女性内生殖器

由阴道、子宫、卵巢、输卵管组成，其中卵巢和输卵管合称为子宫附件（图 8-5、图 8-6）。

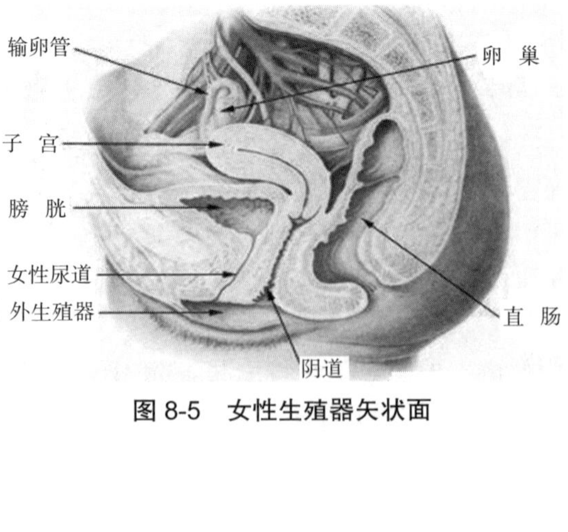

图 8-5 女性生殖器矢状面

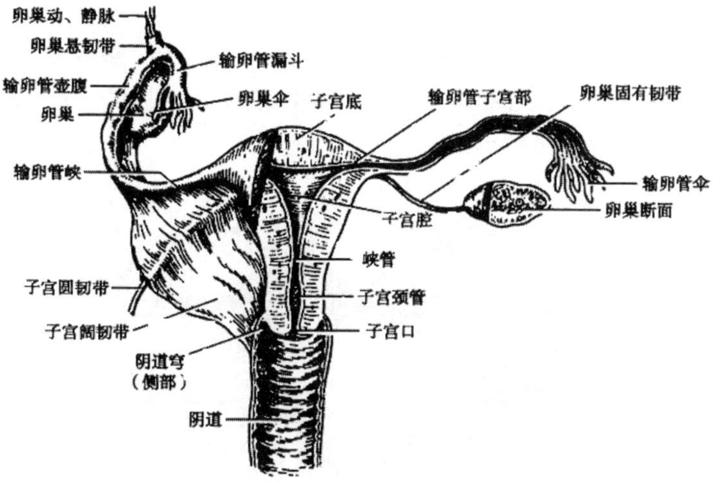

图 8-6　女性内生殖器

1. 阴道

阴道为连接子宫与外阴的肌性管道，全长 8~10 cm，富有极好弹性和延伸性。前壁与膀胱、尿道相邻，后方与直肠贴近，上端包绕宫颈阴道部，下端开口于阴道前庭后部。阴道壁自内向外由黏膜、肌层和纤维组织膜组成。阴道是性交器官，也是月经排出和胎儿娩出的通道。

2. 子宫

子宫为一空腔脏器，腔内覆有黏膜，称子宫内膜。子宫位于骨盆腔中央，呈倒置的梨形，上部较宽称宫体，宫体上端隆突部分称宫底，宫底两侧与输卵管相通称宫角，下部较窄呈圆柱形称宫颈。宫颈下端深入阴道并借其与外界相连。子宫腔小壁厚，容量 5~8 mL。

子宫的主要功能是孕育胎儿。受精卵在子宫里着床形成胚胎，胚胎继续发育成为胎儿，胎儿不断成长直至成熟，此时子宫发生有节律的强烈收缩迫使胎儿及胎盘娩出。从青春期起，子宫内膜受性激素影响发生周期性改变，每月脱落一次，形成月经。

3. 卵巢

卵巢为一对扁椭圆形的性腺，左右各一，位于子宫两侧，输卵管下方。成年妇女的卵巢 4 cm × 3 cm × 1 cm，重量为 5~6 g。卵巢具有产生卵子和分泌性激素（雌激素、孕激素和少量雄激素）的功能。雌激素能促进生殖器官生长发育和第二性征出现；孕激素（黄体酮）促进子宫内膜生长，以保证受精卵植入和维持妊娠；适量的雄激素还可维持女性的正常性功能，如促进性欲，刺激腋毛和阴毛生长等。

在一个月经周期中，卵巢内常有多个卵泡在同时发育，但通常只有一个能发育成熟产生卵子。排出的卵子被输卵管伞捕获进入输卵管腔。排卵日一般在下次月经来潮前的 14 天左右，通常 28~30 天排卵一次。

4. 输卵管

输卵管是一对细长而弯曲的肌性管道，全长 8~14 cm，连于子宫底两侧，与子宫角相通。

由近至远可分为：间质部，狭窄而短，1 cm；峡部，较窄，2~3 cm，最易破裂；壶腹部如图 8-7 所示，较宽，5~8 cm，易受孕；伞部，游离端呈漏斗状，开口于腹腔，有摄取卵子作用。

精子与卵子在输卵管壶腹部相遇结合成受精卵之后，通过输卵管的蠕动和管内纤毛的运动推送到子宫内发育，故输卵管阻塞会引起不孕。

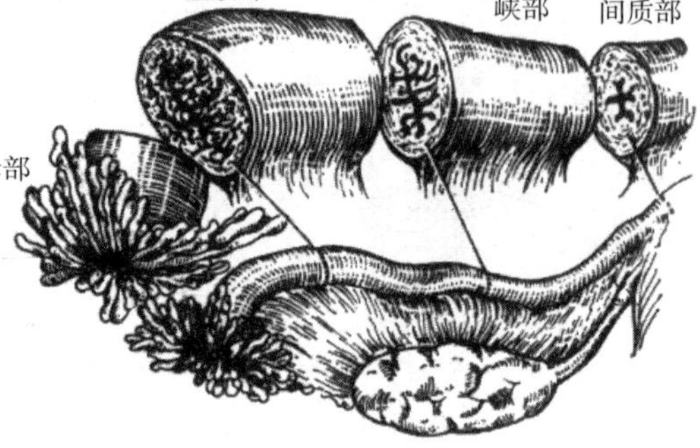

图 8-7 输卵管

第二节 青年期生殖器官的卫生保健

一、男性生殖器官卫生保健

1. 每晚清洗会阴

男性会阴包括阴茎、尿道外口、阴囊、腹股沟和肛周，该区域容易受大小便污染。因此，男学生应该自觉养成经常清洗会阴尤其是阴茎的好习惯，每晚临睡前用干净温水清洗会阴部，洗阴茎时要将包皮翻转清除包皮垢。包皮内面和阴茎头部的小腺体不断产生分泌物，它与脱落的上皮细胞和少量尿液及一些污垢混合形成乳酪状的包皮垢，这些包皮垢长期附着在阴茎头表面或冠状沟内，易引起炎症。

2. 衣着宽松透气，洗澡水温勿过高

平时尽量穿薄而透气、吸汗的内裤，避免穿厚重、质地较硬的牛仔裤和紧身裤，以保证睾丸正常发育。由于精子产生与生长都需要 35 ℃的相对低温条件，男青年洗澡时水温勿过高，并慎洗桑拿浴。平时不要将笔记本电脑放在大腿上操作和将手机揣在裤兜里，勿长时间骑自行车，以免升高阴囊温度。

3. 防止频繁遗精

遗精指没有性交或手淫情况下发生的精液遗泄，是正常的生理现象。生理性遗精多见于青壮年、未婚或婚后分居。一般每月遗精 1~4 次，属精满而盈泄。部分缺乏性卫生知识的青少年，对正常遗精的现象不知所措，误认为病理现象，久之会引起精神萎靡、疲乏无力、思想不集中、腰酸腿软等，从而影响学习、生活和工作。

如果频繁遗精，一周数次甚至一夜数次，或一有性欲意念就遗精则不正常。久而久之，可能导致焦虑、紧张、压抑、自卑等心理问题。

防止频繁遗精的方法:①正确认识遗精现象。②合理安排学习生活。早睡早起,睡觉时多取侧卧位,睡前不喝浓茶、咖啡。③床铺勿太软,被褥不宜太厚,要穿宽松内裤。②节制性欲,戒除手淫,不迷恋色情书刊及视频,培养多种业余兴趣及爱好。④长期频繁遗精者应及时到医院检查治疗。

二、女性生殖器官卫生保健

(一)女性生殖系统卫生

1. 每晚清洗会阴

女生一定要养成每天清洗会阴的习惯,清洗时先从大阴唇内侧开始,向内清洗小阴唇、阴蒂、阴道前庭及阴道口、尿道口,然后清洗大阴唇外侧、阴阜、大腿根部内侧,最后洗肛门。清洗时宜用干净的温水,尽量不用肥皂、浴液等洗涤用品,以免破坏局部的正常菌群和酸碱度,削弱抵抗力。所用毛巾和盆要专用,提倡用冲淋方式。

2. 穿棉质内裤,勤换洗

宜选择浅色、宽松的纯棉内裤,通风透气,还能吸附白带、尿液等分泌物。年轻女性分泌物较旺盛,宜每晚换洗内裤。外裤也不宜过紧,不要经常穿紧身牛仔裤、浅裆裤、健美裤等,尤其在排卵期和月经期。

3. 及时发现白带异常

注意随时观察白带颜色、气味等有无异常。若白带量明显增多,异味大,或颜色性质改变(如发黄、带血丝,呈泡沫状或豆腐渣样),同时伴阴道瘙痒等,都是生殖器炎症的表现。一旦发现患阴道炎等,应去医院就诊。

(二)女性月经期个人卫生

(1)保持会阴部清洁。月经期间,子宫内膜剥脱形成创面,子宫颈口相对开放,盆腔充血,致使生殖器防御能力削弱,若不注意卫生,病菌很容易上行侵入子宫、输卵管造成感染。经期应每天至少清洗一次会阴,尽量用冲淋方式,若盆浴,勿坐入盆中,以防脏水进入阴道。

(2)勤洗勤换卫生用品。使用正规厂家生产的消毒卫生巾,开封时间过长不应使用。内裤和卫生巾要勤换,经血是细菌繁殖的温床。

(3)注意防寒保暖。在寒冷刺激下,子宫和盆腔血管过度收缩,可引起痛经、闭经发生,故月经期应防寒保暖,尤其是下腹部。不用凉水洗浴,避免淋雨、涉水。一旦受寒,可及时喝生姜红糖水,用热水烫脚,盖好被子睡上一觉,发汗和休息有助于月经畅通。

(4)保持情绪稳定和心情舒畅。经期前及行经期,由于神经系统和内分泌系统变化,身体可能有些不适,情绪也易激动、烦躁,而情绪波动反过来又会影响大脑的调节功能,导致腹痛和经量改变、经期延长、突发闭经等月经紊乱现象。因此,经期更要注意自我心理调节,保持愉悦心情。

(5)既注意休息又要适量运动。月经期要注意休息,保证睡眠,以增强抵抗力。可以适当进行散步、慢跑、体操等运动,通过促进盆腔及全身血液循环,使经血通畅,缓解经期常见的下腹胀痛和腰背酸痛等症状。但要避免剧烈运动,以免经期延长或经血增多。禁止性生活，否则易造成逆行感染。

(6)饮食调节。月经会导致体内铁分和蛋白质丢失，要适当补充，如鸡蛋、瘦肉、豆制品、牛奶等。可适当喝些红糖水，能通经活络、预防或减轻痛经。多喝开水，以增加尿量，可起到冲洗尿道预防尿路感染的作用。忌食冷饮和辣椒等刺激性食物。

(三)乳房保健

乳房位于胸大肌的前方，在成年女性多呈半球形，两侧基本对称。女性乳房是哺育后代的器官，也是第二性征的重要标志之一。

(1)女青年站立、行走时应尽量保持抬头挺胸收腹的姿势。

(2)营养均衡，不节食或偏食，应适量地摄入脂肪，增加鱼、肉等食品。

(3)加强运动。特别是多做些扩胸、胸部健美操、游泳、俯卧撑等加强胸部肌肉锻炼的运动。乳房小的女青年早晚可以适当按摩乳房，通过促进局部血液循环和神经反射作用改善脑垂体分泌，促进乳房发育。

(4)佩戴合适的胸罩。通常，女孩在长到16岁乳房发育基本定型后即可开始佩戴胸罩。胸罩能保护、支持和衬托乳房，使其血液循环通畅；理想的胸罩应大小松紧合适，青春期女孩胸罩宜选用柔软、透气、吸湿性强的棉制品。

(5)正确对待乳房的生理性变化，早发现乳房病变。

女性的乳腺会随月经周期体内激素代谢规律发生相应变化。通常在月经前几天，乳房会轻微胀痛，行经后症状减轻继而消失，待下次月经来潮前又出现这种周期性变化。这是生理现象，但平时应注意保持心情愉快、情绪稳定，并养成乳房自检的好习惯，以及时发现包块等异常现象。

乳房自检通常在月经结束后的5~7天进行。检查方法：第一步，观察。脱去外衣，站在镜前，先两臂自然下垂，再双手叉腰、双臂高举过头，仔细观察两乳房是否对称，有无隆起或凹陷，两乳头位置是否在同一水平。正常者无论在双臂下垂、叉腰或上举时，两乳房的位置都是对称的。第二步，触查。取仰卧位或立位，先举起左臂，用并拢的右手三四个手指的指腹紧贴左乳房皮肤，从外上象限开始，按顺时针方向做循环触摸，由外向内至少3圈，直至乳头。触摸时，手要在平面来回滑动，勿将乳房捏起，以免造成假象。同时注意触摸腋窝和锁骨上窝有无肿大的淋巴结。最后用手指挤压乳头，观察是否有液体溢出。右侧乳房以同样的方法自查，但沿逆时针方向进行。

如果发现乳房、腋窝和锁骨上窝有结节、包块，或乳头挤出微黄、浑浊的液体，应尽早就诊。多数情况下，乳房病变大都是通过自检发现，然后再去医院进一步检查确诊的。

第三节　生育与避孕

男女经过青春期发育达到性成熟后，便具备两性结合产生新生命的能力。生育的主要功能是繁衍后代。生育健康，直接关系后代的健康成长和民族的兴盛。

一、生命的孕育

成熟的精子和卵子互相结合形成受精卵，意味着妊娠开始。育龄期女性，卵巢每月排出一个成熟的卵子，卵子从卵巢排出后立即被输卵管伞部吸到输卵管内，再借输卵管的蠕动和管内纤毛的摆动作用，向子宫方向推进，到达输卵管壶腹部后，在那里等待精子的到来。性交时，男性将精液射入女性阴道内，精子依靠尾部的摆动前进，依次通过阴道、子宫颈管、子宫腔、输卵管间质部和峡部，最终到达受精地点——输卵管壶腹部，一旦与卵子相遇，即可受精。一般情况下，卵子寿命不超过 24 小时，精子有受精能力的时间也仅为 48~72 小时，因此通常要在女性排卵前 72 小时至排卵后 24 小时内完成性交，才有受孕的机会。在精子与卵子相遇时，一群精子包围卵子，最终只有一个精子进入卵子形成受精卵。随着现代科学技术的发展，已经可以做到在人体之外使精子与卵子结合了，即在试管内进行"人工授精"，然后把受精卵移入子宫。由此孕育诞生的婴儿就是俗称的"试管婴儿"。

完成受精后，受精卵从输卵管分泌液中吸取营养和氧气，慢慢向子宫腔方向移动，边移动边进行细胞分裂，在受精后 6~8 天进入子宫内膜，这一过程称为着床或植入。受精卵着床后在子宫里发育，逐渐分化成不同的组织和器官。妊娠的前 8 周是胚胎发育的最关键时期，胎儿的五官和绝大多数器官都在这一阶段分化及形成，所以孕妇在此期特别要注意避免病毒感染，勿吸烟喝酒，减少电脑和手机的使用时间，避免接触放射性环境，不使用含铅、汞等有害化学物质和激素的化妆品，不涂口红，尽量不用或少用药，家中不养宠物，以免影响胎儿发育。

胎儿成熟及其附属物从子宫排出体外的过程称为分娩。分娩前往往有些征兆，如排尿次数增加，想解大便，下腹部发紧和疼痛，腰部压迫感等。不久，宫口逐渐扩张，子宫平滑肌发生有规律的愈发强烈的收缩，使羊膜破裂，羊水流出，继而胎儿娩出。在胎儿娩出后 15 分钟左右，胎盘与子宫壁分离，随即排出体外，完成分娩过程。

二、避孕

避孕是应用科学手段使女性暂时不受孕，主要控制生殖过程中的 3 个环节：①抑制精子与卵子产生；②阻止精子与卵子结合；③使子宫环境不利于精子获能、生存，或者不适宜受精卵着床和发育。常用方法有佩戴安全套、口服避孕药（短效、长效、紧急）、宫内放置节育器、体外排精法、安全期避孕法等。

按照国家近年有关文件的精神，大学生到了法定结婚年龄，享有结婚和生育子女的权利，这是法律的人性化。但是在校生年龄多在 18~23 岁，正是学习知识、为走上社会并服务社会做积极准备的时期，经济上也没有独立，一般尚不具备结婚生育子女的客观条件，因此有生孩子想法的大学生需慎重考虑。由于在当今文化背景下的大学生恋爱期间婚前性行为较普遍，为避免女方因妊娠影响学业和身心健康，下面介绍几种有关的避孕措施。

1. 佩戴安全套

安全套也叫避孕套，使用方便，不干扰生理机能，避孕效果好，还能预防乙肝、性病等传播，防止包皮垢与宫颈接触，应作为男性特别是未婚男青年的首选避孕方法。

2. 服用紧急避孕药

紧急避孕药是在无防护措施的性生活后，或避孕措施失败后的3天内，女方为防止怀孕所采用的补救药。服紧急避孕药只是一种临时性补救措施，绝对不能作为常规避孕方法频繁使用，有专家建议一年勿超过3次。

3. 宫内节育器（IUD）

已婚育龄期女性，尤其是生过一个孩子的，只要月经规律，生殖系统正常，无全身性严重疾病，自愿使用宫内节育器者均可放置。放置IUD的时间：最佳时间为月经干净后3~7天；人工流产后可立即放置；药物流产后须正常转经两次；顺产42天后子宫复旧良好者；剖宫产满半年后；哺乳闭经期除外妊娠。

三、人工流产

人工流产简称人流，指妊娠3个月内采用手术或药物方法终止妊娠，多用作避孕失败情况下的补救，是节育方法中的下策，多次人流对身体必然造成危害。终止早期妊娠的人流方法包括手术流产和药物流产。

（一）人工流产的方法和时间

1. 手术流产

（1）负压吸引术。即用负压吸引器将子宫内的妊娠产物吸出。因操作简便，手术时间短，安全性高，为目前终止早期妊娠最常用的方法，但只限于妊娠10周以内者。近年医院新开展的无痛人流、可视人流，其实就是在负压吸引术基础上加用静脉麻醉或B超引导监视而已。

（2）钳刮术。即采用钳夹取胎与负压吸引相结合的方法解除妊娠，适用于妊娠10~14周者。与吸引术相比，出血较多，恢复较慢，且有子宫颈撕伤、子宫穿孔等并发症的风险，因此女青年一旦发现意外妊娠，要尽早手术，以免拖延到10周以后被迫采用钳刮术。

2. 药物流产

简称药流，即通过服药排出妊娠产物。方法简便，不需宫腔操作，创伤小。目前多采用米非司酮与米索前列醇联合应用，完全流产率达90%以上，由此许多未婚青年及刚结婚暂无生育计划的年轻女性都倾向于首选药流。但药流并非人人适用，少数人会因流产不彻底被迫接受清宫手术，这样相当于短期内做了两次人流。故其适用对象限定为停经49天之内的18~40岁、经B超确诊为宫内妊娠且无慢性疾病或过敏性哮喘病史者。

（二）人工流产的危害

人工流产是避孕失败后所采取的补救性措施，只能在不得已的情况下偶尔为之，不宜多次使用。一般来讲，偶尔做一次人流对健康影响小，多次进行则容易造成贫血、抵抗力下降、子宫内膜损伤、生殖道及宫腔感染、月经紊乱、不孕症、宫外孕、习惯性流产等不良后果。

第四节　性道德与婚前性行为

婚前性道德，是指一个人于结婚前对于异性在性方面所持的观念、态度和行为。性道德是一个人道德品质的一部分，也影响着整个社会的道德水平。婚前性道德的主要内容，集中表现在如何对待婚前性行为方面。近年来，随着人们思想的不断解放和西方文化的影响，传统的性道德观念受到了冲击，我国青少年尤其是大学生的性观念和性行为日益开放。人们对婚前性行为、未婚同居的行为越来越宽容，我们不得不对传统的道德秩序进行反思。被整个社会都宽容的行为或观念，就不能仅以“道德不道德”几个字来评判了。而要解决婚前性行为问题，唯有教育引导，提高认知水平和完善人格素质才属良策。

一、婚前性行为存在的原因

1. 婚前性行为产生的主观因素

（1）恋爱中双方过于亲昵，无法抑制性的冲动。

（2）恋爱期间一方恐怕另一方变心，有意造成性关系的事实以便达到与另一方结婚之目的。

（3）青少年出于好奇心和性体验的心理。

（4）要求结婚但不符合法定条件便先同居而后登记。

2. 婚前性行为产生的主要社会原因

（1）人性的解放、婚姻观念的改变、避孕用品的发展使社会对婚前性行为较前宽容多了，青少年男女对于发生性关系的担心和顾虑大大减少。

（2）大众文化传播媒介过多渲染情爱，对青少年的性刺激大为增强。

（3）性成熟期提前、性欲望的实现与婚龄到来之间有一个较长的等待期，使性生活提前成为可能。

（4）由于社会的都市化，家庭在青少年进入社会的过程中的重要性下降了。

（5）性价值、性道德教育远远跟不上社会发展的需要，社会对性行为的监督弱化。

二、婚前性行为的危害

婚前性行为是指男女双方未办理结婚登记手续前，不存在暴力或强迫情况下进行的性行为。青年人处于能量充沛的巅峰期，渴望性满足属正常的心理需求。热恋中的男女青年彼此倾慕，情投意合，会感受到无限的温暖和力量，然而在感情冲动之时，如果控制不住任其狂涨泛滥，就可能冲决理智的堤坝造成越轨行为。目前婚前性行为正呈现出数量越来越多、年龄越来越小的发展趋势，成为公众普遍关注的社会性问题。其危害主要表现在以下几方面。

1. 给双方造成很大的心理压力或伤害

在热恋的年轻人心中，两性关系是神秘、美妙而圣洁的，一旦轻率突破“禁区”发生性行为，性爱的神秘感荡然无存，爱情的圣洁被亵渎，两情相悦的爱恋沦落为感官刺激的肉体关系，性美感也化为乌有；初次性生活的仓促草率，不能获得和谐完美的性满足，体验不到性愉悦、性快感，从而失去"性趣"引起性冷淡，带来生理后遗症；婚前"偷吃禁果"，往往是偷偷摸摸提心吊胆仓促行事的，精神紧张，心理压力大，容易引起性反应抑制和性焦虑，导致男性阳痿、早泄，女性性高潮障碍，影响到婚后正常的性生活。将来若重新择偶，还会为当初的不检点自责、内疚，萌生负罪感，使夫妻生活蒙上阴影，埋下隐患。多次或与多人发生婚前性行为，往往会导致性道德观念淡薄、性关系随便、性生活紊乱，追求情欲和感官刺激，对婚姻采取轻率态度，给个人、家庭和社会造成严重的危害。

大学生对婚前性行为的不良后果大都有一定的认知。事情发生后，因害怕怀孕，担心被发现，产生紧张、恐惧情绪，给双方特别是女方带来很大的精神压力。有的男生被有过亲密关系的女生抛弃，会痛苦不堪而产生挫败感，甚至自暴自弃、破罐破摔，陷于失意颓废之中不能自拔。

2. 严重影响女生身心健康

（1）女生身体受损。婚前性行为大多具有突发性，是在性欲高涨时突然发生的，此时往往顾及不了怀孕以及阴道损伤等风险。有的女生怀孕后，因害怕暴露，私下采取紧束腹部、剧烈活动、偷偷服用"打胎药"等方法处理，或去设备简陋的小诊所做人流，造成生殖器官感染和损伤。即使未发生上述情况，人流术后怕被同学发现而坚持上课，得不到休息和营养补充，也会影响身体康复。未婚男女一旦感染上性病，往往惊恐不安，因不敢及时去正规医院诊治导致病情贻误。

（2）被男方猜疑和不珍惜。男生一般具有较强的占有效，在未"得到"女友前，往往比较迁就，百依百顺。一旦发生性关系，便容易认为对方已"属于"自己而不再殷勤，甚至颐指气使，出言不逊。有的男生在获得性满足后，还会萌生猜疑："她对我这样，跟别人是不是也这样呢?"多次性关系后失去新鲜感，可能又去找新的女友。

（3）女生地位下降。不少女生是因为怕失去心爱的男友才献出自己身体的，同居后更担心男友变心而百般迁就忍让，使彼此的关系失衡。特别是怀孕、堕胎之后，降低了自己的人格和身价，会被对方看不起，即使发现他有较大缺点，可"木已成舟"，只好迁就凑合，从而贻误终身。因一念之差的性行为而铸成不称心婚姻的例子，在生活中不胜枚举。

3. 当事人的合法权益得不到保护

婚前性关系没有法律保障，因而性行为必须以合法婚姻为基础。只有将性行为建立在依法缔结的婚约之上，把性关系限制在婚姻关系之内，才符合伦理，才会受法律的保护，也才能为彼此带来精神的愉悦。反之，一切非婚性行为都是不合法的、不道德的。

婚前性行为大多为男性发起，但后果往往由女性独自承担。若女方在发生性行为以至怀孕后被抛弃，男方逃避责任和义务，受害人的合法权益，特别是孩子的合法权益往往难以得到保障，只能自食苦果。

总之，婚前性行为留下的心理、生理的伤痛，发生婚前性行为后的悔恨，往往会伴随终生，因此男青年如果真爱女方，就应当约束自己，珍惜对方，克制冲动，为她一生的幸福切实负责；而女青年务必做到自尊自重自爱自律自护，坚守节操，掌握分寸，沿着正常的人生轨迹前进，避免对自己造成遗憾终身的伤害。

第五节 意外怀孕的早期诊断与补救

凡是近期有过无防护措施的性生活，或避孕措施失败的育龄期女性，都有怀孕的可能。如今大学校园中，女生意外怀孕的现象时有发生，在未能及时诊断与补救的情况下，常常给当事人特别是女方造成严重伤害。

一、早孕的诊断

停经是怀孕的最早信号。凡近期发生过性关系的女性，月经一直很规律，而现在未如期而至，即应考虑到怀孕可能。可购买早孕试纸自测尿液进行初步判断，只要月经过期 7 天以上便可检测，若检测结果呈阳性为怀孕的重要依据。需及时去医院进一步确诊并采取措施。目前临床上确诊早孕的方法主要有两种：

1. HCG 检测

HcG 检测即检测血清或尿液 HcG（人绒毛膜促性腺激素）水平，妊娠第 1~2.5 周起，在血清中的含量即开始迅速升高，并通过血液循环排人尿中，至第 8 周达到高峰。因此在受孕后的 7~8 天，即月经尚未过期便能确定怀孕与否。

2. 子宫 B 超检查

子宫 B 超检查是目前诊断早孕最准确可靠的方法，能判断是否为宫内妊娠，且通常在怀孕 5 周（即月经过期 1 周）即可确诊。

二、确诊怀孕后怎样补救

怀孕一旦确诊，为了尽可能减少身心伤害，不影响学业、就业等，可选择人流，但要注意：

1. 做人流要去正规医院，并接受相关检查，如 HCG、子宫 B 超、白带常规、血常规等。选择合适的人流方法，切勿自行服用打胎药，或者采取剧烈运动等方式堕胎。

2. 人流应在怀孕 5~10 周内进行，以怀孕 35~55 天为最佳时间。此期手术较简单、安全，术后康复也快。一旦怀孕超过 14 周，各种终止早孕的流产方法均不能实施，只能住院做引产手术，由此进一步增加痛苦和手术的危险性。

3. 如果确诊宫外孕，需要及时住院治疗；

4. 切勿把人流当成避孕措施。因在多次人流以后，子宫内膜变得很薄，容易造成子宫穿孔、继发性不孕、习惯性流产和内分泌紊乱等后遗症。

第六节 常见性传播疾病

性传播疾病（sexually transmitted diseasese，STD）可简称为性病，是指通过性行为或类似性行为传播的一组疾病。目前,国际上已确认的 STD 达 20 多种,病原体包括细菌、病毒、螺旋体、衣原体、支原体、真菌、原虫及寄生虫 8 类。我国目前列入重点防治的有 8 种——梅毒、淋病、艾滋病、非淋菌性尿道炎、尖锐湿疣、软下疳、生殖器疱疹、性病性淋巴肉芽肿。其中梅毒、淋病、艾滋病被列为乙类传染病。

(一)梅毒

梅毒是由梅毒螺旋体引起的一种慢性全身性传染病,主要通过性接触传播,可造成多器官损害,严重者致人死亡。病原体为梅毒螺旋体,系厌氧微生物,体外活力低,不易生存。煮沸、日光、干燥肥皂水和消毒剂均可将其杀灭,但其耐寒力强。

1. 传播途径

患者的皮损、血液、精液、乳汁和唾液中均有梅毒螺旋体存在。

(1)性传播。性传播是梅毒传染的主要途径,约 95% 的患者通过性接触由皮肤黏膜微小破损传播。

(2)垂直传播。妊娠 4 个月后可通过胎盘和脐静脉由母体传染给胎儿。分娩过程中新生儿通过产道时皮肤擦伤处可发生接触性感染。

(3)其他途径。冷藏 3 天以内的患者血液仍具有传染性,可经医源性途径输入此种血液发生感染。少数患者可通过接吻、握手、哺乳或接触污染衣物、用具感染。

2. 临床表现

潜伏期一般为 9~90 天,此期血清反应阳性,但无明显症状。

一期梅毒。发生于不洁性交后 2~4 周,主要表现为硬下疳,常发生在外生殖器,少数发生在唇、咽、宫颈等处。硬下疳初为丘疹或浸润性红斑,继之轻度糜烂或呈浅表性溃疡病,其上有少量黏液性分泌物或覆盖灰色薄痂,边缘隆起,周边及基底部呈软骨样硬度,直径为 1~2 cm,圆形,呈牛肉色,局部淋巴结肿大。疳疮不经治疗,可在 3~8 周内自然消失,而淋巴结肿大持续持久。

二期梅毒。在感染后 7~10 周,梅毒螺旋体从淋巴系统进入血液,在体内播散后出现全身症状,可有低热、头痛、肌肉和关节痛等,也可伴肝脾肿大及全身淋巴结肿大。

出现梅毒疹,皮疹可为红斑、丘疹、斑丘疹、斑块、结节、脓包或溃疡等。原发性梅毒疹自行消退后,约 20% 的患者于 1 年内复发,以环状丘疹最为多见。约 50% 的患者出现黏膜损害, 10% 的患者出现梅毒性脱发。亦可出现骨关节损害、骨膜骨炎、梅毒性虹膜炎等。可有脑膜炎症状、全身浅表淋巴结大。

三期梅毒。出现皮肤黏膜损害,结节性梅毒疹好发于头皮、肩胛、背部及四肢的伸侧。树胶样肿常发生下肢,发生在上额部时常引起组织坏死,穿孔;发生于鼻中者则骨质破坏,形成马鞍鼻;发生于舌部者表现为穿凿性溃疡;阴道损害常形成溃疡,进而引膀胱阴道瘘或直肠阴道瘘等;近关节结节;心血管梅毒;神经梅毒等。

3. 治疗

治疗原则为早期诊断,早期治疗,疗程规范,剂量足够。药物首选青霉素,过敏者可选四环素、红霉素等。治疗结束后需定期随访观察。

4. 预防

杜绝不正当的性行为，提倡洁身自爱。若有可疑梅毒接触史，应及时进行梅毒血清试验，以便早期发现并及时治疗；对高危行为者应进行梅毒血清试验，发现梅毒患者必须强迫进行隔离治疗；对可疑患梅毒的妊娠期女性，应及时给予预防性治疗，以防感染给胎儿。

(二)淋病

淋病是由淋病奈瑟球菌(简称淋球菌)引起的一种泌尿生殖系统的化脓性感染。潜伏期短，传染性强，可导致多种并发症和后遗症。

1. 传播途径

淋病主要是通过性交传播，而且传播速度快，感染后 3~5 天即可发病。还有一些可以通过介质来传染，如被淋球菌污染的衣裤、床上用品、毛巾、浴巾、浴盆、马桶等物品。因为这种病菌在完全干燥的条件下 1~2 小时就能死亡，39 ℃时能存活 13 小时，42 ℃时 15 分钟，50 ℃时 5 分钟，100 ℃时立即死亡。但在潮湿的毛巾中可存活 10~24 小时。

2. 临床表现

潜伏期 2~10 天。男性多表现为尿道口红肿、刺痛，流出少量稀薄或黏稠的脓性分泌物，并伴有尿频、尿急、尿痛、排尿困难、腹股沟淋巴结肿大；女性感染淋球菌后症状轻微，不易发现，从而成为危险的传染源，这也是淋病蔓延的重要原因之一。有症状的女患者，主要表现为尿道口和外阴红肿、瘙痒，流出脓性分泌物。若未治疗，病菌可继续向上侵犯，引起宫颈炎、盆腔炎等。

3. 治疗

对淋病患者应早期诊断、早期治疗，用药及时足量规范。严禁饮酒、吃刺激性食物，严禁性生活，避免剧烈运动。在治疗的同时，患者的配偶和性伴侣均应到医院检查治疗。抗感染药物主要有头孢曲松、氧氟沙星、环丙沙星、头孢克肟等。

4. 预防

进行健康教育，宣传淋病的危害，避免非婚性行为。安全套的使用对配偶防止感染淋病有保护作用。注意隔离消毒，防止交叉感染。

第九章　艾滋病

第一节　艾滋病的概念及流行现状

一、艾滋病的概念

艾滋病的全称叫作“获得性免疫缺陷综合征”（acquired immunodeficiency syndrome，AIDS）。该病是由人类免疫缺陷病毒（human immunodeficiency virus，HIV）感染人体的免疫系统而导致免疫系统的功能部分或完全丧失，继而并发一系列的感染和各种肿瘤发生的传染病。

从获得性免疫缺陷综合征这一病名中我们可以了解到艾滋病的3个特点：①“获得性”，表示它是人出生后获得而不是先天具有，即不是遗传的。②“免疫缺陷”，表示感染艾滋病病毒后造成人体的免疫功能减退，以致功能丧失，而一个人的免疫系统丧失功能，就像一个国家没有军队一样，其后果可想而知。③综合征表示临床症状很多，会出现全身多个系统的多种症状。

二、艾滋病的流行现状

（一）世界上第一例艾滋病的发现

1969年，一位名叫罗伯特的美国人，得了一种奇怪的病，他多方求医，最终没有诊断清楚，无法医治而死亡，人们把他的部分组织保存起来。1980年6月，美国一名叫盖尔坦的男男性行为者，被诊断患了卡波西肉瘤，不久就去世了。接着，他的两个男性性伙伴以及一批年轻的美国男男性行为者，相继患了该病，引起了医学界的高度关注。随着时间的推移，病人急剧增加。1982年3月，仅美国就有285位该病病人，到5月，有900人患病。使专家们惊奇的是，这种被称为“男性同性恋者免疫缺陷症”的疾病，除了男男性行为者外，还有异性恋者、吸毒者、儿童及血友病人。显然与事实不符。根据这一情况，学者们于1982年秋更改了这一新病种的命名，称为“获得性免疫缺陷综合征”，即艾滋病。美国人罗伯特就成为世界上第一位患艾滋病的人。

（二）中国境内第一例艾滋病患者的发现

1985年，一位美籍阿根廷青年以旅游者的身份进入中国，不久便因发热、肺部感染住进北京协和医院的重症监护治疗病房。在救治这名外籍患者的过程中，各类抗感染药物均没有起到作用，随后进行的血清检测发现其艾滋病病毒抗体呈阳性。不久，这名艾滋病患者在协和医院死亡，其病情与美国最早发现的艾滋病病例完全一致。

（三）世界艾滋病流行现状

联合国艾滋病规划署发布的《2023 全球艾滋病防治进展报告 – 终结艾滋病之路》报告显示，全球目前有 3 900 万艾滋病病毒感染者，其中 2 980 万正在接受抗逆转录病毒治疗，2022 年有 130 万艾滋病病毒新发感染，63 万人死于艾滋病相关疾病。

在消除儿童艾滋病方面，2022 年全球 82% 的感染艾滋病毒的妊娠和哺乳期妇女获得了抗逆转录病毒治疗，远高于 2010 年的 46%。2010 年至 2022 年，儿童艾滋病病毒新发感染人数减少了 58%，达到了 20 世纪 80 年代以来的最低水平。

全球接受抗逆转录病毒治疗的人数增加了 4 倍，从 2010 年的 770 万上升到 2022 年的 2 980 万。然而，该报告也指出，2022 年，每分钟就有一人死于艾滋病，约有 920 万感染者仍未能获得治疗，其中包括 66 万感染艾滋病毒的儿童。

妇女和女童仍然在不成比例地受到影响，特别是在撒哈拉以南的非洲地区。2022 年，全球每周有 4 000 名年轻妇女和女童感染艾滋病毒。在撒哈拉以南非洲的某些艾滋病毒发病率超过 0.3% 的地区，仅有 42% 提供专门针对青春期女性和年轻女性的艾滋病毒预防项目。

近四分之一（23%）的新发艾滋病毒感染发生在亚洲和太平洋地区，该地区一些国家的新发感染病例正在以惊人的速度上升。东欧和中亚（自 2010 年以来增加了 49%）以及中东和北非（自 2010 年以来增加了 61%）的新发感染人数继续急剧增加。这些趋势主要是由于缺乏针对边缘群体和重点人群的艾滋病毒预防服务，以及惩罚性法律和社会歧视造成的。

（四）中国艾滋病流行现状

自 1985 年中国首例艾滋病被发现到 2005 年，因静脉吸毒或“血浆经济”引发的非法采供血而感染的人群数量逐年攀升，此后这两个群体的感染人数渐渐回落。2005 年之后，多年的母婴隔断、减少吸毒传播等措施防范之下，性传播开始成为主要传播途径。

青年学生艾滋病疫情增长较快。以性传播为主，主要是男性同性性传播。2023 年中国 60 岁及以上的艾滋病感染者人数呈现出快速增长的趋势，占当年新报告所有感染者的 25%。这一数据令人担忧，表明老年人群体在艾滋病防控方面面临着严重的挑战。

第二节　艾滋病病毒（HIV）的病原学特点

一、HIV 的病原学

HIV 为单链 RNA 病毒，属于反转录病毒科，慢病毒属中的人类慢病毒组。HIV 为直径 100~120 nm 的球形颗粒，由核心和包膜两部分组成。核心包括两条正链 RNA 及病毒复制所需的酶类，主要有反转录酶（RT）、整合酶（INT）和蛋白酶（PI，P10）、RNA 酶 H、互补 DNA（cDNA）、病毒蛋白 R（VPR）。核心蛋白 P24、蛋白 P6 和 P9 等将上述成分包裹其中。膜与核心之间的基质由基质蛋白 P17 组成。

HIV 是一种变异性很强的病毒，各基因的变异程度不同，env 基因变异率最高。HIV 发生变异的主要原因包括反转录酶无校正功能导致的随机变异；宿主的免疫选择压力；不同病毒DNA之ARV、病毒DNA与宿主DNA之间的基因重组；以及药物选择压力，其中不规范的抗病毒治疗是导致耐药性的重要原因。

根据HIV基因差异，分为HIV-1型和HIV-2型。在HIV-1和HIV-2二型之间，其核苷酸序列只有40%~60%的同源性。在HIV-1型内，各亚型之间的基因离散率是20%~35%、同一亚型内的基因离散率是7%~20%。

目前全球流行的主要是HIV-1，根据编码包膜蛋白的env基因和编码壳蛋白的gag基因序列的同源性，HIV-1型又进一步分为3个组，M亚型组（main即主要组）、O亚型组（outline即外围组）和N亚型组（new，ornon-M，non-O新组或非M非O组），其中M组有A，B，C，D，E，F，G，H，I，J，K 11个亚型。此外，近年来发现多个流行重组型。O组是1990年从喀麦隆和加蓬分离到的，与M组其他亚型的氨基酸序列只有50%的同源性。N组是最近才从两名喀麦隆病人分离到的，在系统树上，是既不属于M组，也不属于O组的一组新病毒，故称N组。

HIV-2的生物学特性与HIV-1相似，但其传染性较低，引起的艾滋病临床进展较慢，症状较轻。HIV-2型至少有A，B，C，D，E，F，G7个亚型。

我国以HIV-1为主要流行株，已发现的有A、B（欧美B）、C、D、E、F和G8个亚型，还有不同流行重组型。1999年起在部分地区发现并证实我国有少数HIV-2型感染者。及时发现并鉴定HIV各种亚型对于追踪流行趋势、及时作出诊断、开发新的诊断试剂和新药研制、疫苗开发均具有重要意义。

HIV对外界抵抗力低，对热敏感。56 ℃ 30分钟能使HIV在体内对T淋巴细胞失去感染性，但不能完全灭活血清中的HIV；100 ℃ 20分钟可将HIV完全灭活。能被75%酒精、0.2%次氯酸钠及含氯石灰灭活。0.1%甲醛、紫外线、γ射线均不能灭活HIV。

第三节 艾滋病流行病学

一、艾滋病的传染源

血清HIV抗体阳性的无症状HIV感染者和艾滋病患者是本病重要的传染源。血清病毒阳性而HIV抗体阴性的窗口期感染者亦有传染性。

二、艾滋病的传播途径

（一）传播途径

目前公认的传播途径主要是性接触传播、血液传播和母婴传播3种。

1. 性接触传播

HIV存在于血液、精液、阴道分泌物和乳汁等体液中。与HIV感染者之间无保护的性接触是传播HIV的主要途径，同性和异性之间的性接触都有传播的危险，而且男男同性性行为传播 HIV 的危险更大。

2. 血液传播

静脉吸毒共用针头；文眉、穿耳洞、文身等刀具不消毒；与他人共用剃须刀或牙刷；输入 HIV 污染的血液或血液制品；皮肤开放伤口暴露等均可感染。

3. 母婴传播

（1）感染 HIV 的妊娠期女性产前可在子宫内经胎盘将病毒传给胎儿。

（2）感染 HIV 的妊娠期女性在围产期可经产道和产后血性分泌物将病毒传给婴儿。

（3）产后哺乳将病毒传给婴儿。

目前感染 HIV 的妊娠期女性发生母婴传播的概率为 11%~60%。

（二）日常生活中哪些行为不会传播艾滋病

（1）游泳池、卧具、餐饮具和公共浴池等公共设施不会传播艾滋病。

（2）共用电脑等办公学习用具、共用劳动用具等不会传播艾滋病。

（3）蚊虫叮咬不会传播艾滋病。

（4）语言交流、礼节性接吻、拥抱、握手、咳嗽和打喷嚏不会传播艾滋病。

三、艾滋病的易感人群

人群普遍易感。15~49 岁发病者占 80%，儿童和女性的感染率逐年上升。高危人群为同性恋者特别是男性同性恋者、静脉药瘾者、性乱者、接受输血和血液制品者。

第四节　艾滋病的临床表现

潜伏期平均 9 年，可短至数月，长达 15 年。从初始感染 HIV 到终末期，是一个较为漫长的复杂过程，在全程的不同阶段与 HIV 相关的临床表现多种多样，根据我国有关艾滋病的诊疗标准和指南，将艾滋病分为急性期、无症状期和艾滋病期。

急性期。常发生在初次感染 HIV 的 2~4 周，部分感染者出现 HIV 病毒血症和免疫系统急性损伤所产生的临床症状。大多数患者临床症状轻微，持续 1~3 周后缓解。临床表现以发热最为常见，可伴有全身不适，头痛、盗汗、恶心、呕吐、腹泻、咽痛、肌痛、关节痛、皮疹、淋巴结肿大以及神经系统症状等。在感染的早期，可能检测不到病毒抗体。这一阶段被称为窗口期（一般 2 周 ~3 个月）。在窗口期虽测不到 HIV，但体内已有 HIV，因此窗口期同样具有传染性。

无症状期。可从急性期进入此期，或无明显的急性期症状而直接进入此期。此期持续时间一般为 6~8 年，其时间长短与感染病毒的数量、病毒型别、感染途径、机体免疫状况的个体差异、营养、卫生条件及生活习惯等因素有关。此期由于 HIV 在感染者体内不断复制，免疫系统受损，CD4+T 淋巴细胞计数逐渐下降，此期具有传染性。

艾滋病期。为感染 HIV 后的最终阶段。患者 CD4+T 淋巴细胞计数明显下降，多少于 200 个 /mm^3，HIV 血浆病毒载量明显升高。此期主要的临床表现为 HIV 相关症状、各种机会性感染及肿瘤。

1)HIV 相关症状

主要表现为持续 1 个月以上的发热、盗汗、腹泻、体重减轻 10% 以上。部分患者表现为神经精神症状,如记忆力减退、精神淡漠、性格改变、头痛、癫痫及痴呆等。另外还可出现持续性全身淋巴结肿大,其特点如下。

(1)除腹股沟以外有两个或两个以上部位的淋巴结肿大。

(2)淋巴结直径≥ 1 cm,无压痛,无粘连。

(3)持续时间 3 个月以上。

2)各种机会性感染及肿瘤

(1)呼吸系统:肺孢子菌肺炎表现为慢性咳嗽、发热、发绀、血氧分压降低,少有肺部啰音。胸部 X 线显示间质性肺炎。念珠菌及隐球菌等常引起肺结核,复发性细菌、真菌性肺炎,卡波西肉瘤常侵犯肺部。

(2)中枢神经系统:新隐球菌脑膜炎、结核性脑膜炎、弓形虫脑病、各种病毒性脑膜脑炎。

(3)消化系统白色念球菌食管炎、巨细胞病毒性食管炎等。

(4)口腔:鹅口疮,舌毛状白斑、复发性口腔溃疡、牙龈炎等。

(5)皮肤:带状疱疹,传染性软疣,尖锐湿疣、真菌性皮炎和甲癣。

(6)眼部:CMV 视网膜脉络膜炎和弓形虫性视膜炎,表现为眼底絮状白斑。

(7)肿瘤:恶性淋巴瘤、卡波西肉瘤等。卡波西肉瘤侵犯下肢皮肤和口腔黏膜,可出现紫红色或深蓝色浸润斑或结节,融合成片,表面溃疡并向四周扩散。这种恶性病变可出现于淋巴结和内脏。

第五节 艾滋病的预防

一、艾滋病的预防措施

艾滋病虽然是一种危险的传染病,但却是可以预防的。只要每个人都掌握了预防艾滋病的知识,注意以下事项,就可以把传染艾滋病的危险性减少到最低限度。

(1)洁身自爱、遵守性道德是预防经性途径传染艾滋病的根本措施;拒绝毒品,珍爱生命;不到未经消毒的诊所、医院去打针、拔牙、针灸或手术;不擅自从国外带入血液制品,不使用未经检验的进口血液制品;不到消毒不严格或不消毒的理发店和美容店去理发或美容;不用不消毒的针穿耳,不要文身;刮脸刀、剃须刀必须每个人自备专用,不可借用;牙刷必须每个人一把;救护伤员时,防止血液直接沾在皮肤黏膜上,应做好自我防护,避免徒手接触血液和伤口,要用干净的手绢、纸巾或乳胶手套等物品进行应急处理,然后再去医院就诊。

(2)提倡无偿献血,杜绝贩血卖血,加强血液管理和检测是保证用血安全的重要措施。

(3)国际上流行的预防经性传播艾滋病的 ABC“让步”健康教育方法。A 为 abstinence，即禁欲。就是说克制自己，不发生性行为，感染艾滋病的危险就会大大降低。不发生性行为是避免经性途径感染艾滋病的最好方法，尤其是青少年不要发生婚前性行为，更不要发生多性伴行为。B 为 be faithful，即忠于伙伴，用伦理道德来约束自己。就是说对不能禁欲的人，要做到忠于配偶（或性伴）、固定性伴、减少性伴数，可避免或降低感染艾滋病的危险性。A、B 两条最保险，但并非每个人都能做到这两条，所以 C（condom，安全套）是给人们提供的最后一道保护屏障。合格的安全套，不但可以避孕，还可以明显降低感染艾滋病、性病等疾病的危险。但安全套并不是百分之百的安全保障，因为在安全套没有遮盖的部位，如果有皮肤破损，仍然可能感染性病、艾滋病；安全套的使用方法不当或者质量不佳，也会影响预防疾病的效果。

（4）预防孕产期的 HIV 母婴传播。感染了艾滋病病毒的妊娠期女性，如果选择继续妊娠，应到当地承担艾滋病抗病毒治疗工作的医院或妇幼保健机构，寻求预防母婴传播的抗病毒药物和婴儿检测服务。

（5）预防艾滋病传播最有效的手段是使用艾滋病疫苗。自 20 世纪 80 年代开始科学家们一直在积极地研究艾滋病疫苗，到目前为止，人类虽然已经投入了巨大的人力、物力，但还没有研制出可预防艾滋病的疫苗。

二、我国预防和控制艾滋病的相关政策和法规

中国政府提出了强化艾滋病防治工作五项措施：增强政府的责任；政府承诺对经济困难患者提供治疗药物，同时由中央和地方政府投资，加强传染病医疗体系的建设，建立艾滋病防治专业队伍；完善法律法规，加强对危险行为的干预措施；保护艾滋病患者的合法权益，反对社会歧视；积极开展国际合作。

2003 年我国政府提出防治艾滋病的“四免一关怀”政策：对农村居民和城镇未参加基本医疗保险等医疗保障制度的经济困难人员中的艾滋病病人免费提供抗病毒药物；在全国范围内为自愿接受艾滋病咨询检测的人员免费提供咨询和初筛检测；为感染艾滋病病毒的孕妇提供免费母婴阻断药物及婴儿检测试剂；对艾滋病病人的孤儿免收上学费用；将生活困难的艾滋病病人纳入政府救助范围，按照国家有关规定给予必要的生活救济。积极扶持有生产能力的艾滋病病人开展生产活动，增加收入。加强艾滋病防治知识的宣传，避免对艾滋病感染者和病人的歧视。2017 年 1 月 19 日，国务院办公厅印发了中国遏制与防治艾滋病“十三五”行动计划。

三、制止对艾滋病病毒感染者的歧视行为

国家明文规定：任何单位和个人不得歧视艾滋病病人、病毒感染者和其家属，不得将病人和感染者的姓名、住址等有关情况公布或传播。

四、世界艾滋病日

WHO 于 1988 年决定，把每年的 12 月 1 日作为世界预防艾滋病日，1996 年以后更名为

“世界艾滋病防治宣传运动”。每年12月1日前后,世界各地围绕艾滋病的预防与控制,围绕统一的宣传主题,开展各种形式的宣传活动。

五、国际社会关注艾滋病的标志

红丝带是国际社会关注艾滋病的标志。它是由美国纽约一个叫作“视觉艾滋”的艺术家小组于1991年设计的。其目的是唤起人们对艾滋病的关注,积极采取行动,早日消灭艾滋病。1996年联合国艾滋病规划署将红丝带作为自己的标志,并将它的含义归纳为:关怀、希望、支持。红丝带像一条纽带一样将世界人民紧紧联系在一起,共同抗击艾滋病,象征着人们对艾滋病病毒感染者和患者的关心和支持;象征着人们对生命的热爱和对平等的渴望;象征着人们用“心”来参加预防艾滋病的工作。

第十章　无偿献血

无偿献血是指为拯救他人生命，志愿将自身的血液无私奉献给社会公益事业，而献血者不向采血单位和献血者单位领取任何报酬的行为。无偿献血是终身的荣誉，无偿献血者会得到社会的尊重和爱戴。

无偿献血是无私奉献、救死扶伤的崇高行为，是我国血液事业发展的总方向。献血是爱心奉献的体现，目的是使病员解除病痛甚至抢救他们的生命，其价值是无法用金钱来衡量的。近半个世纪以来，世界卫生组织和国际红十字与红新月运动一直向世界各国呼吁"医疗用血采用无偿献血"的原则。我国提倡无偿献血的年龄是 18~55 周岁。既往无献血反应、符合健康检查要求的多次献血者主动要求再次献血的，年龄可延长至 60 周岁。

第一节　无偿献血者的健康条件

无偿献血者要符合《献血者健康检查要求》方可献血。血站要对进行献血者体检检验工作的监督管理提供科学依据，安全的血液可挽救生命，不安全的血液却能危害生命。安全的血液只能来自于以利他主义为动机和具有健康生活方式的献血者。请高危行为者（如有静脉药瘾史、男男性行为、艾滋病或性病等）不要献血。

以下列举了《献血者健康检查要求》（GB 18467-2011）的部分内容：

1. 献血年龄：国家提倡献血年龄为 18 周岁 ~55 周岁；既往无献血反应、符合健康检查要求的多次献血者主动要求再次献血的，年龄可延长至 60 周岁。

2. 献血者体重：男 ≥50 kg，女 ≥45 kg。

3. 献血者血压：90 mmHg≤ 收缩压 <140 mmHg；60 mmHg≤ 舒张压 <90 mmHg。

4. 献血量：全血献血者每次可献血 400 ml，或者 300 ml，或者 200 ml。单采血小板献血者每次可献 1 个至 2 个治疗单位，或者 1 个治疗单位及不超过 200 ml 血浆。全年血小板和血浆采集总量不超过 10 L。

5. 献血间隔：间隔期是两次血液捐献之间的时间。献血间隔期的长短有"捐献全血"与"单采血小板"的区分。全血献血间隔：不少于 6 个月。单采血小板献血间隔：不少于 2 周，不大于 24 次 / 年。因特殊配型需要，由医生批准，最短间隔时间不少于 1 周。单采血小板后与全血献血间隔：不少于 4 周。全血献血后与单采血小板献血间隔：不少于 3 个月。

6. 此外《献血者健康检查要求》还对血红蛋白，血小板等指标提出要求；对不能献血的情况也做出了具体说明。可网上查询。

第二节　无偿献血常识

无偿献血是指献血者捐献全血、血浆或血细胞成分，通常情况下献血者不收取任何报酬，由采供血机构向献血者赠送纪念品。这些血液通常存储在血库中，由医疗单位、血站保管，以备需要者输血时使用。有意献血者可在各地区的固定、流动的献血站、献血屋、献血车完成无偿献血行为。采供血机构会定期安排采血车到学校、单位、人流密集区，或配合有关机构的活动来征求献血者。

一、献血前

（1）应学习献血知识，了解献血常识，消除紧张心理。

（2）献血前 3 天不要服药。如服用阿司匹林在 3 天内会降低血小板的某些功能。

（3）献血的前一天和献血当天，不饮酒，禁食油腻食物（高脂肪、高蛋白）以免造"脂肪血"而引起伤病员的输血反应和痛苦。但也不要饿着肚子去献血，可进些清淡饮食，如面包、馒头、稀饭等。

（4）洗净两肘窝处，换上干净内衣。

（5）应保持充足的睡眠，心情愉快。

二、献血中

献血当天应适当休息，在 2~3 天内不要做剧烈运动，可以正常工作和生活，针眼处应保持清洁。另外可适当补充点营养，吃些蛋、奶、瘦肉、豆制品、蔬菜等食物，但不要暴饮暴食。按规定要求进行登记，填写体检表。量体重、测血压，由医师进行物理检查。抽少量血样进行化验检查。

体检合格者，洗好双臂。手臂不清洁易造成采血穿刺部位感染和血液污染，请务必认真刷洗。

消毒后，请勿接触消毒部位。交验体检合格登记表及采血标签，进行采血。采血穿刺前请握紧拳头，当采血针进入静脉后，拳头作握紧、放松动作，直到采血完毕。采血完毕，用创可贴 / 消毒棉球 / 敷料轻按静脉穿刺点，拔出针头后加重按压穿刺点 10-15 分钟。献血后到茶点室休息，领取无偿献血证和纪念章。

三、献血后

要保护好穿刺部位。穿刺部位止血后不等于完全愈合。至少在 24 小时内不要被水浸润。也不要被不洁物品污染，更不要在此部位搓揉。个人活动要适度，献血后当天请不要进行高空作业、高温作业，驾驶重型车辆，参加体育比赛，通宵娱乐等。多补充水分，补充营养不要过量，可以进食新鲜蔬菜瓜果、豆制品、奶制品、新鲜鱼虾肉蛋等，请不要进食过量。避免饮酒，保证充足睡眠。如果存在献血前没有如实告知的可能影响血液安全的高危行为，或者献血后感觉明显不适或异常，应及时联系工作人员。

增加营养：一般以增加造血所必需的各种营养物质为宜。造血的原料主要包括：蛋白质、铁、叶酸和维生素B12等。

献血后不必特别地去吃些什么，只要吃得科学合理、有营养价值、可口、舒服、适量，就能在短时间里，恢复失去的那部分血液。献血后可适当增加牛奶、猪肉、牛肉、鸡蛋、鱼肉和动物的肝、心、肾以及黑鱼、甲鱼等富含优质蛋白质的食物，这些食物还含有造血所需的其他营养物质。献血后注意补充蛋白质，合理饮食。铁是制造红细胞中血红蛋白不可缺少的物质。献血后，血液中红细胞等有形成分相对减少，于是骨髓组织必须加倍工作，合成红细胞等，这时需要大量的铁。正常人每天需铁量约1.5毫克，献血后需要量便大大增加，因此，献血后需摄入含铁量高且又易吸收的食物，如猪肉、牛肉、鸡肉、猪肝、鸡血等。一般在献血后只要充分休息，注意摄入上述营养食物，不挑食，按需进补，大部分献血者在献血后2~3周内血液中的各种成分便可恢复到献血前的正常水平。

第三节　无偿献血的益处

1. 可预防、缓解高黏血症

科学家们运用血液流变学与血流动力学对血液与献血的关系做了研究，发现坚持长期适量献血，特别是单献红细胞和血小板等有形成分，可使血液黏稠度明显降低，加快血液流速，脑血流量提高，从而达到缓解或预防高黏血症的目的，使人感到身体轻松、头脑清醒、精力充沛。

2. 可预防、降低心脑血管病的发生

专家曾进行对照研究，结果表明，献血者对减少心脑血管病的发生具有积极的作用。

3. 男子献血可减少癌症的发生率

体内铁元素含量过低易患缺铁性贫血及行动迟缓，过高则适得其反。《国际癌症》曾报道，体内的铁含量超过正常值的10%，罹患癌症的概率就提高，适量献血可以预防癌症。该文还提到，女性因月经周期失血损失了一定量的铁质，故未发现女性的铁含量与癌症发生有明显关系。

4. 可促进、改善心理健康

大量研究表明，健康的情绪可通过神经、体液、内分泌系统沟通大脑及其他组织与器官，使其处于良好的状态，有益于人体免疫力的增强、抵抗力的提高。而献血是救人一命的高尚品行，在助人为乐、与人为善的同时，也使自己的精神得到净化，心灵得到慰藉，工作与生活更加充实。做好事者以德施善，实际上在帮助别人的同时也帮助了自己，这是健康长寿的重要要素。

5. 可延年益寿

国外也曾有学者对66岁以上的332人（献血者）与同年龄、性别的399人（未献血者）作前瞻性对照研究，结果显示：

献血组平均寿命为70.1岁，高于未献血组的平均67.5岁；

献血组的存活率为67%，高于未献血组的40%；

献血组的死亡率为33%，低于未献血组的60%。

6. 献血能净化人的心灵

无偿献血者用自己献出的血液延续、挽救了他人的生命，使心灵得到慰藉，使人生更加充实。

第四节　无偿献血者的权利

根据《中华人民共和国献血法》和《天津市献血条例》规定，无偿献血者及其配偶和直系亲属享有如下用血权利：在本市参加无偿献血的公民，本人有享受免费用血的权利。无偿献血者在本市累计献血量在1 000毫升以下的，自献血之日起五年内，按献血量的五倍免费用血，五年内未用血的，五年后终身免费享受等量医疗用血；在本市献血量累计满1 000毫升的，可终身免费享受医疗用血。（1 000 ml累计自2005年1月起计算）

在本市献血的无偿献血者的家庭成员（配偶、子女、父母）五年内可以累计免费享受与无偿献血者献血量相等的医疗用血。

第十一章　控烟

一、吸烟对人类的危害和我国目前的现状

吸烟是继战争、饥饿和瘟疫之后，对人类生存的最大威胁。吸烟已成为继高血压之后的第二号全球杀手。健康，随烟而逝；病痛，伴烟而生！

烟草危害是当今世界最严重的公共卫生问题之一。目前全球吸烟人数已超 10 亿人，有调查显示，我国吸烟人数已达 3.6 亿，2010 年我市约有 230 万成年人吸烟，整体吸烟率为 27.2%，高于全国平均水平。吸烟作为普遍的、高发的致病因素，危害人体健康，增加社会医疗负担，影响经济社会发展。控制吸烟、减少烟草烟雾的危害，势在必行。

《2006 年中国"吸烟与健康"报告》调查结果显示，我国每年销售香烟量 1.6 万亿支。吸烟者达到了 3.5 亿人。国民消费香烟总量达到了世界的 1/3，烟民也达到了世界吸烟人口总数的 1/3，肺癌高发主要和吸烟、环境污染、不良生活方式、高节奏生活等因素有关，其中吸烟是主要的"杀手"，我国的肺癌发病和死亡年龄自 40 岁以后迅速上升，70 岁达到高峰，75 岁以后略有下降。到 21 世纪初我国肺癌的死亡率已经由 20 世纪 70 年代位居癌症死因的第四位攀升到第一位。

与 20 世纪 80 年代相比，我国吸烟人群开始吸烟的平均年龄由 22.4 岁降为 19.7 岁。烟草流行每年导致 600 万人死于肺癌、心脏病和其他疾病。预计到 2020 年将达到 200 万人。若不加以制止，到 2030 年时该数目将增加到每年 800 万人以上。烟草使用是世界八大死亡原因中六项原因的危险因素。

二、吸烟可以导致多种疾病

据研究表明，吸烟可以导致多种疾病。其中导致主要死亡原因的疾病是：慢性阻塞性肺疾病（COPD）占 45%；食管癌、胃癌、肝癌、脑卒中、冠状动脉硬化性心脏病（CHD）占 40%；肺癌占 15%。吸烟致病具有滞后性，导致烟草的危害被低估和忽略。

三、世界各国对烟草危害的研究和办法

卷烟以及其他形式的烟草都具有成瘾性。尼古丁是使烟草具有成瘾性的罪魁祸首。尼古丁是一种兴奋剂，可以使吸烟者产生轻柔愉快的感觉，其最大的危害在于它的成瘾性，且作用极为迅速，吸烟成瘾的药理学以及行为学过程与毒品如海洛因和可卡因的成瘾过程很相像。尼古丁能作用于位于中脑腹侧被盖区的（VTA）$\alpha4\beta2$ 尼古丁乙酰胆碱受体，使多巴胺释放于伏隔核中，使人产生快感。

1996 年 5 月，为了减少烟草危害，世界卫生大会提议进行《烟草控制框架公约》-FCTC

的谈判。

1998 年世界卫生组织将烟草依赖作为一种疾病列入《国际疾病分类(第 10 版)》,确认烟草是目前对人类健康的最大威胁。

2003 年 5 月,在第 56 届世界卫生大会上, WHO 通过了限制烟草的国际性条约。2005 年 2 月, FCTC 正式生效. 它标志着烟草控制已经走向以国际法为依据的全球控烟,控烟运动的形成已由个人、组织或国家的行为提升成为全球范围内有组织、有计划的统一行为。中国是第 77 个《公约》的签署国,2005 年 8 月全国人大常委批准了该公约,2006 年 1 月 9 日,公约在中国正式生效。

2008 年 11 月,全球已有 160 个缔约方。公约生效三年后(2009 年 1 月)所有卷烟制品包装要印上不低于面积 30%,并且 可轮换的健康语,弱化卷烟品牌的形象张力。公约生效五年后(2011 年 1 月)全面禁止烟草广告及相关促销赞助活动,公共场所全面禁烟。

来自世界卫生组织以及美国、加拿大等多国的环境卫生监测部门的科学数据显示,一根香烟燃烧释放的烟雾中含有 4 000 多种化学物质,在这些物质中,尼古丁是引起成瘾的物质,烟焦油、一氧化碳、氢氰酸、氨及芳香化合物等是主要的有毒物质,香烟中至少有 250 种有害物质,其中 69 种是明确的有害物质,(如焦油、尼古丁、苯并芘等)。

可悲的是,这种流行正在转向发展中世界,不出几十年 80% 与烟草相关的死亡将发生在这些国家。这一转变是由于全球烟草工业的营销战略所导致,这种战略以发展中国家的年轻人和成年人为目标。大多数妇女目前还不使用烟草,因此烟草工业正积极向她们推广,探入这一潜在的新市场。

四、烟草产量的变化趋势

全世界有 124 个国家有烟草种植,占全球土地为 380 万公顷,世界烟草产量 1997 年达到 900 万吨,2009 年为 710 万吨,下降了 1/4。中国烟草产业占全球的 43%,远远高于另外 9 个烟草生产大国产量之和。中国卷烟生产量 2011 年卷烟产量达到 24 245 亿支,与 2000 年相比,增长了近 40%。

五、我国禁烟工作取得成效

我国香港和台湾地区室内公共场所和工作场所完全禁烟工作取得显著进展。

香港:2007 年 颁布《吸烟公共卫生条例》禁止吸烟的范围。

香港吸烟(公众卫生)条例 2007 年 1 月 1 日起,实施新条例,禁止吸烟范围扩大至所有的室内工作间、室内公共场所、部分户外场所。2009 年 7 月 1 日起,缓冲期结束,所有室内工作场所、室内公共场所、公共交通工具以及部分户外场所全面禁止吸烟。

台湾:2009 年《烟害防治法(修正案)》

内地也针对禁烟工作开展了建立无烟常说和机关的举措。无烟机关建设的给全民身体健康的各方面带来了益处——改善了职工健康,各级机关部门带头执行相关法律法规,进一步提升了职工文明素质,提升了机关和单位形象,并节省管理成本、减少火灾发生。

六、天津市市委、卫生计生委等各部门高度重视

天津市无烟机关建设工作领导小组由下面几个单位组成：市卫生计生委、市级机关工委、市文明办、市机关事务管理局。四部门也于此基础上颁布了关于开展天津市无烟机关建设工作的通知。

2012年3月28日，市人大常委会第三十一次会议审议通过了《天津市控制吸烟条例》，条例自2012年5月31日起施行，为了推动法规的贯彻实施，需要广泛宣传烟草危害，提高公众自觉抵制烟草危害的意识，在全社会形成良好的控制吸烟环境。

成立无烟机关建设工作机构，明确职责，指定专人负责，将无烟单位建设工作纳入本单位日常管理。制订无烟环境建设工作计划，建立健全控烟考评奖惩制度，设有控烟监督员对机关内的吸烟行为进行监督，及时制止并劝阻违规吸烟行为。

所有室内区域全面禁止吸烟，室内场所无吸烟区域、吸烟室及烟灰缸等烟具，做到无人吸烟、无烟味、无烟头。规范张贴禁烟标志，机关入口处、传达室、会议室、食堂、洗手间、楼道、楼梯（电梯）等场所按照《天津市控制吸烟条例》要求张贴禁止吸烟标志警示标志。单位辖区内禁止销售烟草制品，无烟草广告，无烟草赞助与促销活动。领导干部带头控烟，机关全体工作人员不在室内工作场所吸烟，义务告知来访者本单位控烟制度，并主动劝阻来访者吸烟、递烟或劝烟行为。

开展多种形式的控烟、戒烟宣传教育和服务，在机关大厅等公共区域有一定数量和种类的控烟宣传材料。在单位和行业内开展形式多样的控烟宣传活动。在公务和大型公共活动中不吸烟、不敬烟、不劝烟、不送烟。禁止使用或变相使用公款支付烟草消费开支。

规范设置室外吸烟区。室外吸烟区的设置应符合消防安全要求、与非吸烟区有效分隔并远离人员密集区域和主要通道，要设置醒目的标志、配置烟灰缸（盒）和设置吸烟有害健康等控制吸烟的宣传警语。定期对职工、控烟监督员进行培训，有鼓励和帮助吸烟职工戒烟的措施或活动。

建立室外吸烟区，并对吸烟区提出如下设计要求：

①非封闭的空间，有利空气流通；

②符合消防安全要求；

③设置明显的标志及引导标示；

④与非吸烟区（即建筑物）隔离；

⑤远离人员密集区域和行人必经的主要通道。

七、青少年要远离烟草的危害

在我国烟民低龄化格局仍未变，全国中学生中平均吸烟率为3.41%，在大学、高中和初中男生中，吸烟的比例分别高达46%、45%和34%。青少年吸烟是多方面原因促成的，有些是由于好奇，还有一些是受同伴影响。家长更要以身作则，为孩子表率，尽量戒烟或在孩子面前少抽烟。

吸烟有害，应做到不尝试吸烟，劝阻他人吸烟，拒绝吸二手烟，净化空气，保护环境卫生。

参考文献

[1] 张欣. 健康与成才 [M]. 天津:天津人民出版社,2005.

[2] 中国红十字会总会. 救护(修订版)——中国红十字会救护师培训教材 [M]. 北京:社会科学文献出版社,2007.

[3] 万学红,卢雪峰. 诊断学 [M].9 版. 北京:人民卫生出版社,2018.

[4] 杨大来. 大学生健康教育 [M].2 版. 北京:北京邮电大学出版社,2016.

[5] 路易斯·伯克,维基·迪金,米歇尔·迈尼汉. 实用运动营养学 [M].6 版. 北京:科学出版社,2023.

[6] 张友菊. 大学生健康教育 [M]. 北京:中国人民大学出版社,2015.

[7] 中国营养学会. 中国居民膳食指南 [M]. 北京:人民卫生出版社,2022.

[8] 陈孝平,汪建平. 外科学 [M].9 版. 北京:人民卫生出版社,2018.

[9] 李兰娟,任红. 传染病学 [M].9 版. 北京:人民卫生出版社,2018.

[10] 刘懿卿. 新编大学生健康教育 [M]. 沈阳:东北大学出版社,2016.

[11] 孟焕新. 牙周病学 [M].9 版. 北京:人民卫生出版社,2018.

[12] 张学军,郑捷. 皮肤性病学 [M]. 9 版. 北京:人民卫生出版社,2018.

[13] 谢幸,孔北华. 妇产科学 [M]. 9 版. 北京:人民卫生出版社,2018.

[14] 刘懿卿. 新编大学生健康教育 [M]. 沈阳:东北大学出版社,2016.

[15] 栗庆山,高春梅. 大学生健康教育 [M]. 北京:北京航空航天大学出版社,2017.

[16] 张日昇. 咨询心理学 [M]. 北京:人民教育出版社,2022.